Baedeker
Allianz Reiseführer
Tokio

W0180528

Verlagsprogramm

Städte in aller Welt

Amsterdam
Athen
Bangkok
Barcelona
Berlin
Brüssel
Budapest
Dresden
Düsseldorf
Florenz
Frankfurt am Main
Hamburg
Hongkong
Istanbul
Jerusalem
Köln
Kopenhagen
Lissabon
London
Madrid
Moskau
München
New York
Paris
Potsdam
Prag
Rom
San Francisco
St. Petersburg
Singapur
Stuttgart
Tokio
Venedig
Wien

Reiseländer · Großräume

Ägypten
Asien
Baltikum
Belgien
China
Dänemark
Deutschland
Deutschland · Ost
Deutschland · West
Frankreich
Griechenland
Großbritannien
Irland
Israel
Italien
Italien (Motorradtouren)
Japan
Jugoslawien
Kanada
Karibik
Luxemburg
Marokko
Mexiko
Mittelmeer
Niederlande
Österreich
Polen
Portugal
Schweiz
Skandinavien (N · S · SF)
Spanien
Thailand
Tschechische Republik · Slowakische Republik
Tunesien
Türkei
Ungarn
USA

Regionen · Inseln · Flüsse

Andalusien
Bali
Bodensee
Burgund
Capri
Costa Brava
Deutsche Weinstraße
Elbe
Florida
Gran Canaria
Griechische Inseln
Harz
Hawaii
Ibiza
Ischia
Kalifornien
Korsika
Loire
Mallorca
Malta
Oberbayern
Provence · Côte d'Azur
Rhein
Ruhrgebiet
Sardinien
Schwäbische Alb
Seychellen
Sizilien
Südtirol
Teneriffa
Tessin
Toskana
Türkische Küsten
Zypern

Städte in Deutschland und der Schweiz

Augsburg
Bamberg
Basel
Berlin (gr. + kl.)
Bonn
Bremen · Bremerhaven
Darmstadt
Freiburg
Hannover
Heidelberg
Konstanz
Leipzig
Lübeck
Mainz
Mannheim
Nürnberg
Regensburg
Trier
Wiesbaden · Rheingau

Baedeker

Allianz Reiseführer

Tokio

VERLAG KARL BAEDEKER

Impressum

Ausstattung:
89 Abbildungen (Bildnachweis am Ende des Buches)
5 Sonderpläne, 4 Stadtpläne, 3 Übersichtskarten, 7 graphische Darstellungen, 1 Übersichtsplan, 1 Stadtteilplan, 1 Verkehrsplan, 1 großer Stadtplan (Kartenverzeichnis am Ende des Buches)

Basistext: Hans Kirchmann

Bearbeitung und Fortführung: Baedeker-Redaktion (Peter M. Nahm)

Kartographie: Gert Oberländer, München; Mairs Geographischer Verlag GmbH & Co., Ostfildern-Kemnat (Reisekarte)

Gesamtleitung: Dr. Peter H. Baumgarten, Baedeker Stuttgart

4. Auflage 1993

Urheberschaft: Karl Baedeker GmbH, Ostfildern (Kemnat)
Nutzungsrecht: Mairs Geographischer Verlag GmbH & Co., Ostfildern (Kemnat)

Satz (Typotext): Fotosatz Gerda Kaul, Wendlingen
Textfilme: Fotosatz Kranzbühler, Albstadt-Lautlingen
Reproduktionen: Repro-Studio Lang, Ostfildern (Ruit)
Druck: Mairs Graphische Betriebe GmbH & Co. KG, Ostfildern (Kemnat)
Buchbinderische Verarbeitung: Wennberg GmbH, Leonberg-Eltingen

Der Name *Baedeker* ist als Warenzeichen geschützt.
Alle Rechte im In- und Ausland sind vorbehalten.
Jegliche – auch auszugsweise – Verwertung, Wiedergabe, Vervielfältigung, Übersetzung, Adaption, Mikroverfilmung, Einspeicherung oder Verarbeitung in EDV-Systemen ausnahmslos aller Teile dieses Werkes bedarf der ausdrücklichen Genehmigung durch den Verlag Karl Baedeker GmbH.

Printed in Germany
ISBN 3-87504-139-9

Gedruckt auf 100% chlorfreiem Papier

Inhalt

Hinweise zur Benutzung dieses Reiseführers

Sternchen (Asterisken) als typographisches Mittel zur Hervorhebung bedeutender Bau- und Kunstwerke, Naturschönheiten und Aussichten, aber auch guter Unterkunfts- und Gaststätten hat Karl Baedeker im Jahre 1844 eingeführt; sie werden auch in diesem Reiseführer verwendet: Besonders Beachtenswertes ist durch * einen vorangestellten 'Baedeker-Stern', einzigartige Sehenswürdigkeiten sind durch ** zwei Sternchen gekennzeichnet.

Zur raschen Lokalisierung der Reiseziele von A bis Z auf dem beigegebenen Stadtplan sind die entsprechenden Koordinaten der Plannetzmaschen jeweils neben der Überschrift in Rotdruck hervorgehoben: Kaiserpalast **E 4** .

Wenn aus der Fülle von Unterkunfts-, Gast- und Einkaufsstätten nur eine wohlüberlegte Auswahl getroffen ist, so sei damit gegen andere Häuser kein Vorurteil erweckt.

Da die Angaben eines solchen Reiseführers in der heute so schnellebigen Zeit fast ständig Veränderungen unterworfen sind, kann der Verlag weder Gewähr für die absolute Richtigkeit leisten noch die Haftung oder Verantwortung für eventuelle inhaltliche Fehler übernehmen. Auch lehrt die Erfahrung, daß sich Irrtümer kaum gänzlich vermeiden lassen.

Liebe Leserin, lieber Leser,

Baedeker ist ständig bemüht, die Qualität seiner Reiseführer noch zu steigern und ihren Inhalt weiter zu vervollkommnen. Hierbei können ganz besonders die Erfahrungen und Urteile aus dem Benutzerkreis als wertvolle Hilfe gar nicht hoch genug eingeschätzt werden. Vor allem **Ihre Kritik, Berichtigungen und Verbesserungsvorschläge sind uns stets willkommen.** Sie helfen damit, die nächste Auflage noch aktueller zu gestalten.
Bitte schreiben Sie in jedem Falle an die

Baedeker-Redaktion
Karl Baedeker GmbH
Marco-Polo-Zentrum
Postfach 31 62
D-73751 Ostfildern

Der Verlag dankt Ihnen im voraus bestens für Ihre Mitteilungen.
Jede Einsenderin und jeder Einsender nimmt an einer jeweils zum Jahresende unter Ausschluß des Rechtsweges stattfindenden Verlosung von drei JRO-LEUCHTGLOBEN teil. Falls Sie gewonnen haben, werden Sie benachrichtigt. Ihre Zuschrift sollte also neben der Angabe des Buchtitels und der Auflage, auf welche Sie sich beziehen, auch Ihren Namen und Ihre Anschrift enthalten. Die Informationen werden selbstredend vertraulich behandelt und die persönlichen Daten nicht gespeichert.

Vorwort

Dieser Reiseführer gehört zur neuen Baedeker-Generation.

In Zusammenarbeit mit der Allianz Versicherungs-AG erscheinen bei Baedeker durchgehend farbig illustrierte Reiseführer in handlichem Format. Die Gestaltung entspricht den Gewohnheiten modernen Reisens: Nützliche Hinweise werden in der Randspalte neben den Beschreibungen herausgestellt. Diese Anordnung gestattet eine einfache und rasche Handhabung.

Der vorliegende Band hat die japanische Hauptstadt Tokyo und die wichtigsten von dort erreichbaren Ausflugsziele zum Thema.

Der Reiseführer gliedert sich in drei Hauptteile: Im ersten Teil wird über die Stadt im allgemeinen, Bevölkerung, Sprache, Religion, Kultur und Kunst, Theater und Musik, Verwaltung und Wirtschaft, berühmte Persönlichkeiten und Stadtgeschichte berichtet. Eine Sammlung von Literaturzitaten leitet über zum zweiten Teil, in dem die Sehenswürdigkeiten und Ausflugsziele beschrieben werden. Daran schließt ein dritter Teil mit reichhaltigen praktischen Informationen, die dem Besucher das Zurechtfinden vor Ort wesentlich erleichtern. Sowohl die Sehenswürdigkeiten als auch die Informationen sind in sich alphabetisch geordnet.

Baedeker Allianz Reiseführer zeichnen sich durch Konzentration auf das Wesentliche sowie Benutzerfreundlichkeit aus. Sie enthalten eine Vielzahl eigens entwickelter Pläne und zahlreiche farbige Abbildungen. Zu diesem Reiseführer gehört als integrierender Bestandteil ein großer Stadtplan, auf dem die im Text behandelten Sehenswürdigkeiten anhand der jeweils angegebenen Koordinaten zu lokalisieren sind.

Wir wünschen Ihnen mit dem Baedeker Allianz Reiseführer viel Freude und einen lohnenden Aufenthalt in Tokyo !

Baedeker

Verlag Karl Baedeker

この先
700m

Zahlen und Fakten

Wappen der japanischen Hauptstadt

Allgemeines

Geographische Lage

Tokyo (eingedeutscht Tokio), die Hauptstadt der parlamentarisch-demokratischen Monarchie Japan (Nippon = 'Land der aufgehenden Sonne') und Sitz des Kaisers (Kaiserlicher Palast), der Regierung sowie des Parlaments, liegt auf 35° nördlicher Breite und 14° östlicher Länge an der zentralen Ostküste der Insel Honshu, der größten der vier Hauptinseln des Landes. Das häufig von Erdbeben erschütterte Stadtgebiet wird von den Flüssen Sumida, Arakawa und Tama durchströmt, die hier in die sich zum Pazifik öffnende Tokyo-Bucht münden. Zusammen mit den beiden südlich gelegenen Städten Kawasaki und Yokohama bildet Tokyo den industriellen Ballungsraum Keihin.

Lage Japans in Ostasien

Klima

Das Klima ist bestimmt durch die Lage vor dem Ostrand des asiatischen Kontinents einerseits sowie der Lage am Rande des Pazifischen Ozeans andererseits. Im regelmäßigen jahreszeitlichen Wechsel beherrschen im Winter die kalten Luftmassen aus dem Norden und Westen, im Sommer die maritimen und tropischen aus dem Süden (ostasiatisches Monsunklima) die Region. Somit sind die Sommer kühler und die Winter wärmer als es der Breitenlage (Kreta) entspricht. Die Witterungsverhältnisse sind während der Winter- bzw. der Sommermonate recht konstant, schwankend hingegen während der Übergangsjahreszeiten Frühling und Herbst.

Von Ende August bis Mitte September sind Wirbelstürme (Taifune) im Nordwestpazifik sehr häufig, deren Auswirkungen auch in Tokyo zu spüren sind.

◀ *Tradition und Gegenwart in Shinjuku*

Jahreszeiten

Zwei an die Jahreszeiten gebundene Ereignisse sind den Japanern besonders wichtig: die Kirschen- und Pflaumenblüte im Frühjahr sowie die bunte Laubfärbung im Herbst.

Fläche und Einwohnerzahl

Die Megalopolis Tokyo ist mit einer Fläche von 577 km² und einer Bevölkerungszahl von 8,4 Mio. (Großraum 2154 km² mit 11,9 Mio. Einw.) neben Mexiko City und Shanghai eine der größten Städte der Erde. Sie ist politisches, industrielles, kommerzielles und kulturelles Zentrum Japans. Den Kern bildet das Areal des Kaiserpalastes; die Industrie ist größtenteils im Küstengebiet angesiedelt. Das Stadtzentrum umfaßt Büro- und Geschäftsviertel, während die Wohngebiete sich mehr und mehr an die Peripherie verlagern.

Verwaltung

Der Großraum von Tokyo besteht aus 23 Bezirken (-ku), 26 Städten, sieben Gemeinden und acht Dörfern. Hiervon liegen zwei Gemeinden und sieben Dörfer auf den verwaltungsmäßig zu Tokyo gehörenden Izu- und Ogasawara-Inseln.

Stadtbezirke

Die Namen der Stadtbezirke lauten: Chiyoda, Bunkyo, Meguro, Taito, Adachi, Nerima, Ota, Itabashi, Chuo, Toshima, Sumida, Katushika, Nakano, Shinagawa, Kita, Koto, Edogawa, Suginami, Arakawa, Shibuya, Setagaya, Minato und Shinjuku.

Regiert wird die Stadt Tokyo von einer Ratsversammlung mit 126 Mitgliedern und einem Oberbürgermeister oder Gouverneur, der auf vier Jahre gewählt wird.

Allgemeines (Fortsetzung), Stadtregierung

Bevölkerung

Bevölkerungsstruktur

Bereits 1758 war Tokyo mit 1,4 Mio. Einwohnern die größte Stadt der Erde; dennoch war es wegen der isolationistischen Politik Japans über Jahrhunderte hinweg keine Weltstadt.
99 % der Einwohner sind Japaner. Den Rest stellen kleine Minderheiten von überwiegend asiatischem Typus, die daher zumindest dem Europäer wenig auffallen. Von den rund 160 000 Ausländern sind die meisten hier geborene Koreaner, die keine japanische Staatsbürgerschaft erlangen können. Ansonsten bleibt der Gaijin, der Ausländer, eine Ausnahme. Zumeist sind es Geschäftsleute oder Journalisten, die hier nur vorübergehend leben.

Bevölkerungsschichten

Eine besondere Bevölkerungsschicht bilden die Burakumin (= 'Leute vom Weiler'). Es sind die Abkömmlinge von Gerbern, Fleischern, Färbern, mitunter auch Bütteln und Henkern, die also in vielen Fällen mit dem Töten von Tieren und Menschen zu tun hatten und darum aus buddhistischer Sicht verachtenswert sind. Diese diskriminierte Minderheit (derzeit ca. 3 Mio.) hat nie einen Platz in der Gesellschaft gefunden, obwohl sie seit mehr als einem Jahrhundert allen anderen Japanern rechtlich gleichgestellt ist. Sie lebt in Slumgettos, meist in der Gegend von Asakusa. Noch immer lassen Japans Unternehmen ein rotes Buch mit den Namen von Burakumin kursieren, womit ihnen berufliche Karrieren oder die Einheirat ins Establishment verwehrt sind. Neuerdings haben sich die Betroffenen in Bürgerinitiativen zusammengeschlossen.

Panorama mit dem heiligen Berg Fuji-san

Bevölkerung

Bevölkerungsschichten (Fortsetzung)

Tokyo ist Anziehungspunkt für Japaner aus allen Teilen des Landes, die hier günstige Arbeits- und Lebensbedingungen erhoffen. So lebt hier heute nur noch eine geringe Zahl von Edokkos, von Einheimischen, die seit mehr als drei Generationen in Tokyo ansässig sind.

Wohnverhältnisse

Durch die andauernde Zuwanderung Fremder ist der Raum in der Stadt eng geworden. Fast ein Drittel aller Wohnungen hat weniger als 30 m^2 Fläche. Die bedrängten Wohnverhältnisse veranlassen die Menschen zu gegenseitiger Abgrenzung und Distanz. Wegen der gewaltigen Ausdehnung der Stadt wird sich ein Einwohner niemals als 'Tokyoter' bezeichnen, sondern stets den Stadtteil nennen, in dem er lebt. Die Wohnungsmieten haben in den letzten Jahren astronomische Höhen erreicht.

Menschen in Tokyo

Bevölkerung (Fortsetzung) Ehe und Familie

Wenngleich seit 1947 in Japan die Gleichberechtigung von Mann und Frau gesetzlich verankert ist, so bleibt doch die traditionelle ausschließliche Ausrichtung der Frau auf Heim und Familie tief verwurzelt. Berufstätigkeit der Frau beschränkt sich im wesentlichen auf die Jahre nach dem Erwachsenwerden der Kinder und dann, in Ermangelung einer qualifizierten Ausbildung, zumeist auf subalterne minder bezahlte Tätigkeiten. Während sich die Frau ihren häuslichen Aufgaben widmet, findet der Mann seinen Wirkungs- und Lebensbereich im Beruf, der selbst in seine Freizeit hineingreift. Partnerschaftliche Ehebeziehungen, wie sie in Europa schon vielfach praktiziert werden, sind in Japan die Ausnahme.

Sprache

Japanisch

In Japan werden viele regionale Dialekte gesprochen, doch hat sich die Stadtsprache von Tokyo als standardisierte Verkehrssprache durchgesetzt.
Die Herkunft der japanischen Sprache ist bis heute nicht restlos geklärt. Fest steht, daß sie – trotz der Ähnlichkeit der Schrift – mit dem Chinesischen nichts gemein hat. Dagegen wird sie heute eher der uralaltaischen Sprachfamilie zugeordnet, zu der auch mongolische und Turksprachen gehören. Andere Indizien, vor allem im Lautbestand, weisen dagegen auf Verbindungen zu Südseesprachen hin. Das Japanische gehört zu den agglutinierenden Sprachen, welche dadurch gekennzeichnet sind, daß ableitende Elemente nur lose an den Wortstamm angehängt werden. Lautlich zeichnet sich die Sprache durch großen Vokalreichtum aus; in den überwiegend zweisilbigen Wörtern wechseln im allgemeinen Vokal und Konsonant. Diese Eigenheit zeigt sich vor allem in der lateinischen Transkription; akustisch ist sie weniger deutlich, da die aus der Betonung einzelner Silben resultierende Sprachmelodie, wie sie aus europäischen Sprachen vertraut ist, im Japanischen nur eine weit geringere Ausprägung erfahren hat.
Formal ist das Japanische in verschiedener Richtung stark differenziert. Neben lokalen Dialekten gibt es Sprachebenen und Ausdrucksformen, die ausschließlich an den sozialen Status oder das Geschlecht des Sprechenden gebunden sind. Reich ist die Sprache auch an Höflichkeitsformeln, an denen sich die gesellschaftliche Beziehung zwischen Sprecher und Angesprochenem eindeutig erkennen läßt.

Schrift

Die erste schriftliche Fixierung des Japanischen geschah etwa im vierten nachchristlichen Jahrhundert, wobei man sich der chinesischen Schriftzeichen bediente. Die chinesische Schrift verwendet für jedes der in der Regel einsilbigen Wörter dieser Sprache ein Ideogramm (Sinnzeichen), welches nicht die Lautung, sondern den Bedeutungsgehalt des Begriffs wiedergibt. Da das Japanische mit dem Chinesischen etymologisch und grammatikalisch nichts gemein hat, konnte das chinesische System der Begriffszeichen nicht analog auf das Japanische angewandt werden. Man verwendete die ursprünglichen Ideogramme daher – ungeachtet ihres Sinngehaltes – zur Niederschrift gleich oder ähnlich klingender Silben der polysyllabischen japanischen Sprache. Hieraus ergab sich oftmals die Schwierigkeit, ein einziges Wort mit mehreren der komplexen chinesischen Schriftzeichen schreiben zu müssen. Deshalb ging man zunehmend dazu über, bestimmte unverwechselbare Einzelelemente aus diesen Schriftzeichen als selbständige Zeichen für die Silben zu verwenden. Durch weitere Vereinfachung entwickelte man bis zum 12. Jahrhundert ein Silbenschriftsystem, mit welchem der gesamte Lautbestand des Japanischen abgedeckt war. Dieses System ist als Hiragana noch heute im Gebrauch.

Hiragana

Katakana

Neben der Hiragana wird ein zweites Silbenschriftsystem verwendet, das nur wenig später entstanden ist: Katakana. Es wurde in ähnlicher Weise aus der chinesischen Schrift abgeleitet. Im Gegensatz zu den eher runden Formen der Hiragana ist die Katakana in der Strichführung kantiger und

Katakana (Fortsetzung)

verwendet auch abweichende Zeichen. Daher wird sie (ähnlich der kursiven und halbfetten lateinischen Schrift) auch zu Hervorhebungen im laufenden Text sowie für Fremdwörter verwendet.

Kanji

Grundsätzlich unterscheidet sich das Kanji von den beiden Silbenschriften. Es handelt sich um Wortschriftzeichen, die in ihrer Bedeutung den chinesischen Ideogrammen entsprechen, von denen sie abgeleitet worden sind. Mit ihnen werden Substantive, Verben und Adjektive geschrieben; über die Lautung dieser Wörter geben sie keinen Aufschluß. Da das Chinesische keine Flexion kennt, werden Beugungspartikel und Angaben über die Klanggestalt in Hiragana angefügt.
Bei der Übernahme dieser Wortschriftzeichen ergab sich ein Problem, das auch in der mordernen japanischen Sprache noch eine große Rolle spielt. In der monosyllabischen chinesischen Sprache gibt es eine sehr große Zahl von Wörtern, die in ihrem Lautbestand völlig identisch sind und der Differenzierung von Tonhöhe und Sprachmelodie als elementarer sinngebender Faktoren bedürfen, im Schriftbild aber klar unterschieden und in ihrem Sinngehalt zu identifizieren sind. Diese Art der akustischen Sinngebung ist dem Japanischen fremd, so daß sich in dieser Sprache eine große Zahl von Homophonen entwickelt hat, deren Bedeutung nur noch aus dem Schriftzeichen oder aus dem Kontext hervorgeht. Hinzu kommt, daß lautlich verschiedene Wörter ein und denselben Begriff wiedergeben können, so daß ein bestimmtes Kanji-Zeichen unterschiedliche Lesungen (chinesisch = on-Lesung, japanisch = kun-Lesung) haben kann. So wird z.B. das Schriftzeichen für 'Berg' entweder als 'san' (on-Lesung) oder als 'yama' (kun-Lesung) gelesen.
So ist es zu erklären, daß die Japaner bei der mündlichen Unterhaltung häufig gezwungen sind, die Schrift zu Hilfe zu nehmen, um sicherzugehen, daß sie den gleichen Begriff meinen. Dies zeigt sich auch in den Fernsehnachrichten, bei welchen der gesprochene Text durch Schrifttafeln unterstützt und verdeutlicht wird.

Schriftenmischung

Die moderne japanische Schrift ist eine Mischform aus Kanji, Hiragana und Katakana, die je nach ihren geschilderten Eigenheiten eingesetzt werden. Eine Kombination von Kanji und Hiragana (Sinnträger und Lautträger) ist Standard, in Katakana werden Fremdwörter (das Japanische ist reich an Lehnwörtern aus dem Englischen, Deutschen, Französischen, Portugiesischen und Niederländischen) und Hervorhebungen geschrieben. Telegramme faßt man ausschließlich in Katakana ab.
Dieses komplexe Schriftsystem verlangt eine weit größere Anzahl von Einzelzeichen als eine phonetische Schrift, wie sie u.a. in den westlichen Sprachen verwendet wird. Das Schulpensum umfaßt 881 Kanji-Zeichen; der durchschnittlich gebildete Erwachsene beherrscht 2500 Einzelzeichen, während in wissenschaftlichen und literarischen Werken etwa 4000 Sinnzeichen in Gebrauch sind. Insgesamt dürfte es rund 10000 Kanji geben.
Die Anzahl der Laut- bzw. Silbenzeichen ist weit geringer; die 'Fünfzig-Laute-Tafel' umfaßt 46 Zeichen (in Hiragana und Katakana) und 25 standardisierte Kombinationen.
Ziffern werden meist in arabischer Schrift wiedergegeben.

Schreibrichtung

Die traditionelle Schreibrichtung reiht senkrechte Zeilen von rechts nach links aneinander. Daneben gibt es seit einiger Zeit auch eine von links nach rechts verlaufende horizontale Schreibrichtung nach westlichem Muster. Beide Formen können durchaus parallel verwendet werden, was z.B. in Tageszeitungen geschieht.

Transkription

Die phonetische Struktur der japanischen Sprache gestattet eine wenig problematische Transkription in lateinischer Schrift, wie sie in der 'Fünfzig-Laute-Tafel' durchgeführt ist. Hierbei ist das nach dem US-amerikanischen Missionar und Philologen C. Hepburn benannte Hebonshiki romaji zugrunde gelegt, das 1885 von einer Wissenschaftlerkommission erstellt wurde. Daneben gibt es noch das in Japan für den Amtsgebrauch empfohlene Kunreishiki romaji.

Sprache, Transkription (Fortsetzung)

Über die Aussprache des Japanischen und die Verbreitung von Fremdsprachenkenntnissen in Japan unterrichtet das Kapitel 'Sprache' in den Praktischen Informationen von A bis Z im hinteren Teil dieses Reiseführers; dort findet man auch eine Liste elementarer Ausdrücke und Redewendungen zur notdürftigen Verständigung vor Ort.

Sprachpraxis

Religion

Konfessionen

Die beiden dominierenden Religionen in Japan sind der Shintoismus, eine animistische Naturreligion, und der Buddhismus in einer allerdings eigentümlich japanischen Form. Beide fließen ineinander über, so daß sich bei Umfragen als Kuriosum ergibt, daß sich 112 Mio. Japaner zum Shintoismus bekennen und 89 Mio. zum Buddhismus – es gibt aber nur 121 Mio. Japaner. Die meisten heiraten christlich oder lassen sich buddhistisch bestatten. Christen unterschiedlicher Konfession machen nur knapp ein Prozent der Bevölkerung aus.

Buddhistische Tempel erkennt man an der Swastika (umgedrehtes Hakenkreuz), einem alten asiatischen Symbol, die shintoistischen Schreine an ihren zumeist aus Balken gezimmerten Toren (torii).

Shintoismus

Der Shintoismus ist eine rein japanische Religion (bis 1945 Staatsreligion), die nur hier praktiziert wird, und nur Japaner können Shintoisten sein. Sie war bis zum 6. Jh. n. Chr. die einzige in diesem Land gepflegte Religion, die deshalb auch anfangs gar keinen Namen hatte. Erst mit der Einführung des Buddhismus wurde ihr der Name gegeben: Shinto stammt aus dem Chinesischen und bedeutet soviel wie 'Weg Gottes'. Der Shintoismus ist eine animistische Religion, eine Naturreligion, basierend auf dem Glauben, daß die Natur von Geistern und gottähnlichen Wesen beseelt ist. Es gibt, wie es in früheren Quellen heißt, 800 mal 1000 Götter oder gottähnliche Wesen.
Als solche Gottheiten (diesem Begriff darf man allerdings nicht westliche Inhalte unterstellen) gelten Berge (so ist auch der Fuji ein Heiligtum für die Shintoisten) und Bäume, Sonne und Mond, Tiere wie Schlangen, Füchse und Krähen. Diese Naturkräfte sind die 'kami' (= höhere Wesen), gütige und wohlwollende Wesen. Auch die Ahnen werden zu 'kami'. So nahm der shintoistische Yasukuni-Schrein im Herzen von Tokyo die Geister aller gefallenen Soldaten auf, auch die der Kriegsverbrecher.
Über allen diesen 'kami' stand (bis 1945) als höchstes Wesen der Kaiser (Tenno), der als direkter Nachfolger der Sonnengöttin Amaterasu-Omikami als heilig galt. Aus diesem Grunde unterstanden auch die shintoistischen Priester der Regierung. Die shintoistische Religion verlangt – ihrem Ursprung als Naturreligion gemäß – keinen festen Glauben, sie kommt ohne schriftliche Gesetze, moralische Vorschriften, starre Ethik aus. Erst in den letzten zwei Jahrhunderten tat sie eine Reihe von Schritten auf eine allgemeine Morallehre zu.
Die besonders wichtigen 'kami' werden in einem Schrein verehrt, den zumeist ein gepflegter Garten umgibt – weiterer Ausdruck der Naturbezogenheit dieser Religion. So kann der Gläubige seine 'kami' an ihrer Wohnstätte ehren und sie einmal im Jahr mit einem großen Fest (matsuri) feiern, um die gegenseitige Harmonie zu betonen oder wiederherzustellen. Da dem Shintoismus Reinheit äußerst wichtig ist (jede Berührung mit dem Tod wird vermieden), wäscht man sich symbolisch die Hände und reinigt seinen Mund, bevor man den heiligen Schreinbezirk betritt.

Auch heute noch spielt der Shintoismus in Japan eine bedeutende Rolle, werden die 'kami' beschworen, so zur Saat- und Erntezeit, wenn sie in ganz Japan in Festen und Feierlichkeiten geehrt werden.

Religion

Buddhismus

Der Buddhismus erreichte 538 n.Chr. – über Korea kommend – das japanische Inselreich. Zeitweise von den shintoistischen Priestern aufs heftigste bekämpft, da die lebensbejahende japanische Religion die Naturfeindlichkeit des Buddhismus nicht akzeptieren konnte, wurde er von der Oberschicht, insbesondere von Prinz Shotoku (574–621 n.Chr.) hoffähig gemacht: Man bewunderte den Buddhismus als Ausdruck einer überlegenen, vergeistigten Kultur.

Im Laufe der Zeit erfuhr die buddhistische Lehre aufgrund der Sektenbildungen eine Japanisierung, deutete der Shintoismus die buddhistischen Gottheiten als 'Kami' und die Buddha-Statuen als sichtbare Verbindung zwischen Mensch und 'Kami' in künstlerischer Form. Da sich außerdem der Shintoismus dem Diesseits zuwendet, während der Buddhismus jenseitsbezogen ist, wurde der Buddhismus als Ergänzung zum Shintoismus schließlich akzeptiert.
Eine erste Form des japanischen Buddhismus entstand schon im 12. Jh. mit der Bildung des Amida-Buddhismus: Durch die Gnade Amidas, einer der vielen Inkarnationen Buddhas, erlange man die Zuversicht, nach dem irdischen Tod wiedergeboren zu werden und in das 'Reine Land' (japanisch 'Jodo') einzugehen.
Ihren schärfsten Gegner fand diese Form des Buddhismus in dem Priester Nichiren (1222–1282), Gründer einer nach ihm benannten Sekte. Er verband buddhistische Lehren mit patriotischen Zielen, forderte die Verdrängung aller anderen Glaubensrichtungen und missionarischen Eifer seiner Anhänger.

Zen

Eine dritte Ausprägung des japanischen Buddhismus ist die Zen-Lehre, die mit ihrer strengen Ordnung der Meditationspraxis und der grundlegenden Disziplin des Ordenslebens dem Ehren- und Lebenskodex der Samurai, der japanischen Krieger-Aristokratie, entsprach. Sie benutzten die harten Meditationsübungen als Mittel zur Selbstdisziplin, jeden selbstsüchtigen Gedanken zu vergessen und den Tod – als höchste Stufe der Selbstvergessenheit – nicht mehr zu fürchten.
Im Mittelpunkt der Zen-Praxis steht die 'sitzende Versenkung' ('Zazen'). Sie soll zur Erleuchtung ('Satori') führen, einer den Gläubigen plötzlich überkommenden Erkenntnis der Einheit allen Seins.
Über die Erfahrungen seiner Meditationsübungen hat der Jünger seinem Meister Auskunft zu geben, der ihn dabei oftmals mit Zurechtweisungen (auch körperlichen Züchtigungen) auf den rechten Weg zu bringen versucht. Der Meister prüft auch den Erkenntnisstand des Jüngers durch eine Frage-und-Antwort-Spiel ('Koan').
Diese Zen-Sprüche, vom Charakter her Aphorismen, vom Gedanken her Provokationen und Paradoxe, sollen dem Zen-Buddhismus entsprechend einen Kerngedanken herauskristallisieren und sind auch im Westen bekannt.
Der gleichen Art Poesie entsprechen auch Zen-Kunst und Zen-Architektur. In der Malerei kommt die Konzentration auf das Wesentliche – mit nur einigen Pinselstrichen herausgearbeitet – am deutlichsten zum Ausdruck. Zen-Bauten erkennt man sofort an ihrer schmucklosen, schlichten Form. Auch die Teezeremonie hat ihren Ursprung im Zen-Buddhismus.

Soka Gakkai

Die 1930 gegründete und 1946 erneuerte Sekte Soka Gakkai beruft sich gleichfalls auf den Priester Nichiren und ist stark nationalistisch orientiert. Soka Gakkai verfolgt wie dieser den Gedanken, daß religiöser Geist und politische Macht sich gegenseitig durchdringen müßten. Diesem Gedankengang folgend, gründete die Sekte 1964 die Partei 'Komeito' (Partei für saubere Politik), die rasch zu einer der wichtigsten Oppositionsparteien in beiden Kammern des Parlaments aufstieg, sich aber inzwischen von der religiösen Bewegung nominell lossagte. Sie hat rund 10 Mio. Mitglieder, die zu bedingungslosem Gehorsam verpflichtet werden und hohe finanzielle Abgaben entrichten müssen. Auszutreten ist nahezu unmöglich und mit Bedrohung durch die straff organisierten Funktionärskader verbunden.

Japanisches Pantheon

Aizen Myoo	Gott der Leidenschaft
Amaterasu-omikami	Sonnengöttin; mythologische Stammutter des Kaiserhauses
Amida	Buddha des Lichtes; Herrscher des 'Westlichen Paradieses'
Bato	Pferdeköpfige Kannon-Darstellung
Benten, Benzaiten	Liebes- und Glücksgöttin
Binzuru	Einer der sechzehn Buddha-Jünger; Helfer bei Krankheiten
Bishamon	Einer der vier Himmelskönige; Gott des Reichtums und Glücks
Bodhisattwa	Bosatsu; Erleuchteter vor dem Eintritt ins Nirwana, Helfergestalt
Bonten	Japanischer Name des Gottes Brahma; Tempelwächter (Dewa)
Bosatsu	Bodhisattwa; Erleuchteter vor dem Eintritt ins Nirwana, Helfergestalt
Buddha	Altinidsch 'der Erwachte', 'der Erleuchtete'; Ehrentitel des Shakyamuni, des Begründers des Buddhismus
Butsu	Japanischer Name Buddhas
Daibutsu	Großer Buddha
Daikoku	Gott des Reisbaues und des Reichtums
Dainichi	Buddha des Lichtes
Dainichi Nyorai	Licht-Buddha; in der bildenden Kunst meist Teil einer Trinitas
Dewa	Die beiden Wächtergottheiten an Tempeln
Ebisu	Glücksgott; Beschützer der Arbeiter und der Fischer
Emma-O	Herrscher der Unterwelt
Fudo	Lichtgott
Fugen	Buddhistische Helfergestalt
Fukurokuju	Gott des Glücks und der Weisheit
Gakko-bosatsu	Mondgottheit
Gochi Nyorai	Fünf Buddhas der Weisheit und der Kontemplation
Gongen	Irdische Manifestation Buddhas
Hachiman	Sippengott der Minamoto; als Kriegsgott verehrt
Hotei	Glücksgott
Inari	Reisgottheit
Izanagi und Izanami	Ur-Götterpaar; Schöpfer des Landes
Jizo-bosatsu	Schutzgott der Reisenden, Schwangeren und Kinder
Jurojin	Glücksgott
Kannon (Kwannon)	Bodhisattwa der Barmherzigkeit; meist weiblich dargestellt
Kappa	Wassergeister
Kompira	Von Seeleuten und Reisenden verehrte Berggottheit
Koshin	Gott der Affen-Trinitas
Miroku-bosatsu	Bodhisattwa, künftiger Buddha
Ninigi-no-mikoto	Nachkomme der Amaterasu-omikami; legendärer Reichsgründer
Nio	Himmelskönige; Wächterfiguren (Indra und Brahma)
Nyorai	'Erleuchteter', Ehrentitel Buddhas
Oni	Dämonen der Unterwelt
Rakan	Jünger Buddhas
Sengen	Göttin des Berges Fuji
Shaka-nyorai	Buddhas irdische Existenz
Shakyamuni	Buddha
Shichi-fukushin	Sieben Glücksgötter
Shiki	Dämon der Schwarzen Magie
Shitenno	Vier Himmelskönige
Shoden	Gott der Weisheit
Susanoo	Mond-, Meer- und Sturmgott
Taishakuten	Wächtergestalt am Tempeltor
Tenjin	Gott der Gelehrsamkeit
Ujigami	Sippengötter
Yakushi-nyorai	Heilender Buddha; Herrscher des 'Östlichen Paradieses'

Religion, Soka Gakkai (Fortsetzung)

Zur Soka Gakkai selbst gehören schätzungsweise 7 Mio. Japaner. Die Sekte möchte ihren Buddhismus zur Staatsreligion machen und verkündet weltweite Abrüstung und Verstaatlichung der Schlüsselindustrien als ihre Ziele, dies alles im Zeichen eines neuen japanischen Nationalismus. Der erstaunliche Massenerfolg der Soka Gakkai hat aber in erster Linie mit ihrem Engagement auf dem sozialen Sektor zu tun. Ihre Gruppen an der Basis pflegen mit ihren häufigen Veranstaltungen, Kultur- und Bildungsabenden das gerade für den Japaner wichtige Gefühl der Zusammengehörigkeit.

Christentum

Das Christentum wurde im 16. Jh. zunächst durch Portugiesen und Spanier, später auch durch die Holländer ins Land gebracht. Es fand großen Anklang bei der unterdrückten Landbevölkerung, die sich unversehens auf die gleiche Stufe mit ihren Peinigern gestellt sah. Doch schon 1597 kam es zu Christenverfolgungen, bei denen über 30000 Menschen ihr Leben verloren (teils grauenhaft gefoltert). 1640 wurde Japan für Ausländer so gut wie gesperrt. Religionsfreiheit wurde erst 1889 verkündet. So kam es, daß sich heute nur knapp ein Prozent der Bevölkerung zum christlichen Glauben bekennt. Der Einfluß der Christen auf das soziale und geistige Leben ist dennoch beachtlich, nicht zuletzt durch die Gründung von Schulen, die auch von Nichtchristen besucht werden.
Tokyo ist Sitz eines römisch-katholischen Erzbischofs.

Kultur

Allgemeines

Tokyo ist nicht nur quantitativ das wissenschaftliche und kulturelle Zentrum Japans – hier wird die Tonart für das ganze Land angegeben.
Die Stadt ist Sitz der Japanischen Akademie, des Japanischen Wissenschaftsrates und einer großen Zahl wissenschaftlicher Gesellschaften; hier gibt es über 200 staatliche, städtische und private Universitäten, technische Universitäten, Colleges und Hochschulen. Unter den Bibliotheken ragt die Nationalbibliothek heraus, unter den Theatern das Nationaltheater, unter den Museen das Nationalmuseum. Die musikbegeisterte Stadt verfügt über sieben Orchester, von denen das Rundfunk-Symphonie-Orchester (NHK) und das Japan Philharmonic Orchestra die international bekanntesten sind. Die Pflege traditioneller und moderner Kunst liegt zumeist in privaten Händen und wird von Kaufhäusern, Galerien und einer Anzahl von Institutionen wahrgenommen.

Tokyo ist Sitz aller bedeutenden Zeitungsverlage, einer öffentlichen Rundfunkanstalt (NHK = Nippon Hoso Kyokai) sowie der meisten kommerziellen Fernsehgesellschaften.

Schulwesen

Das ursprünglich von europäischen Vorstellungen geprägte neuzeitliche Bildungswesen wurde nach dem Zweiten Weltkrieg durch das US-amerikanische System abgelöst. Es besteht neunjährige allgemeine Schulpflicht. An die sechsjährige Grundschule schließt die dreijährige Mittelschule an; danach folgt die fakultative dreijährige Oberschule, die zur Hochschule führt.

Universitäten und Hochschulen

Rechnet man alle staatlichen, städtischen und privaten Universitäten und Hochschulen zusammen, kommt man auf über 200. Allerdings mögen viele von ihnen nach europäischer Auffassung ihren Namen nicht verdienen.
In Japan ist – ganz anders als in Deutschland – der Besuch der 'richtigen' Universität das ausschlaggebende Kriterium für die künftige Karriere. Ein für europäische Verhältnisse außerordentlich streßbetontes Prüfungsverfahren, das schon in der Schule anfängt, sorgt für die Auswahl. Wer aber die Prüfungen der von ihm ausgewählten Universität geschafft hat, braucht sich um seinen weiteren Berufsweg nicht mehr zu sorgen.

Tokyo University

Kultur (Fortsetzung), Universitäten

Die Spitze der staatlichen Universitäten nimmt die Tokyo-Universität ein, von der viele Absolventen in den Staatsdienst gelangen.

Die privaten Universitäten sind extrem teuer, Studenten aus dem Ausland sind dort nur in geringer Zahl vertreten. Nennenswert sind hier die Universitäten Keio und Waseda. Zu den privaten Universitäten zählt auch die 1972 gegründete Universität der Vereinten Nationen, die eines Tages zu einem Treffpunkt der internationalen Forschung und Lehre werden soll. Das Unternehmen stagniert im Augenblick, weil japanische Studenten die bewährten Institutionen vorziehen, mit deren Hilfe sie Karriere machen möchten. Zu den Hochschulen, die in Tokyo einen guten Ruf genießen, gehören die Hochschulen für bildende Künste und Musik sowie die Tokyo University of Arts und Seiha Ongakuin in Shinjuku.

Wissenschaftliche Gesellschaften und Institute

Tokyo, als bildungspolitisches Zentrum des Landes, ist Sitz der Japanischen Akademie und des Japanischen Wissenschaftsrates, ebenso vieler wissenschaftlicher Gesellschaften, die allerdings nur Einheimischen Zugang bieten. Doch der Kontakt auch zu anderen Ländern wird gesucht und gepflegt. So ist in Tokyo eine große Anzahl von ausländischen wissenschaftlichen Gesellschaften oder Kulturinstituten zu finden, zu denen von deutscher Seite das Goethe-Institut, die Japanisch-Deutsche Gesellschaft oder die Deutsche Gesellschaft für Natur- und Völkerkunde Ostasiens (OAG) gehören.

Zu den japanischen Instituten, die weit über die Grenzen ihres Landes Geltung erworben haben, gehören das in Tokyo ansässige Kernforschungsinstitut und das Institut für Luft- und Raumfahrt, das der Universität von Tokyo zugehört.

Kunst

Allgemeines

Der Europäer verbindet mit dem Begriff der japanischen Kunst meist deren Werke aus dem 17. und 18. Jh. und sieht in ihr häufig nur eine Variante der chinesischen Kunst. Die Einflüsse Chinas spielen zwar eine bedeutende Rolle, aber Anregungen aus dem indischen Kulturraum sind gleichfalls zu beobachten – ein Zeugnis für die länderübergreifende Kraft der fernöstlichen Religionen, die mit dem Kunstschaffen eng verbunden sind und in Japan durchaus zur Entwicklung eigenständiger Kunststile geführt haben.

Kunstepochen

Archaische Zeit (bis 3. Jh. v. Chr.)

Bis zur historischen Gründung des japanischen Reiches im ersten nachchristlichen Jahrhundert reicht das Archaische Zeitalter. Die noch ohne Töpferscheibe gefertigte Jomon-Keramik und die spätere Yayoi-Keramik belegen den hohen Stand handwerklichen Könnens. Wegen der geographischen Isolierung gelangt die Kenntnis der Bronzeherstellung erst um das dritte vorchristliche Jahrhundert nach Japan.

Kofun-Kultur (um 300 n. Chr.)

Es zeigt sich eine zunehmende soziale Differenzierung. Riesige Hügelgräber auf schlüssellochförmigem Grundriß weisen auf einen zunehmenden Einfluß aus Korea hin, von wo neue Techniken (Eisenguß, Webtechnik, hartgebrannte Sue-Keramik) vordringen.

Kunst

Asuka-Periode (552–645)

Der Buddhismus tritt an die Seite der shintoistischen Naturverehrung. Japanische Meister übernehmen aus China Elemente der griechischen, persischen und indischen Hochkulturen und entwickeln sie zu hoher Blüte. Die Tempelarchitektur beginnt sich zu verselbständigen, und es entsteht eine große Zahl von Kultbildern. Ein neues handwerkliches Verfahren ist die Trockenlacktechnik auf Holzkern.

Hakuho-Periode (Wende 7./8. Jh.)

Auch die Hakuho-Periode steht unter dem Einfluß des chinesischen Buddhismus. Erstmals breitet sich das Kunstschaffen auch in entferntere Landesteile aus.

Nara-Zeit (710–794)

Im Zuge der Individualisierung der Menschendarstellung tritt die Porträtmalerei hervor. Die Gigaku-Masken, wohl schon für szenische Zwecke verwendet, zeigen karikierende Übertreibung der physiognomischen Eigenheiten.

Heian-Periode (794–1184)

Kultur und Kunst der frühen Heian-Periode werden wesentlich von zwei sich zusehends ausbreitenden neuen Sekten des esoterischen Buddhismus bestimmt, nämlich dem Tendai und dem Shingon. Die religiöse Mystifizierung zieht gänzlich neue Formen der bildenden Künste nach sich, die sich vom Realismus der vorangegangenen Epoche lösen und die künstlerische Kreativität zugunsten einer nahezu schematischen Symbolik in den Hintergrund drängen. Die Verlegung des Kaiserhofes in die neu erbaute Hauptstadt Heiankyo (Kyoto) und der Bruch mit China leiten Ende des 9. Jh.s die Zeit der nationalen Besinnung ein, die spezifisch japanische Aspekte der Künste in den Vordergrund rückt und diese zu hoher Blüte gelangen läßt. Am Kaiserhof entstehen in der neu eingeführten Schrift 'Kana' bedeutende literarische Werke. Das in der Plastik reich verwendete Blattgold und die überaus detailreiche Bemalung finden ihr Pendant in der von der chinesischen stark unterschiedenen nationalen Malerei 'Yamato-e', die ihren Höhepunkt in den 'Emaki', meist literarischen Vorlagen nachgestalteten Bildrollen religiösen und vor allem historischen Inhalts, findet.

Kamakura-Periode (1192–1333)

Die Kamakura-Periode, politisch geprägt durch das Erstarken des Militärs in den Provinzen, zeigt in Einfachheit und kraftvollem Ausdruck eine Anlehnung an die Kunst der Nara-Zeit und führt die Plastik zu einem Höhepunkt, wie er später nicht mehr erreicht wird. Die allmähliche Wiederaufnahme der Kontakte zu China läßt den Zen-Buddhismus nach Japan gelangen, der dem Geist der Kamakura-Periode weitgehend entspricht. Er verzichtet auf alle äußeren Mittel zur Heilsfindung und verkündet die Erlösung durch den Blick nach innen. In der Kunst führt diese Einstellung zu einer drastischen Einschränkung der Ausdrucksmittel, was einerseits eine Stagnation mit sich bringt, andererseits aber die Ausdruckskraft der Kalligraphie und der Tuschmalerei zu höchster Vollendung führt. Besonders reich entwickelt sich das Kunsthandwerk. Es entstehen Damaszenerklingen von hervorragender Qualität; die Tradition von Lackarbeit und Textilkunst wird weitergeführt.

Muromachi-Periode (14. bis Mitte 16. Jh.)

In der Muromachi-Periode verbindet sich die wiederentdeckte höfische Eleganz der Heian-Zeit mit Einflüssen des Zen-Buddhismus. Der Zen wirkt sich auf die Gestaltungsmittel stark reduzierend aus und verdrängt das farbenfreudige 'Yamato-e' zugunsten der monochromen Tuschzeichnung, in der die genial hingeworfene Andeutung über die detaillierte Durchgestaltung triumphiert: Gegenstand ist nicht mehr die Darstellung des gegebenen Motives, sondern dessen Quintessenz, die sich dem Künstler in spontaner Erleuchtung offenbart.
Die späte Muromachi-Periode bringt eine Gegenströmung zu der vom Zen geprägten Kunst hervor, die das dekorative Moment wieder bevorzugt.

Momoyama-Periode (1573–1603)

In der zweiten Hälfte des 16. Jh.s wird das Land durch die Shogune Nobunaga, Hideyoshi und Ieyasu befriedet, und die politische Erneuerung zieht auch eine Umorientierung der Kultur nach sich, die in der Momoyama-

Momoyama-Periode (Fortsetzung)

Periode ihren höfischen Akzent verliert und sich dem Bürgertum zuwendet. Das Kunsthandwerk entwickelt sich in zunehmendem Maße: Lack- und Metallarbeiten schmücken die Räume und werden zu Wohlstandssymbolen des aufkommenden Bürgertums.
Die Namban-Kunst schildert die Ankunft der Europäer in Japan.

Edo-Zeit (1603–1868)

Mit der Edo-Zeit setzt sich die bürgerliche Kultur vollends durch. Von allen Kontakten zum Ausland abgeschnitten und allenthalben von den Zwängen der strengen sozialen Schichtung eingeengt, wendet sich das Bürgertum dem Kunstgenuß und einem aufwendig-eleganten Lebensstil zu. Alle Wertmaßstäbe religiösen, weltanschaulichen und höfischen Ursprungs verlieren an Bedeutung: in der Verarmung der Samurai-Klasse spiegelt sich die Loslösung von mittelalterlicher Ethik. Die Vielseitigkeit der Künstler gibt der Kunstwelt Japans ebenso neue Anregungen wie die verstärkten chinesischen und europäischen Einflüsse.

Mit dem Beginn des 17. Jh.s entwickelt sich die Kunstrichtung des 'Bunjinga', in welcher Gelehrte und Kalligraphen Illustrationen zu literarischen Vorlagen schaffen, die in ihrer an keine künstlerische Tradition gebundenen Genialität Höchstleistungen darstellen. Auch die Holzschnittechnik, bisher nur für Illustrationen in Büchern verwendet, verselbständigt sich und wird zum 'Ukiyo-e', das rasch eine weite Verbreitung findet und sich nach der Einführung des Farbdruckes von mehreren Druckstöcken (ab 1765) zum 'Nishiki-e' entwickelt.

Die Keramik bringt glasierte Waren mit Schmelzfarbenmalerei hervor. Die Entdeckung von Kaolinvorkommen läßt um 1600 die Porzellanerzeugung rasch anwachsen.

Neuzeit (nach 1868)

Die Meiji-Periode wird für Japan der erste große Schritt in die Neuzeit. Die rasch voranschreitende Öffnung nach Westen zeigt auch Auswirkungen auf das Kunstgeschehen. Die Malerei spaltet sich in zwei Richtungen: Nipponga repräsentiert die traditionelle japanische Malerei, während sich die Maler der Yoga westlichen Techniken und Ausdrucksmitteln zuwenden, insbesondere der Ölmalerei.

Architektur

Allgemeines

Die japanische Architektur zeichnet sich in ihren Grundelementen vor allem durch Einfachheit, Funktionalität und Harmonie mit der umgebenden Natur aus. Die konsequente Beachtung nutzungsbedingter Proportionen findet im Westen erst mit Beginn der Moderne nach der Wende vom 19. zum 20. Jh. eine Entsprechung.

Bauweise

Abgesehen von der Großstadtarchitektur der neuesten Zeit überwiegt bei weitem der ebenerdig-einstöckige Bau, oft mit einer deutlichen Gliederung in die einzelnen Lebensbereiche verbunden. Die Innenräume sind durch Stell- und Schiebewände sehr variabel, und die Offenheit der Bauweise führt zu einer Wechselwirkung zwischen Außen und Innen, wie sie in massiveren Bautechniken unvorstellbar ist. Das bevorzugte Baumaterial des waldreichen Landes ist seit jeher das Holz, dessen Struktur als ästhetische Komponente den Gesamteindruck wesentlich mitbestimmt. Auch praktische Erwägungen sprechen für diesen Baustoff; denn in dem noch immer sehr stark von Erdbeben gefährdeten Land bietet die Elastizität eines aus Holz gefügten Baukörpers einen wesentlich höheren Sicherheitsfaktor als der starre Steinbau.

Einflüsse

Wie in der bildenden Kunst, ist auch in der Architektur Japans der chinesische Einfluß deutlich, der im 7. und 8. Jh. bestimmendes Element wurde und im 13. Jh. neue Impulse gab, die später völlig assimiliert wurden und zur eigenständigen Entwicklung künftiger Bauformen führten.

Traditionelles Kunsthandwerk

Keramik

Die japanische Keramik ('Yaki', 'Toki'), wie sie heute in unzähligen kleinen Läden, in besuchsoffenen Werkstätten und nicht zuletzt in Antiquitätenläden zu finden ist, geht im wesentlichen auf den Einfluß koreanischer Meister zurück, die infolge der Koreafeldzüge (1592–1598) von Toyotomi Hideyoshi in Japan seßhaft wurden.
Merkmale dieser Keramik sind ihre unaufdringliche Schönheit und ihre unprätentiöse Schlichtheit sowie das Freisein von allen künstlichen Effekten. Die in freier Entfaltung von Farbe und Form entstandene Unregelmäßigkeit schafft bis ins letzte schöpferische Detail in sich ruhende Kunstwerke, die dem Kunstsammler, Keramikliebhaber und Souvenirkäufer gleichermaßen wert sein können.
Viele der sich im Laufe der Jahrhunderte herausbildenden Öfen, unterschiedlich in ihrer Brenntechnik, bevorzugten Formen, charakteristischen Farben, heute zum großen Teil in ununterbrochener Tradition betrieben, halten Besuchern die Tür offen, geben Einblick in ihre Produktionsverfahren, vermitteln in hauseigenen Ausstellungen einen Schaffensüberblick und haben teils auch Hobby-Töpfereien eingerichtet.

Metallkunst

Die Metallverarbeitung blickt auf eine mehr als zweitausendjährige Tradition zurück, wobei sich bemerkenswerte, eigenständige Kunstformen ausbilden. Bronze wird gegossen, gehämmert, getrieben, ziseliert, mit Gold und Silber eingelegt, gepunzt oder durchbrochen. Eisen wird im Wachsausschmelzverfahren ('Rogata') zu Gegenständen des täglichen Gebrauchs geformt, Gold und Silber zu Gebrauchsgegenständen, Schmuck und allerlei Zierat.
Wie in anderen Kulturen auch genoß das Schwert- und Waffenschmiedehandwerk in Japan eine überragende Bedeutung. Die Herstellung erfolgte nach dem Verfahren des Damaszierens, d.h. verschiedene Metallschichten werden übereinandergeschweißt, gefaltet oder verwunden und gehämmert. Neben einigen historischen Museen zeigt das Schwertermuseum in Tokyo die wohl beste Sammlung ihrer Art.

Die Öffnung Japans seit der Meiji-Zeit (nach 1867) brachte die industrielle Metallverarbeitung in das Land. Damit war der Niedergang der Metallkunst im traditionellen Sinne vorgezeichnet. Um die Kenntnisse traditioneller Metallbearbeitung in Japan für zukünftige Generationen zu erhalten, gewährt die Regierung diesem Handwerk heute besondere Förderung. Die hervorragendsten noch lebenden Meister der Metallkunst lehren und wirken unter dem Ehrentitel 'Träger wichtiger unantastbarer Kulturgüter' an Hochschulen und Kunstwerkstätten.

Textilkunst

Schon früh findet man in Japan eine große Zahl an ausgereiften Webtechniken, die alle aus China und Korea übernommen worden waren. Verwoben wurden neben Seide auch Hanf, Nessel und verschiedene Baste. Verbreitete Gewebe waren Köper, Damast, einfache Brokate und Gaze, später – seit dem 13. Jh. – auch Silber- und Goldbrokate sowie Satin. Baumwolle wurde erst seit dem 15. Jh. verarbeitet.
Neben der Webtechnik kommt der Färberei von jeher große Bedeutung zu. Da sich der Schnitt der traditionellen Gewänder über Jahrhunderte hinweg kaum veränderte, zeigten sich modische und stilistische Entwicklungen hauptsächlich in Farbe und Dekor. Schon im 8. Jh. waren die drei Grundverfahren des Färbens bekannt und ausgereift, die noch heute im textilen Kunstgewerbe Anwendung finden. Es sind dies die Batik, das Färben gefalteter Stoffe mit Schablonen sowie das Abbindeverfahren, bei dem durch nur stellenweises Einfärben schöne zufällige Muster entstehen. Seit dem 13. Jh. erzielt man durch die Kombination verschiedener Färbetechniken und durch Besticken insbesondere mit Gold- und Silberfäden oder durch Aufreiben von Blattgold und -silber prächtige Wirkungen.
Seit der Einführung industrieller Web- und Textildruckverfahren haben die alten Techniken ihren Platz im Kunstgewerbe und finden darüber

Textilkunst (Fortsetzung)

hinaus noch Anwendung bei der Fertigung besonders kostbarer Tuche für die begehrten, zu festlichen Anlässen noch immer gern getragenen Seidenkimonos der Damen.

Tätowierkunst

Für manche Japaner ist ein menschlicher Körper erst schön, wenn er tätowiert ist; zugleich ist die Tätowierung jedoch auch Ausweis der Zugehörigkeit zu einer bestimmten Gesellschaftsgruppe. Für das Tätowieren bevorzugte Körperpartien sind der Rücken, die Oberarme, die Brust, die Oberschenkel und das Gesäß. Im Gegensatz zu andernorts beliebten Einzelmotiven (Anker, Leuchttürme, Mädchen, Schmetterlinge u. v. a.) wird in Japan eine möglichst großflächige Gesamtkomposition auf die Haut gebracht. Diese Vorliebe geht zurück auf Vorbilder berühmter Holzschneider und Maler des 18. und 19. Jh.s (Szenen aus bekannten Heldenepen); auch kommen Einflüsse aus der Tuschmalerei und von den dekorativen Ornamenten auf Kimonos oder den Rückenpartien der ärmellosen Jacken der Samurai-Krieger (Drachen, Dämonen u. a.) hinzu. Bei der traditionellen Tätowiertechnik benutzt der Künstler eingefärbte Nadeln, die am Ende eines etwa bleistiftgroßen Stabes einzeln oder bündelweise befestigt sind und in die Haut gedrückt werden; modernes Tätowierwerkzeug macht die schmerzhafte und höchst anstrengende Prozedur erträglicher. Da der Auftraggeber diese Tortur, der sich im übrigen auch Frauen unterziehen, kaum länger als ein bis zwei Stunden aushält, kann sich die kostspielige Gestaltung eines großen Tätowierbildes über Monate hinziehen. Als klassische Grundfarben gelten Schwarz (das unter der Haut bläulich schimmert), Zinnoberrot und Braun; in neuer Zeit sind die Farbtöne Gelb, Orange und Grün hinzugekommen.

Lackkunst

Bereits in vorgeschichtlicher Zeit gelangte die Lackkunst, die ihren Ursprung auf dem asiatischen Festland nahm, in ihrer einfachsten Form auf die japanischen Inseln. Mit dem Saft des Lacksumach (Rhus verniciflua), der getrocknet gegen Säuren, Hitze und Feuchtigkeit beständig ist, überzog man Gebrauchsgegenstände zu deren Schutz und erkannte dabei schon früh, daß durch Hinzufügen von natürlichen Farbpigmenten ein einfaches Dekor zu erzielen war.

Die japanische Lackkunst kennt drei verschiedene, jeweils in mehreren Varianten gebrauchte Bearbeitungsmethoden: die sogenannten flächigen Verfahren, eingelegte Lacke und geschnittene Lacke. Die zu den flächigen Verfahren zählenden 'Makie'-Goldlacktechniken ('Makie' = 'Streubild') sind die bedeutendsten eigenständig in Japan entwickelten Verfahren, die bereits in der Heian-Zeit (8. bis 12. Jh.) zu höchster handwerklicher und künstlerischer Vollkommenheit gereift waren. Die Lackmalerei, ebenfalls zu den flächigen Verfahren zählend, war besonders im 7. Jh. verbreitet, verlor jedoch schon im 8. Jh. an Bedeutung. 'Negoro-nuri' ist ein flächiges Verfahren, bei dem eine rote Oberschicht so weit abgetragen wird, bis der schwarze Grundlack stellenweise hervortritt. Es wurde seit der Muromachi-Zeit angewendet und ist auch heute noch sehr beliebt.
In der Nara-Zeit (8. Jh.) erschienen erstmals nachweisbar eingelegte Lacke. Sie werden in Japan vielfach mit 'Makie'-Techniken verbunden. Bevorzugt waren zunächst Perlmutteinlagen, später auch Gold- und Silberfolien, Korallen, Elfenbein und verschiedene Halbedelsteine.
Schnitzlackarbeiten ('Tsuishu') wurden erst seit dem 15. Jh. in Nachahmung chinesischer Waren hergestellt und waren von diesen kaum zu unterscheiden. Ein eigenständiger japanischer Schnitzlackstil bildete sich erst seit dem 17. Jh. aus. Neben den sehr aufwendig gearbeiteten echten Schnitzlacken, bei denen in die dicke Lackschicht eingeschnitten ist, entwickelte sich schon früh das einfachere 'Kamakura-bori', bei dem geschnitztes Holz mit Lack überzogen wurde.
Alle Lackarbeiten erhalten ihren Glanz erst durch Polieren der Oberfläche, ein mühevoller, zeitraubender Vorgang. Wegen der umständlichen und große Sorgfalt erfordernden Herstellung waren Lackarbeiten zu allen Zeiten kostbar und übertrafen selbst Porzellan an Wertschätzung.

Lackkunst (Fortsetzung)

Heute pflegt man die Lackkunst in den alten Produktionszentren Tokyo, Kyoto und Kanazawa; weitere traditionelle Werkstätten befinden sich in Takamatsu und Nagoya. Einfachere Waren für den häuslichen Gebrauch werden vorwiegend in den Präfekturen Fukishima, Ishikawa, Toyama und Wakayama hergestellt.

Netsuke (Knäufe)

Die im 15. Jh. aufgekommenen und seit dem 17. Jh. äußerst populär gewordenen Netsuke ('Ne' = Wurzelholz; 'Tsuke' = Aufhänger) sind kunstvoll in Form von Figuren, Tieren, Pflanzen und verschiedenen Gegenständen gestaltete Halteknäufe für Utensilienbeutel und Taschen, in denen man allerlei Dinge des täglichen Gebrauches wie Schreibzeug, Geld, Medizin oder Tabak mit sich führte. Die Knäufe besitzen eine oder zwei Lochführungen für die Schnüre des Täschchens und verhindern, unter dem Gürtel ('Obi') hindurchgesteckt, dessen Hinabgleiten. Die Gestalt eines guten Netsuke soll zum einen dieser Aufgabe gerecht werden, zum anderen aber auch griffig sein und keine Spitzen oder scharfe Kanten haben. Ursprünglich waren diese Kleinplastiken aus Wurzelholz geschnitzt, später verwendete man zunehmend auch Elfenbein, Horn, Bambus, Nußschalen, Lack, Keramik, Porzellan, Halbedelsteine oder Metall. Die Wahl der Motive war völlig frei und bezog sich auf praktisch alle Bereiche des Lebens, des Mythos, der Religion, der Sage und Dichtung oder entsprang der Phantasie des Künstlers.

Papier

Das Papier und seine diversen Herstellungstechniken gelangten vermutlich zuerst im 7. Jh. n. Chr. von China über Korea nach Japan. Hier wurde Papier in großer Vielfalt erzeugt und fand die unterschiedlichsten Verwendungen: von zarten Papierpuppen über bunte Schachteln, bedruckte Brieftaschen, papierbespannte Trennwände und Schiebetüren und kunstvolle Kalligraphien bis hin zu 'Origami', kleinen Wunderwerken der Papierfaltkunst. Anfänglich höfischen Kreisen vorbehalten, hat das Papier seit der Edo-Zeit (ab Mitte des 17. Jh.s) auch in bürgerlichen Schichten weite Verbreitung gefunden.
Japanpapier ist ein festes, langfaseriges Papier aus dem Bast der Papiermaulbeerpflanze (Broussonetia papyrifera); Reispapier, ein sehr zartes, jedoch erstaunlich festes und dauerhaftes Material, wird aus dem weißen Mark des Araliengewächses Tetrapanax papyrifera hergestellt, das feine Mitsumatapapier hingegen aus der Rinde des Seidelbastgewächses Edgeworthia chrysantha.
Das besuchenswerte Papiermuseum in Tokyo zeigt nicht nur die verschiedensten Papiere und Drucke, sondern auch die Werkzeuge und Gerätschaften zur Herstellung.

Verpackung (Tsutsumi)

Eine beachtenswerte Form des japanischen Handwerks ist die traditionsreiche Kunst des Verpackens ('Tsutsumi'), mit der dem Harmoniebedürfnis Rechnung getragen wird. Der Idee liegt die Auffassung zugrunde, daß man 'reine' Dinge nicht offen vorzeigt, sondern möglichst ansprechend verhüllt. Ursprünglich wurden hauptsächlich Lebensmittel für den Transport und zur Aufbewahrung verpackt. Zu diesem praktischen Aspekt des Nutzwertes gesellte sich der Schönheitssinn als ästhetischer Anspruch, und im Laufe der Zeit hat sich eine regelrechte Kunstform herausgebildet, die heute noch vor allem bei Geschenkgaben fortlebt. Bevorzugte natürliche Materialien zur Verpackung sind von alters her Reisstroh, Bambus und Zedernholz.

Gartenkunst

Der japanische Garten übt mit seiner ruhevollen Atmosphäre, seiner Harmonie und der trotz kleinster Flächen erreichten Komplexität einen außerordentlichen Reiz auf den Betrachter aus. Anders als bei westlichen Gärten und Parks lassen japanische Gartenanlagen die Hand des Gärtners im Verborgenen; das Maß der Vollkommenheit liegt gerade in der scheinbaren Zufälligkeit, in der Ursprünglichkeit, mit der die Gesamtheit der Natur zum Ausdruck gebracht wird. Der sie beeinflussenden Malerei entlehnt die Gartenarchitektur offenbar auch ihre Geltung als symbolhaltiges, nach höchst

Gartenkunst (Fortsetzung)

ästhetischen Prinzipien gestaltetes Betrachtungskunstwerk. Ebenso eng war von jeher die Verbindung zur Religion.
Die frühesten japanischen Landschaftsgärten gingen auf chinesische Vorbilder zurück. In China sollen die ersten Gärten in der Han-Epoche als Nachbildungen der sagenhaften 'Inseln der Unsterblichen' entstanden sein. Später, unter dem Einfluß des Buddhismus, symbolisierten sie das 'Westliche Paradies' des Amida. Durch die Verbreitung taoistischen Gedankengutes vertiefte sich das Gefühl für unverfälschte Natur; da taoistische Gelehrte oft in Gebirgsklausen Zuflucht suchten, legte man Gärten gern vor gebirgigem Hintergrund an oder türmte auf Inseln künstliche Felsen auf.
Ganz andere Akzente setzte der Zen-Buddhismus, dessen starker Einfluß auf das Leben während der Kamakura-Zeit (12.–14. Jh.) schon bald auf die Gartenarchitektur übergriff und die höfische Eleganz durch Strenge und Einfachheit ablöste. War der Garten bislang weitgehend für Spaziergänge, Spiele und zur Erbauung da, wurde er nun zu einem Arrangement, dessen oberstes Prinzip die Symbolik war, der entsprechend nicht mehr begangen, sondern von einer Veranda aus betrachtet wurde. Ihre formalen Prinzipien stammen vornehmlich aus der monochromen Landschaftsmalerei der chinesischen Sung-Zeit. Hauptziel der Zen-Landschaftsgärtner ist es, auf begrenzter Fläche den Anschein eines endlosen Raumes zu erwecken.
Während sich in den Landschaftsgärten Realität und abstrahierender Formwille noch auf verwirrende Art vermengen, wird in den Steingärten ('Kare Sansui') die reine Abstraktion erreicht. Es sind Trockengärten ohne Wasser und Vegetation, nur aus Sand und Steinen bestehend. Dennoch können sie auf engstem Raum weite Landschaften darstellen, wobei der geharkte Sand die Wasserfläche von Strömen oder Meeren darstellt, aus der die Steine wie Felsinseln emporragen. In ihrer kargen Schlichtheit kommen sie als künstlerischer Ausdruck der Zen-Lehre am nächsten.
Die klassische Einfachheit der Steingärten findet ihre Fortsetzung in den Teegärten ('Roji') der Momoyama-Zeit (16. Jh.), in der sich jedoch die Kargheit des Bildes verliert und die auf kleinstem Raum komprimierte Natur in scheinbar unverfälschter Form lebt. Die bewußte Natürlichkeit bzw. Naturbelassenheit drücken die zu den 'Roji' gehörenden Teehäuser auf andere Weise aus.
Der Anbruch der Edo-Zeit zu Beginn des 17. Jh.s brachte kaum neue Stilelemente. Die flächenmäßige Vergrößerung der Anlagen führte einerseits zur Schaffung reizvoller Wandelgärten, deutete in gewisser Weise aber auch auf das Verblassen dieser typisch japanischen Kunstform, die noch vor Beginn der Neuzeit ihren vorläufigen Entwicklungsendpunkt erreichte.

Ikebana (Blumenstecken)

Die Kunst des Blumensteckens hat als Ausdruck der Ästhetik tiefe Wurzeln im kulturellen Leben der Japaner geschlagen. Ursprünglich als Blumenschmuck vor buddhistischen Statuen aus China eingeführt, wandelte sich das Blumenstecken infolge der Loslösung vom religiösen Verwendungszweck zu einer eigenständigen Kunstform.
Der lineare Aufbau des Arrangements, in seiner philosophischen Bedeutung die Dreiheit Himmel – Mensch – Erde symbolisierend, zeugte schon früh von der Hinwendung zum Naturalismus, wie er sich in der Naturbelassenheit der verwendeten Zweige und Blüten zeigt.
Heute gibt es verschiedene Schulen, deren Bestreben auf die Pflege alter Traditionen ebenso abzielt wie auf die Entfaltung neuer Kreativität.
Ikebana, unerläßliches Bildungsprogramm junger Mädchen, noch immer Domäne männlicher Lehrmeister, erfreut sich auch zunehmender Beliebtheit im Ausland.

Bonsai (Miniaturbäume)

Die heute weltweit bekannte und geschätzte Kunst des Bonsai, des 'Baumes in der Schale', ist wohl chinesischen Ursprungs, doch schon seit dem 11. Jh. in Japan belegt. Der Zen-Buddhismus hat sie grundlegend geprägt. Aus Samen oder Stecklingen besonders geeigneter Pflanzen wie Wacholder (Juniperus), Kiefer (Pinus), Fichte (Picea), Sicheltanne (Cryptomeria japonica), mehreren Ahornarten (Acer) u.a. werden durch Beschneiden

Kunst, Bonsai (Fortsetzung)

von Trieben und Wurzeln, durch Dressieren der Äste mittels Draht und durch geringe, wohldosierte Nahrungszufuhr in nur wenig und festem Erdreich Miniaturbäume von 20–60 cm Höhe gezogen. Schnittstellen müssen dabei so angebracht sein, daß sie vollkommen verwachsen und unsichtbar bleiben. Drahtverbindungen werden nach einem Jahr gelöst, um das Einschneiden in die Rinde zu verhindern. Unter der behutsamen Hand seines Züchters wird der Bonsai in einer flachen Schale, einem Stück Rinde oder auf einer Steinplatte zu einem Kunstwerk, das in vollkommener Harmonie mit seiner Umgebung einer natürlichen Situation nachgestaltet ist. Im Laufe von Jahrzehnten entwickeln sich windwüchsige, knorrige und verwachsene Gebilde ebenso wie lichte Haine und zarte, blüten- und früchtetragende Miniatursträucher, die wie ihre großen Vorbilder das Aussehen von Jahreszeit zu Jahreszeit wechseln.
Bonsai können mehrere hundert Jahre alt werden. Man zieht sie in fast jeder japanischen Familie und vererbt sie weiter. Hauptzuchtzentren sind Omiya (nahe Tokyo), Kurume, Nagoya und Takamatsu (Kinashi). Gehandelt werden Bonsai wie Antiquitäten, wobei neben dem Alter insbesondere die ästhetische Gesamterscheinung den Preis bestimmt.

Theater

Allgemeines

Die heute noch lebendigen traditionellen Theaterformen Japans finden ihre Wurzeln in den rituellen Tänzen der Vorzeit, die in engem Zusammenhang mit dem Leben der Menschen und ihren Bedürfnissen stehen. Die Beschwörung des Jagderfolgs, Huldigung der Licht und Leben spendenden Sonnengöttin Amaterasu, Opferung und Verherrlichung des Hirsches (als Jagdbeute sowie Sendbote der Götter) und Danksagung für reichen Fischfang sind Inhalt der in den verschiedenen Gegenden des Landes eigenständigen Charakter gewinnenden, von Priestern und Schamanen vollzogenen Tänze, die fragmentarisch noch heute in einer Anzahl von Volkstänzen, in höfischem Tanz wie auch klassischer Theaterform existent sind.

No-Theater

Die sich noch heute beständiger Beliebtheit erfreuenden No-Spiele, an deren Aufführung sich seit 600 Jahren kaum etwas geändert hat, haben ihre Wurzeln im 'Sangaku' ('Musik zur Zerstreuung'), aus dem während der Heian-Zeit das 'Sarugaku' ('Affenmusik') wurde. Diese volkstümliche Unterhaltung war eine Art Possenspiel mit artistischen Kunststücken und Tänzen, in dem auf oft burleske oder gar obszöne Weise buddhistische oder shintoistische Geistliche verspottet wurden. Einen Einfluß übte auch das 'Dengaku' ('Feldmusik') aus, das sich aus ländlichen Erntetänzen entwickelt hatte. Im 13. Jh. erhielten diese derben Volksbelustigungen ernstere Inhalte und eine straffe dramaturgische Form; sie wurden nun von Berufsschauspielern aufgeführt. Die so entstandenen Schauspiele wurden 'Sarugaku-no-No' ('Kunst-Sarugaku') beziehungsweise 'Dengaku-no-No' genannt. Später verwendete man lediglich die verkürzte Bezeichnung 'No'. Das No-Theater ähnelte in der Funktion schon damals den europäischen Mysterienspielen, seinem Wesen nach war es aber noch immer Volkstheater.
Zur tiefsinnigen, aristokratischen Kunstform wurde das No erst unter dem Ashikaga-Shogun Yoshimizu, dessen Günstling Zeami ihm die endgültige poetische Fassung gab. Stets unterstützt von Yoshimitsu und beeinflußt von den Zen-Ästheten, die der Shogun um sich scharte, schuf Zeami Stücke, die bis jetzt unübertroffen sind. Das heutige No-Theater wird von fünf Schulen – Kanze (die größte), Komparu, Hosho, Kongo und Kita – getragen, die in Familientradition bis ins 14. Jh. (Kita erst im 17. Jh. gegründet) zurückgeführt werden können.
In Nachahmung der ursprünglich im Freien stattfindenden No-Aufführungen schiebt sich die 5,40 m im Quadrat messende überdachte Bühne aus schlichtem Zypressenholz seitwärts offen in den Zuschauerraum. Stän-

Traditionelle No-Bühne

No (Fortsetzung)

dige Kulisse ist das Bild einer Kiefer, vor dem die Musiker (Leitinstrument Flöte, dazu drei Trommeln) plaziert sind, welche die Rezitationen des auf der rechten Bühnenseite in zwei Reihen sitzenden Chors begleiten. Der vom linken hinteren Teil der Bühne wegführende, von drei perspektivisch angeordneten Kiefern gesäumte Steg ist Bühnenzugang für den Hauptdarsteller ('Shite'), seinen Begleiter ('Tsure') und den Darsteller der Nebenrolle ('Waki'), alle stets von männlichen Schauspielern verkörpert. Während die teils mit, teils ohne Maske auftretenden Nebendarsteller eine verständnisfördernde Funktion ausüben, wird die Handlung vom Shite mit typisierender Maske getragen, der sich im Spiegelraum ('Kagami-no-ma') meditativ in seine Rolle als Gottheit, Geist eines toten Ritters oder auch als schöne Frau versetzt.
Den einführenden Erläuterungen des Waki folgt der Auftritt des stets (selbst entgegen seiner Rolle) elegant und prächtig gekleideten Shite; seine von symbolischen Bewegungen getragene Darstellungsweise ist nahezu abstrahierend und auf die von Zeami fixierten Zentralbegriffe der Blüte ('Hana'), der eleganten Schönheit ('Yugen') und der Reize des Augenblicks ('Mezurashi') ausgerichtet. Das ästhetische Grundprinzip wird selbst durch dramatische Ereignisse in keiner Weise verletzt, von keinerlei Realismus unterlaufen.

Das klassische, aus fünf aufeinanderfolgende No-Stücken bestehende Programm ist heute allgemein auf zwei Stücke reduziert, die durch possenhafte Kyogen-Stücke (s. nachstehend) aufgelockert werden. Die thematische Klassifizierung unterscheidet fünf Gruppen, im einzelnen 'Kami-mono' (auch 'Waki-no'), frohe Geschichten um Gottheiten; 'Shura-mono' (auch 'Otoko-mono'), tragische Heldenepen; 'Katsura-mono' (auch 'Onna-mono'), Geschichten um weibliche Schönheiten; 'Kyoran-mono', Geschichten um geistig Verwirrte; schließlich 'Oni-mono', Geschichten um übernatürliche Wesen, letztere als abschließende Stücke eines No-Programms eingesetzt.

Theater

Kyogen

Kyogen-Stücke, humorvolle Interludien der No-Dramen, parallel zu diesen eine eigene Form entwickelnd und dennoch in engem Zusammenhang mit dem No stehend, karikieren in zeitgenössischer Volkssprache des 16. Jh.s die Gesellschaft und ihre Schwächen, tangieren auf dieser breiten Ebene nicht selten die Grenze des Tragikomischen. Unterschiede zum No sind der Dialog zwischen zwei Schauspielern bzw. Gruppen, die äußerst seltene Verwendung von Masken sowie die betont realistische Darstellungsweise.

Kabuki-Theater

Das bürgerliche Kabuki-Theater ('Ka' = Gesang, 'Bu' = Tanz, 'Ki' = darstellende Kunst) hat seinen Ursprung in der Edo-Zeit (17.–19. Jh.). Es bedient sich mehrerer Elemente der verschiedenen Theaterformen, die zu einer selbständigen, noch in jüngerer Vergangenheit zu hoher Blüte gelangenden Kunstform vereint werden. Aus Schauspiel, Tanz und Musik bestehend, ebenfalls auf männliche Schauspieler beschränkt, erreicht das Kabuki starke Dynamik und darstellerische Vielfalt und spricht dadurch insbesondere auch heute ein breiteres Publikum an als das klassisch-formalistische No-Theater.

Kabuki ist eine deftige, oft burleske Theaterform, der zuzuschauen sich auch dann lohnt, wenn man kein Wort versteht. Das größte Kabuki-Theater ist das Kabukiza an der Ginza. Während der Vorstellung geht es dort zu wie bei einem großen Familientreffen. Manche der 2500 Zuschauer bringen Verpflegung mit, obwohl sich um den großen Saal einige Restaurants befinden. Die Aufführungen dauern Stunden, doch man bleibt nur so lange, wie man will oder kann. Es gilt nicht als ungebührlich, irgendwann zu kommen und beliebig wieder zu gehen.

Die Schauspieler agieren in prachtvollen Kulissen und herrlichen, kostbaren Kostümen mit einer ungestümen Heftigkeit und Leidenschaftlichkeit, die im erstaunlichen Gegensatz zu dem ansonsten eher verhaltenen und kühlen Temperament des Japaners zu stehen scheint. Das Publikum geht begeistert mit, weint und lacht, zollt seinen Helden brausenden Beifall und

Theater Kabuki-za an der Ginza

Theater, Kabuki (Fortsetzung)

spart nicht an Zwischenrufen. Das Kabuki-Theater erfüllte vormals für das aufkommende Bürgertum die Rolle der Zeitungen und der Klatschblätter. Skandale und Mordfälle wurden hier in epischer Breite dargestellt, wobei die Schauspieler häufig Stegreiftexte boten, so daß sich die Handlung während der Vorstellung gelegentlich weit von der vorgesehenen Geschichte entfernte.
Mit dem bürgerlichen Bildungstheater Europas hat das Kabuki-Theater nichts gemeinsam.

Bunraku-Puppentheater

Das japanische Puppenspiel Bunraku reicht auf chinesische Tradition zurück. Im 17. und 18. Jh. gelangte es zu seiner höchsten Blüte und war volkstümlicher und beliebter als das Kabuki. Stärker als das No wurde Bunraku zum Spiegelbild seiner Zeit, die dem strengen Moralkodex des Konfuzianismus verbunden war. So spiegelte es auch die Konfrontation menschlicher Emotionen mit einer unnachgiebigen Staatsphilosophie wider. Thematisch konzentrierte man sich auf historische Vorlagen und Begebenheiten der Gegenwart.
Die Bunraku-Puppen sind an Fäden gelenkte oder von Hand geführte, sehr große (120 cm) Marionetten, die von zwei oder drei meist schwarz gekleideten Spielern bewegt werden. Bei der Vorstellung ist es ratsam, einen möglichst vorne gelegenen Platz zu wählen, um die wunderbar gestalteten Figuren gut erkennen zu können.

Musik

Japanische Musik

Die traditionelle, nicht von europäischen Strömungen beeinflußte Musik Japans ist radikal verschieden von der polyphonen, in ein verbindliches Taktschema eingebundenen westlichen Musik. Daher ist es fast unmöglich, sie spontan zu erfassen. Die völlig andersartige Melodik und die Fremdheit des Klangbildes stellen zusammen mit der geradezu monoton anmutenden Sparsamkeit der Mittel erhebliche Verständnishürden dar. Die Skalen besitzen entweder keine Halbtonschritte, oder diese befinden sich an ungewohnten Stellen der Skala. Manche Musiken ignorieren gemessene Tonhöhen oder verschleiern Intervalle, andere kennen nur eine oder zwei feste Tonstufen (Kerntöne) in einem von viertel- und mikrotonalen Gleit- und Ziertonbewegungen erfüllten Tonraum. In der Regel wird ein Ton nicht 'getroffen', sondern von unten 'angesungen'. Dies alles klingt westlichen Ohren 'falsch', obwohl es nur anderen, nicht minder strengen und logischen Gesetzen folgt. Die Sparsamkeit der Mittel ist allen japanischen Kunstgattungen eigen; in der Musik fehlen daher voluminöser Klang und Lautstärke. Die Unterschiede in der Klangcharakteristik ähnlicher Instrumente sind gering und werden nur von Kennern wahrgenommen. Wurde ein Instrument einmal anders gebaut oder gespielt, so entstand daraus eine neue Gattung. Innerhalb enger Grenzen gilt es, eine große und nuancenreiche Skala musikalischer Elemente wahrzunehmen. Der Verzicht auf Harmonik und Polyphonie zwingt zu musikästhetischem Umdenken; Pausen sind 'stille Töne', Dissonanzen haben die Qualität von Klangfarben. Der Reichtum differenzierter melodischer und rhythmischer Ausdrucksmöglichkeiten ist somit größer als in der westlichen Musik.

Europäische Musik

Seit die Meiji-Regierung um 1880 aus politischen Gründen westliche Musik in Schulen und Kasernen einführte, haben Generationen japanischer Musikwissenschaftler und Musikerzieher die europäische Klassik in Japan so heimisch gemacht, daß die Zeit der bloßen Nachahmung längst vergangen ist. Die Japaner lieben europäische Komponisten wie Beethoven und Mozart, und sie sind dabei ein sachkundiges und begeisterungsfähiges Publikum. Tokyo besitzt sieben Sinfonieorchester von internationalem Rang: NHK-Sinfonieorchester, Japan Philharmonic Orchestra, Sinfonieorchester Tokyo, Shin Nihon Philharmony Yomiuri Sinfonieorchester, Nihon Philharmony, Städtisches Sinfonieorchester und Tokyo Phil-

Europäische Musik (Fortsetzung)

harmony. Ferner gibt es eine Vielzahl von Chören, darunter der Heinrich-Schütz-Chor Tokyo, und zwei Opernensembles, die allerdings selten auftreten. Musikalische Formationen genießen in Japan so gut wie keine staatliche Förderung. Manche sind reine Wirtschaftsunternehmen, die ausschließlich von ihren öffentlichen Auftritten leben.

Brauchtum

Teezeremonie

Die Teezeremonie ('Chanoyu') ist, oberflächlich betrachtet, die tradierte Art der Zubereitung und das Servieren des zerriebenen grünen Tees ('Matcha'). Was jedoch vielfach auf seine Funktion als traditionelles Relikt in der Ausbildung heiratsfähiger Japanerinnen beschränkt gesehen wird, findet seine Wurzeln in der Ästhetik und dem religiösen Empfinden der Japaner. Handlung und Bedeutung der Teezeremonie annähernd verstehen zu können, bedingt die Auseinandersetzung mit den kulturhistorischen und religiösen Entwicklungen im Lande.
Hinter einer Fülle an Formalien, beginnend bei der dezent zu haltenden Kleidung der teilnehmenden Personen über den vorgeschriebenen Satz an Geräten bis hin zu den minutiösen Bewegungen des Teemeisters und der thematisch fixierten Konversation während der mehrstündigen Zeremonie, steht das über den zeitlichen und örtlichen Rahmen dieses gesellschaftlichen Beisammenseins weit hinausgehende Ziel der individuellen Sammlung und Läuterung in einer Atmosphäre von Abgeschiedenheit, Einfachheit und Stille, in der sich die bis ins letzte Detail aufeinander abgestimmten Äußerlichkeiten und Handlungen zur Vollkommenheit vereinen.
Es sind nicht die großen Gedankenflüge, die zur Erlangung des erstrebten allumfassenden Bewußtseins führen; die Vereinigung mit der Natur und im weiteren Sinne dem Universum wird vielmehr durch eine meditative Konzentration auf äußere, für das europäische Verständnis belanglose Hand-

Teezeremonie

lungsabläufe erreicht. Dies kennzeichnet die Teezeremonie als stark vom Zen-Buddhismus geprägte Kunstform, die sich am buddhistischen Verständnis von Stille, Harmonie und Schlichtheit orientiert, im Japanischen mit dem Begriff der Ästhetik ('Wabi') definiert.

Teezeremonie (Fortsetzung)

Wichtige Kriterien bei der Durchführung einer Teezeremonie sind die Einhaltung innerer und äußerer Reinheit ('Sei'), die Ehrfurcht vor allem Leben ('Kei'), die Harmonie ('Wa'; in dem Wort 'Wabi' enthalten) und die Stille ('Jaku'). Diese Voraussetzungen werden durch detailliert fixierte Regeln gewährleistet, die, je nach Schule, im einzelnen wohl differenziert sein mögen, in der Quintessenz jedoch nicht voneinander abweichen.

Zur Zeremonie bildet eine Gruppe schweigender Menschen einen Kreis. Der Tee wird zu einem feinen Pulver gemahlen und mit einem Handbesen zu Schaum gerührt. Jede Geste ist dabei bedeutungsvoll: die Art, wie das Wasser aufgegossen, der Tee geschlagen, die Schale gehalten, betrachtet und endlich zum Mund geführt wird.

In vielen Tempeln kann man das Ritual beobachten und auch (gegen eine geringe Gebühr) daran teilnehmen. Wie beim Ikebana gibt es verschiedene Schulen zum Erlernen der Teezeremonie durch anerkannte Teemeister. Die Kunst des Teezubereitens ist vor allem den Frauen vorbehalten.

Geisha

Die einen halten die japanische Geisha für eine Edelprostituierte, die anderen für eine kunstvolle Alleinunterhalterin, die Zupfinstrumente spielt, singt und geistreiches Geplauder dazwischenstreut. Die Wahrheit liegt in der Mitte.

Geisha heißt übersetzt: 'Person der Künste'. Sie ist eine Künstlerin, die jahrelang in der Kunst des Musizierens, des Tanzens und der gepflegten Konversation ausgebildet wird. Die bedeutendsten der rund 60000 Geishas in Japan sind ebenso berühmt wie ein Filmstar und verdienen etwa soviel wie ein Generaldirektor.
Äußerlich sind Geishas daran zu erkennen, daß sie in kostbare Kimonos gewandet, ihre Frisuren kunstvoll drapiert und ihre Gesichter weiß geschminkt sind und sie einen ganz eigenartig trippelnden Gang haben.
Ihre Aufgabe ist es, in der distanzierten, männerorientierten japanischen Gesellschaft, in der Frauen zu Hause bleiben, eine angenehme, entspannte Atmosphäre zu schaffen (auch bei Anlässen wie geschäftlichen Abendessen u. ä.).

Die Geishas bildet man – zumeist in Geisha-Häusern – für ihren Beruf aus. Zunächst werden sie 'Minarai' oder 'Oshaku': Weinserviererinnen, die außerdem das Essen reichen, singen und tanzen, sich jedoch noch nicht an der Konversation beteiligen dürfen.
Nach der Ausbildung arbeiten sie entweder für eine Agentur, die sie zu Gesellschaften vermittelt, oder auf eigene Rechnung. Geisha-Partys sind teuer und exklusiv, aber immer noch wichtiger Bestandteil japanischen Lebensstils.

Kimono

Auch moderne Japanerinnen tragen den Kimono noch mit Begeisterung, obgleich er ein lästiges Kleidungsstück ist. Eng gegürtet und dick verpackt schreiten die Schönen des Landes noch heute bei Hochzeiten und anderen Feiern zur Ehre ihrer Familie einher. Sich in einen Komono zu hüllen, kann nicht allein vollbracht werden und ist eine Kunst, die in Spezialkursen lange erlernt werden muß. Weil in Japan bevorzugt in westlichen Hotels geheiratet wird, kann man den Kimono dort vor allem am Wochenende in vielen Spielarten sehen; teuer ist er immer (bis umgerechnet 25000 DM).
Wer sich wenigstens einen Abglanz dieser Schönheit verschaffen möchte, greife in den großen Kimono-Abteilungen der Kaufhäuser zum Yukata (einfacher Hauskimono aus Baumwollstoff), der sich daheim zum Bademantel eignet (Preis umgerechnet ca. 100–400 DM).

Traditionelle Sportarten

Allgemeines

Die traditionellen Sportarten Japans (mit Ausnahme des Sumo) werden unter dem Oberbegriff 'Budo' (Weg des Ritters) zusammengefaßt. Allen hierzu gehörenden Kampfsportarten liegt die Philosophie des Zen zugrunde, die eine vollendete Harmonie zwischen Körper und Geist anstrebt und für den Ausübenden eine mindestens ebenso wichtige Rolle spielt wie das rein sportliche Geschehen.

Aikido

Aikido, eine seit dem 12. Jh. bekannte Art der Selbstverteidigung, erhielt seine heutige Form durch Ueshiba Morihei (1883–1970). Waffen werden nur dann benutzt, wenn auch der Gegner bewaffnet ist; für den Ausgang des Kampfes ist nicht physische Kraft, sondern vollkommene Körperbeherrschung entscheidend.

Judo

Judo, auch in westlichen Ländern immer beliebter geworden, ist eine Weiterentwicklung des von den Samurai gepflegten Jiu-Jitsu. Ziel dieser Sportart ist es, die Kraft des Gegners zum eigenen Vorteil zu nutzen; erlaubt sind nur Griffe oder Würfe. Der Grad, den ein Judoka erreicht hat, ist an der Farbe des Gürtels zu erkennen. Im internationalen Sport gibt es sieben Gewichtsklassen.

Karate

Karate ist durch spektakuläre Darbietungen wie Zerschlagen von Ziegeln mit der Handkante u. a., deren sportlicher Wert allerdings umstritten ist, im Westen bekannt geworden.
Die Kampftechnik der 'leeren Hand' umfaßt Schläge und Stöße mit allen Gliedmaßen. Der Ursprung des Karate ist wohl in China zu suchen.

Kendo

Kendo, aus der früheren Fechtkunst mit dem Schwert entstanden, wird heute mit Bambusstäben ausgeübt. Die Kämpfer tragen einen Kopf- und Gesichtsschutz und einen Brustpanzer aus Leder und Bambus.

Kendo ist aus der Schwertfechtkunst entstanden

Sumo ist der wohl populärste Sport in Japan

Brauchtum, Kendo (Fortsetzung)

Kendo gehört zum Ausbildungsprogramm der Polizei; zum Training haben Zuschauer Zutritt.

Kyudo

Kyudo, die sehr alte Kunst des Bogenschießens, hat noch heute eine große Zahl von Anhängern. Verwendet wird ein unsymmetrischer Bogen von etwa 2,25 m Länge. Der rein sportliche Aspekt tritt gegenüber der meditativen Komponente stark in den Hintergrund. Schulen und Übungshallen sind vielfach an Tempel angeschlossen; im Laufe der Jahrhunderte haben sich mehrere Lehren herausgebildet.

Sumo

Sumo gilt als Nationalsport Japans. Diese Art des Ringkampfes wird von Männern mit einem Körpergewicht zwischen 113 und 159 kg ausgetragen, wobei es darauf ankommt, den Gegner aus dem Kampfkreis hinauszudrängen oder zu erreichen, daß er mit einem anderen Körperteil als den Füßen den Boden berührt. Dem Kampf, der oft nur wenige Sekunden dauert, geht ein Reinigungsritus voraus, bei dem zur Abwehr böser Kräfte Salz in den Ring gestreut wird.

Staat und Verwaltung

Demokratie

Die japanische Demokratie ist, wie das Regierungsmitglied Nakasone im Parlament ausrief, eine künstliche, eine Schnittblume – womit er sagen wollte, die amerikanische Besatzungsmacht USA hätte sie Japan aufgezwungen. Der Widerstand gegen die Demokratie oder gegen demokratische Praxis ist allenthalben noch spürbar. Politische Parteien sind erst durch ein Edikt des Kaisers in diesem Jahrhundert ins Leben gerufen worden, und auch die Gewerkschaften üben sich erstaunlich oft in einem staats- und firmenerhaltenden Gehorsam, der viel vom Erfolg der heutigen Industrie- und Handelsmacht Japans erklärt.

Staat und Verwaltung

Verfassung

Die Verfassung, am 3. November 1946 verkündet, trat am 3. Mai 1947 in Kraft. Staatsoberhaupt ist danach der Kaiser, die Legislative teilt sich in Oberhaus (Senat) und Unterhaus (Repräsentantenhaus). Es gilt das allgemeine Wahlrecht für Männer und Frauen ab dem vollendeten zwanzigsten Lebensjahr.

Staatsoberhaupt

Japan ist eine parlamentarische Monarchie. Der Thron vererbt sich an den ältesten Sohn (Primogenitur). Der Titel 'Tenno' weist auf die göttliche Abstammung des Kaisers hin. Doch heute ist der Kaiser, der früher als Gott verehrt wurde, nur noch Symbol des Staates und der Einheit des Volkes. In seiner Neujahrsbotschaft von 1946 mußte Hirohito, der damalige Tenno, auf Druck der Amerikaner seine Göttlichkeit verneinen. Seitdem besitzt der Kaiser keinerlei politische Befugnisse mehr. Seit 1989 ist Akihito Japans Tenno.
Seit Ende der siebziger Jahre gibt es zahlreiche Versuche, dem Kaiser wieder zu seinem 'Recht' zu verhelfen – so wurde die kaiserliche kalendarische Zählweise wieder eingeführt und in den Schulen die morgenliche kaiserliche Hymne. Doch im Grunde haben sich die meisten Japaner mit der Demokratie abgefunden, und besonders die linken Parteien des Landes, Sozialisten und Kommunisten, verteidigen sie und die Verfassung bei jeder Gelegenheit.

Senat (Sangi-in)

Der Senat umfaßt 252 Mitglieder. Sie werden für sechs Jahre gewählt, jeweils die Hälfte der Abgeordneten alle drei Jahre. Die Wahl von 100 Senatoren erfolgt über die Landesliste. Die übrigen 152 Mitglieder werden über Listen auf der Grundlage der Präfekturen gewählt.

Unterhaus (Shugi-in)

Das Unterhaus oder Repräsentantenhaus umfaßt 512 Sitze. Die Mitglieder werden für eine Legislaturperiode von vier Jahren in 123 Wahlkreisen und auf Okinawa gewählt. Je nach Größe des Wahlkreises und je nach Bevölkerungsdichte werden zwei bis fünf Abgeordnete in das Parlament entsandt.

Kabinett

Die Exekutivgewalt liegt beim Kabinett. Es besteht aus dem Premierminister und anderen Mitgliedern, die Zivilpersonen sein müssen und dem Parlament kollektiv verantwortlich sind.
Der Premierminister muß – ebenso wie die Hälfte seiner Kabinettsmitglieder – dem Parlament angehören. Er hat das Recht, sein Kabinett nach seinen Vorstellungen zusammenzusetzen. Bei einem Mißtrauensantrag des Parlaments muß das Kabinett zurücktreten oder innerhalb von zehn Tagen das Repräsentantenhaus auflösen.

Parteien

Die durch die Vereinigten Staaten vom Amerika 1945 angeordneten Liberalisierungen, von der Gründung von Gewerkschaften bis hin zur Gleichberechtigung von Mann und Frau, haben sich nur zögernd durchgesetzt. Das geht wohl auch, ohne entsprechende demokratische Entwicklungsgeschichte, nicht von heute auf morgen. Es gibt eine tiefsitzende und, wenn man so will, auch undemokratische Furcht vor Regierungswechseln. Die seit drei Jahrzehnten an der Macht befindliche Partei der Liberaldemokraten profitiert davon. Doch was heißt in Japan schon Partei? Im Feudalismus waren die Machtstrukturen eindeutig festgelegt, es gab für jeden in der Gesellschaft ein klares Oben und Unten, jedermann stand irgendwo auf einer Leiter.
Die Demokratie hat eine Gleichwertigkeit erzeugt, mit der auch die Politiker wenig anzufangen wissen. Eine Partei, die sich ihre Richtung durch einen Prozeß der Willensbildung von unten nach oben bestimmen läßt und damit von ihren Mitgliedern abhängig macht, gibt es in Japan nicht. Die Regierungspartei LDP kann innerhalb von Wochen von einer Million auf drei Millionen Mitglieder anschwellen, wenn das politisch opportun ist, und ebenso rasch wieder verlieren. Die LPD, wie alle anderen Parteien auch, ist mehr oder weniger eine Vereinigung von diversen Interessengruppen, die zum Mißvergnügen vieler Wähler heftig aufeinanderr einschlagen und

Staat, Parteien (Fortsetzung)

dabei den bei Wahlen erteilten politischen Auftrag vergessen. Weil dieser andauernde Machtkampf kein Mittel ausläßt, setzt sogleich auch das Grundübel vieler asiatischer Länder ein: die Korruption. Im Jahre 1973 mußte Ministerpräsident Tanaka nach der Aufdeckung einer gigantischen Rüstungsbeschaffungsaffäre zurücktreten (Lockheed); doch auch seine Nachfolger haben sich alle, wenn auch auf andere Weise, dem Vorwurf der Bestechlichkeit ausgesetzt gesehen.

Parlamentarismus

Das japanische Parlamentswesen bietet nicht das aus westlichen Demokratien gewohnte Bild. Die große Debatte, die entscheidende Abstimmung fehlen hier. Weil jede Partei erst den langwierigen und mühevollen Weg gehen muß, alle Gruppen in ihr zu harmonisieren, verläuft der Großteil der politischen Auseinandersetzung unter der Decke. Auch wenn sie einzelnen Parteien dann im Parlament zur Abstimmung schreiten, ist alles schon vorher ausgehandelt. Die einzige Ausnahme machen die Kommunisten, die schon seit 1965 eurokommunistischen Zuschnitt haben und sich nicht vor radikalen Anfragen im Parlament fürchten. Das aber wird weithin als unfein und unjapanisch empfunden, und auch die Medien unterschlagen dieses 'extravagante' Benehmen in den meisten Fällen.

Wer sich als Politiker extrem danebenbenimmt oder gar schwerer Verfehlungen schuldig macht, muß deswegen noch nicht fürchten, seine Position zu verlieren. Das aus dem Samuraidenken übernommene Prinzip der Treue und Loyalität wird sich für ihn positiv auswirken. So hatte der Verteidigungsminister Matsuno gestehen müssen, in einem Rüstungsskandal 500 Mio. Yen in die eigene Tasche gesteckt zu haben. Er wurde dennoch wiedergewählt, weil man nicht einfach jemanden fallenläßt, dem man Treue geschworen hat. Im japanischen Parlament sind darum auch überdurchschnittlich viele hochbetagte Männer vertreten. Sie nicht wiederzuwählen, käme dem schimpflichen Vergehen des Treuebruchs gleich.

Zusammenspiel politischer und gesellschaftlicher Kräfte

Das Regierungssystem selbst ist nach diesen Ausführungen rasch als stark von Formalismen bestimmt zu erkennen. Das aus dem Ministerpräsidenten und seinen rund 20 Ministern bestehende Kabinett muß sich gegenüber dem Parlament verantworten, tut das aber nur sehr selten in der Form einer öffentlichen und damit von der Öffentlichkeit zu kontrollierenden Auseinandersetzung. Doch nicht minder unbemerkt vollzieht sich der Ausgleich der gesellschaftlichen Gruppen insgesamt. Gerühmt wird manchmal an Japan, daß sich divergierende gesellschaftliche Kräfte, und erst recht die in einem Betrieb oder in einer Behörde zusammengefaßten, erst nach langer Debatte auf einen Nenner bringen lassen. Das geschieht aber nicht aus Lust an demokratischen Prozessen, sondern weil jeder, der nach Erledigung des Themas noch nicht überzeugt ist, als potentieller Störenfried angesehen wird, den man besser noch vorher harmonisiert. So verfährt die Regierung auch mit Banken, Industrie und Handelshäusern: Sie alle haben ihren festen Platz bei Kabinettsberatungen, und umgekehrt besuchen Regierungsvertreter die Sitzungen der Arbeitgeberverbände. Letzten Endes sind alle wichtigen Beschlüsse gemeinsam getroffene, und das macht zweifellos die Stärke Japans auf den Weltmärkten aus. In Japan unterliegen dabei allerdings regelmäßig die Randgruppen.

Wirtschaft

Handel

Tokyo ist der größte Verbrauchermarkt des Landes, teils wegen seiner Einwohnerzahl, teils auch wegen der hohen Löhne und Gehälter, die über dem Landesdurchschnitt liegen. In der bedeutendsten Handelsstadt Japans haben alle japanischen Großbanken ihre Zentralen, amerikanische und europäische Banken ihre Filialen, zwei Drittel aller japanischen Firmen ihren Hauptsitz. Die Effektenbörse macht die Stadt zum absoluten Finanzzentrum des Landes.

Börse in Tokyo

Industrie

Tokyo gehört zum wichtigsten japanischen industriellen Ballungsgebiet Keihin (zwei weitere bedeutende Wirtschaftszentren sind Kawasaki und Yokohama), das sich von der Sagamibucht im Süden bis Maebashi im Norden erstreckt.

Hier haben sich vor allem die Niederlassungen der bedeutensten japanischen Konzerne der Stahlindustrie etabliert, haben sich der Schiffsbau und die Petrochemie angesiedelt, zum Teil auf eigens dafür aufgeschütteten Inseln vor der Küste. In diesem Gebiet wird rund ein Drittel der gesamten japanischen Industrieproduktion erzeugt.

Nach Tokyo führen Pipelines von den Erdgasfeldern von Niigata und Chiba. Die verarbeitende Industrie umfaßt weiterhin Betriebe des Flugzeug-, Automobil- und Maschinenbaus, Werften, elektro- und feinmechanische, pharmazeutische und kosmetische Industrie; bedeutend sind auch die Textil-, Leder-, Papier-, Nahrungs- und Genußmittelindustrie.

Zu den wichtigsten Unternehmervereinigungen in Tokyo gehören Keidanren (Föderation aller Wirtschaftsorganisationen mit 1085 Unternehmen), Nikkeiren (Föderation der Arbeitgeberverbände mit 500 Unternehmen) und Nissho (Vereinigung von 488 Industrie- und Handelskammern). Die Gesamtzahl der privatwirtschaftlichen Unternehmen in Tokyo beläuft sich auf rund 790000.

Dienstleistungen

Aufgrund der wachsenden Bedeutung Japans als Kongreß- und Touristikland – und hier wird vor allem Tokyo angeflogen – kommt dem Dienstleistungsgewerbe eine zunehmend wichtige Rolle zu. Besonders das Hotel- und Gaststättengewerbe profitiert von diesem Aufschwung, ebenso aber auch die Industrie, deren Waren sich als Souvenirs verkaufen lassen bzw. deren Produkte weltweit bekannt sind (Fotoapparate, Unterhaltungselektronik u.a.).

Verkehr

Hafen

Der Hafen von Tokyo gehört zu einer Einheit, an der im Westen Yokohama und im Osten Chiba beteiligt sind – alle an der Bucht von Tokyo gelegen. Der Güterumschlag beträgt pro Jahr mehr als 70 Mio. t; davon sind ca. 80% Importe. Damit steht er an siebenter Stelle unter den japanischen Häfen. Was den Container-Umschlag betrifft, so liegt der Hafen von Tokyo inzwischen an fünfter Stelle in der Weltrangliste.
Die intensive Aufbautätigkeit, besonders nach dem Zweiten Weltkrieg, hält immmer noch an. Für die Neuanlage von Industriebetrieben, die in wirtschaftlichem Zusammenhang mit dem Hafenbetrieb stehen, wird das Hafengebiet durch Aufschüttungen ständig vergrößert. Die Kehrseite ist, daß durch diese immensen Bauvorhaben viel Lebensqualität zerstört wird. Die Stadtverwaltung trägt sich darum mit Plänen, bei der beabsichtigten Ausweitung des Hafens, die einige hundert Hektar betragen soll, sogenannte See-Parks einzurichten, um den Städtern zu ermöglichen, das Meer wieder zu sehen.

Flughäfen

Tokyo verfügt über zwei große Flughäfen. Haneda war lange Zeit der einzige und ist heute für den inländischen Verkehr reserviert; nur Staatsbesucher machen da eine Ausnahme.

Internationaler Flughafen ist Narita, der aber weit außerhalb der Stadt liegt (60 km östlich). Er ist mit der Stadt durch Autobus- und Eisenbahnpendelverkehr verbunden. Obwohl schon 1973 fertiggestellt, zögerte sich seine Inbetriebnahme bis 1978 hinaus, da Anwohner und Umweltschützer durch oftmals gewalttätige Demonstrationen (von der Polizei ebenso gewalttätig zurückgeschlagen) seine Eröffnung zu verhindern suchten. Die Regierung hatte eine Reihe von Bauern enteignet, ohne ihnen ein Kaufangebot zu unterbreiten. Der bisher am Widerstand der Anrainer gescheiterte Ausbau einer zweiten Start- und Landebahn ist für die neunziger Jahre geplant, was aber leider kaum zur Einrichtung günstiger Charterflüge zwischen Europa und Japan führen wird.

Eisenbahn

Japans gut ausgebautes Eisenbahnnetz gehört zu den modernsten der Welt.
Die Breitspurverbindung ‘Shinkansen’, von der Japanischen Eisenbahn (Japan Rail, JR) betrieben, verbindet in halbstündigem Rhythmus und mit einer Durchschnittsgeschwindigkeit von 200 km/h die Hauptstadt u. a. mit Kyoto, Osaka, Kobe und Fukuoka. Der Shinkansen ist Japans wichtigstes Beförderungsmittel auf der Nord-Süd-Achse, deren Verbindung ansonsten nur eine autobahnähnliche Schnellstraße wahrnimmt, die aber meistens verstopft ist.
Vom Hauptbahnhof Tokyo geht der Fernverkehr in Richtung Südwestjapan, vom Bahnhof Ueno in Richtung Norden und vom Bahnhof Shinjuku in Richtung Westen.

U-Bahn

Im innerstädtischen Verkehr von Tokyo dominiert die Untergrundbahn, das wichtigste Nahverkehrsmittel. Sie verfügt über ein Streckennetz von 203 km.
Zu den Hauptverkehrszeiten (zwischen 7 und 8 Uhr morgens und gegen 17 Uhr nachmittags) sind die Züge hoffnungslos überfüllt. Über 5 Mio. Pendler benutzen die öffentlichen Verkehrsmittel der Metropole; einige Stadtviertel leeren sich nachts fast vollständig, ein Zeichen der hohen Konzentration von Arbeitsplätzen.

Privatbahnen

Private Eisenbahnen stellen einen weiteren Teil der öffentlichen Verkehrsmittel dar. Ihr Mittelpunkt ist der Hauptbahnhof Tokyos. Von hier nimmt z. B. die Yamanote-Linie ihren Ausgang, eine Ringbahn mit einer Länge von 34,5 km, die in zwei Richtungen die Innenstadt umfährt und an allen größeren Bahnhöfen hält.

Verkehr

Autobusse

Die meisten Omnibusse in der Innenstadt sind städtisch, während die Buslinien in den Außenbezirken von privaten Gesellschaften betrieben werden.
Das Autobusnetz ist zwar gut ausgebaut, doch ist die Benutzung dieses Verkehrsmittels so kompliziert (selbst Einwohnern von Tokyo macht es häufig Schwierigkeiten, sich zurechtzufinden), daß ein Tourist sich nach anderweitigen Fortbewegungsmitteln umschauen sollte.

Autoverkehr

Von Tokyo führen Autobahnen in alle wichtigen Richtungen der Insel. Diese Autobahnen sind allerdings schwer zu finden, kosten viel Straßenzoll, sind an Wochenenden gänzlich verstopft und lassen in der Regel eine Durchschnittsgeschwindigkeit von nur ca. 40 km/h zu, zumal auf ihnen Lastwagen dominieren.
In Tokyo selbst ist der Verkehr chaotisch. Um der ständigen Verkehrsverstopfung durch die veraltete Stadtstruktur vorzubeugen, sind seit 1964 sogenannte Schnellstraßen auf Stelzen quer durch die Stadt gelegt worden; für ihre Benutzung wird eine Gebühr erhoben, und oft sind auch sie wegen Überlastung gesperrt.

Berühmte Persönlichkeiten

Anmerkung

Die nachstehende, namensalphabetisch geordnete Liste vereinigt historische Persönlichkeiten, die durch Geburt, Aufenthalt, Wirken oder Tod mit Tokyo verbunden sind und überregionale Bedeutung erlangt haben.

Matsuo Basho
Dichter
(1644–1694)

Der japanische Dichter Matsuo Basho war Meister der typisch japanischen Kunst des Haiku, einer Gedichtsform, die aus einer einzigen Strophe von drei Zeilen mit insgesamt siebzehn Silben besteht. Diese lyrische Form wird oft erst durch das Ungesagte prägnant.

Shirai Gompachi
Samurai und Räuber (geb. 1661)

Nur sein Geburtsjahr ist bekannt: 1661. Er begann als Samurai und endete als Räuber, ein notorischer Finsterling, der als eine Art japanischer Schinderhannes noch heute für Gruselgeschichten gut ist. Als man ihn erwischte, wurde er ans Kreuz genagelt.

Suzuku Harunobu
Maler
(1725?
bis 29. 6. 1770)

Der Maler Harunobu, aus Tokyo gebürtig, gilt als erster klassischer Meister des Farbholzschnitts, der zur Entwicklung des Vielfarbendrucks wesentliche Impulse beitrug. In seinen Farbholzschnitten beeindrucken die feingliedrigen, eleganten Frauengestalten, so z. B. "Schönheiten des Yoshiwara"; seine Kalenderblätter und erotischen Geheimdrucke faszinieren durch ihren diskreten Charme.

Ando Hiroshige
Maler
(1797 bis
12. 10. 1858)

Der Maler Hiroshige, geboren und gestorben in Tokyo, wird besonders als Meister des Farbholzschnitts verehrt. Auf ausgedehnten Reisen machte Hiroshige sich mit der japanischen Landschaft vertraut, die er zu allen Tages- und Jahreszeiten und in allen Stimmungen schildert. Seine Kenntnis der europäischen Malerei fand in seinen malerischen und zum Teil stark asymmetrisch komponierten Farbholzschnitten ihren Niederschlag.

Die bekanntesten Folgen Hiroshiges sind: "Ansichten der Ost-Hauptstadt" (1830), "53 Stationen des Tokaido" (1834), "Berühmte Stätten von Kyoto" (1834) und "Acht Ansichten vom Biwa-See" (1834–1835).

Katsushika
Hokusai
Maler
(1760–1849)

Auch Katsushika Hokusai, der wohl bekannteste Maler und Holzschnittkünstler des neuzeitlichen Japan, stammt aus Tokyo. Anregungen für seine Arbeiten erhielt er nicht zuletzt von der europäischen Kunst. Das Werk Hokusais umfaßt Einzelblätter, Landschafts- und Figurenserien, Buchillustrationen und Karikaturen. Im späten 19. Jh. gelange seine Kunst auch in Europa zu erheblichem Ansehen.

Kondo Isami
Schwertmeister
(1834–1869)

Kondo Isami war ein verwegener Schwertmeister, der eine Privatarmee gegen den Kaiser aufstellte und im heutigen Stadtteil Ueno in einer Entscheidungsschlacht unterlag. Als man ihn gefangen hatte, wurde ihm der Hals aufgeschlitzt.

Yukio Mishima
Schriftsteller
(1925–1970)

Yukio Mishima erreichte als einer der wenigen japanischen Schriftsteller Weltruhm. Er modernisierte das klassische No-Spiel, was ihm heftige Kritik einbrachte. Mishima konnte es nicht verwinden, daß sein Land nach dem Zweiten Weltkrieg demokratische Regierungsformen übernahm, und beklagte den Verfall der Tradition. Darunter verstand er vor allem den Geist der Samurai und ihre bedingungslose Treue gegenüber der Herrschaft, in diesem Fall zum Kaiserhaus. Mit einer Privatarmee aus Fanatikern versuchte er, Widerstand gegen eine Entwicklung zu organisieren, die er als unjapanisch und dekadent empfand. Sein Verhalten schuf ihm nicht viele Freunde, und so beging er Selbstmord auf klassische Art: Seppuku.

Berühmte Persönlichkeiten

Hishikawa Moronobu
Maler
(1618? bis 1694)

Der Holzschnittmeister und Maler Moronobu widmete sich vor allem der Sittenmalerei mit Genredarstellung und Bildern zeitgenössischer Schönheiten. Er illustrierte zahlreiche Bücher im Schwarzweißdruck und begründete durch die ersten Einblattdrucke den Holzschnitt als selbständige Kunstgattung. Moronobu lehrte und starb in Tokyo.

Raiden
Sumo-Kämpfer
(1767–1825)

Der Sumo-Kämpfer Raiden wog 370 Pfund und warf alle seine Gegner in den Ring, oder doch fast – von 264 Kämpfen verlor er nur zehn. Einen solchen Kämpfer hat die Sumo-Welt nie wieder erlebt. Wer die Begeisterung der Japaner bei den über zwei Wochen gehenden Turnieren verfolgt, wird den bis heute währenden Ruhm Raidens begreifen.

Die Siebenundvierzig Ronin
(17./18. Jh.)

Die Siebenundvierzig Ronin, wiewohl in Japan als legendäre Helden verklärt, sind historische Gestalten. Diese Samurai waren Gefolgsleute des Daimyo Asano, der an den Hof des Shoguns berufen worden war. Bei einer Audienz im Jahr 1701 beleidigte ihn der Höfling Yoshinaka Kira, und um seine Ehre zu verteidigen, griff ihn Asano sogleich mit dem Schwert an, verletzte ihn aber nur leicht. Nun war es aber ein schweres Verbrechen, bei Hof die Waffe zu ziehen, und Asano wurde dazu verurteilt, sich selbst den Tod zu geben. Seine siebenundvierzig Samurai sannen darauf, ihren Herrn an Yoshinaka Kira zu rächen. Zum Schein sagten sie sich von ihrem toten Gebieter los, womit sie zu Ronin, d.h. zu herrenlosen Rittern geworden waren. Um Kira in Sicherheit zu wiegen, warfen sie alle ritterlichen Tugenden über Bord und führten ein zügelloses Leben. Im zweiten Jahr nach dem Selbstmord Asanos schlugen sie dann zu. Sie drangen in Yoshinaka Kiras Haus ein und hieben dem Höfling den Kopf ab, den sie am Grab ihres Herrn niederlegten. Nach diesem Racheakt, zugleich Beweis für die unbedingte Treue zu Asano, begingen alle Siebenundvierzig rituellen Selbstmord (seppuku).

Kenzo Tange
Architekt
(geb. 1913)

Kenzo Tange, der vielleicht wichtigste Architekt des Landes, und Inhaber eines Lehrstuhls für Städtebau an der Universität Tokyo, errichtete viele Regierungsgebäude und Museen. In Tokyo stammen die katholische Marienkathedrale und das kühngeschwungene Schwimmstadion, errichtet für die Olympischen Spiele des Jahres 1964, von seiner Hand. Zu seinen stadtplanerischen Konzepten gehört der Wiederaufbau der im Jahr 1963 durch ein Erdbeben zerstörten makedonischen Stadt Skopje.

Stadtgeschichte

12. Jahrhundert n. Chr. — Die Gegend des heutigen Tokyo, damals eine sumpfige Waldregion, wird von einer Kriegerfamilie bewohnt, die angeblich den Namen Edo trägt. Diesen Namen erhält die spätere Stadt, ehe sie in Tokyo umbenannt wird.

1457 — Die erste steinerne Befestigung entsteht: Der General Oto Dokan baut die Burg Edo.

1590 — Das unbedeutende Fischerstädtchen Edo wird von dem Feudalherrn Tokugawa Ieyasu zur Provinzhauptstadt ernannt.

1603 — Ieyasu wird vom Kaiser zum Shogun (Feldherrn) ernannt. Er soll das Eindringen ausländischer Barbaren verhindern. Als Shogun reißt er die politische Macht an sich und degradiert den in Kyoto residierenden Kaiser zur halbreligiösen Symbolfigur. Unter dem Shogunat der Tokugawa entwickelt sich Edo zu einer großen Stadt. Handwerker, Händler, Beamte, Künstler und Krieger werden an den Hof des Shogun gezogen.

Die Macht gehört in den folgenden 264 Jahren der Tokugawa-Periode der Aristokratie. Japan sperrt sich von der Außenwelt ab.

1634 — Der Shogun ordnet an, daß alle Daimyo (Großfürsten) mit ihren Familien in Edo zu wohnen haben. Dadurch sollen die Großfürsten enger an das Haus Tokugawa gebunden werden.

1635 — Von diesem Jahr an haben alle Daimyos abwechselnd in Edo zu dienen.

1657 — Eine Feuersbrunst vernichtet fast die Hälfte der Stadt; doch wird sofort nach dieser Katastrophe mit dem Wiederaufbau begonnen.

1705 — Mit 1,1 Mio. Einwohnern ist Edo größer als London.

1707 — Ausbruch des Fuji-san; der Vulkanaschenregen ergießt sich bis in die Straßen von Edo.

1853 — Eine US-amerikanische Schiffsflotte unter dem Kommando von Matthew Perry läuft im Hafen von Edo ein. Perry verlangt im Namen des amerikanischen Präsidenten Fillmore die Öffnung japanischer Häfen für den Handel. Zunächst werden die Häfen von Shimoda und Hakodate für den Verkehr mit dem Ausland freigegeben (Vertrag von Kanagawa), später folgen weitere Häfen. Japan wird gezwungen, sich der Neuzeit zu öffnen.

1868 — Das Kaisertum erlangt seine alte Macht wieder. Der letzte Shogun aus der Tokugawa-Familie muß abdanken. Der Kaiser siedelt mit Familie und Hofstaat nach Edo über, das zur Hauptstadt Japans ausgerufen und in Tokyo umbenannt wird. Mit Kaiser Mutsuhito beginnt die Meiji-Ära.

1869 — Einrichtung der ersten telegrafischen Verbindung zwischen Tokyo und Yokohama.

1871 — Einführung des Postwesens.

1872 — Die erste Eisenbahnverbindung zwischen Tokyo und Yokohama wird eingeweiht, der europäische Kalender eingeführt.

1912 — Kaiser Mutsuhito stirbt. Ihm zu Ehren wird der Meiji-Schrein errichtet, der mit seinen weiten Parkanlagen zu einem Wahrzeichen Tokyos wird.

Stadtgeschichte

1914–1918	Japan kämpft während des Ersten Weltkriegs auf seiten der Alliierten und erobert die deutsche Garnison in Tsingtau (China).
1923	Das große Erdbeben der Kanto-Region fordert in Tokyo mehr als 140000 Menschenleben. Nahezu alle wichtigen Gebäude und annähernd 700000 Wohnhäuser werden zerstört, zumeist durch Feuersbrünste. In der Rekordzeit von siebeneinhalb Jahren wird die Stadt wiederaufgebaut.
1926	Hirohito wird Kaiser.
1930	Tokyos Bevölkerung ist auf 2070913 Menschen angewachsen.
1941	Infolge von Eingemeindungen erreicht die Einwohnerzahl Tokyos die neue Rekordhöhe von 6369919 Menschen.
1943	Das Gebiet der Präfektur Tokyo wird zur Metropole Tokyo erklärt.
1945	Inferno über Tokyo. Die U.S. Air Force fliegt am 9. März mit 300 'fliegenden Festungen' – jede von ihnen befördert 7–8 t Bombenlast – einen Luftangriff auf Tokyo. 700000 Bomben verwüsten die Stadt, die sich in ein Flammenmeer verwandelt; 197000 Menschen finden den Tod oder werden vermißt.
1946	Tokyo wird im alten Zustand wiederaufgebaut, da ein Sachverständigengutachen zu dem Resultat kommt, die Stadtbevölkerung werde in keinem Fall auf mehr als 3,5 Mio. Menschen anwachsen.
1958	Der Tokyo Tower – seinerzeit der höchste freistehende Turm auf der Erde – wird erbaut.
1964	Tokyo ist Austragungsort der XVIII. Olympischen Sommerspiele.
1965	Die Einwohnerzahl Tokyos übersteigt zehn Millionen.
1978	In Ikebukuro wird das zu diesem Zeitpunkt höchste Gebäude Japans (und Asiens) errichtet: Sunshine City, das 60 Stockwerke hat und 240 m hoch ist.
1979	Erster in Tokyo abgehaltener Weltwirtschaftsgipfel.
1981	Papst Johannes Paul II. macht auf seinem Japanbesuch auch in Tokyo Station.
1986	In Tokyo wird zum zweiten Mal ein Weltwirtschaftsgipfel abgehalten.
1987	Am 18. November wird in Yokohama ein deutscher Industriepark eingeweiht, der mit Förderung der Deutschen Bank entstanden ist und an dem insgesamt 22 Unternehmen aus der Bundesrepublik beteiligt sind. Am 17. Dezember ereignet sich in der Region Tokyo ein schweres Erdbeben (Stärke 6,6 auf der Richterskala). Besonders betroffen ist der Großflughafen Narita.
1989	Am 7. Januar stirbt Kaiser Hirohito im Alter von 87 Jahren; neuer Tenno wird sein Sohn Akihito, dessen Amtszeit unter dem Motto 'Heisei' ('Frieden schaffen') steht.
1990	Bei einem Staatsbesuch legt der sowjetische Außenminister Schewardnadse ein Zehn-Punkte-Programm über vertrauensbildende Maßnahmen vor; über die Zukunft der von der Sowjetunion beanspruchten Kurileninseln wird keine Einigung erzielt. An der Börse von Tokyo kommt es zu massiven Kurseinbrüchen. Am 12. November wird Akihito feierlich inthronisiert.

Rußland signalisiert vorübergehend Kompromißbereitschaft in der Kurilenfrage; konkrete Resultate werden jedoch nicht erzielt. 1992
An der Börse von Tokyo kommt es erneut zu erheblichen Verlusten.

Kronprinz Naruhito heiratet die Diplomatin Masako Owada. 1993

Tokyo in Zitaten

Rutherford A. Alcock
Erster britischer Generalkonsul in Japan
(1858 ernannt)

Die Japaner scheinen zufrieden und ein sehr glückliches Volk – mit der einen wichtigen Ausnahme: Jeder von einem gewissen Rang an trägt zwei furchterregende Waffen im Gürtel: Schwerter. Das eine der beiden Schwerter ist eine schwere zweihändige Waffe, spitz und scharf wie ein Rasiermesser, das andere ist kürzer...
Das Klima ist superb. Die Hauptstadt selbst, die einen Durchmesser von 20 Meilen hat und wahrscheinlich mehrere Millionen Einwohner, kann sich rühmen, etwas zu besitzen, was keine Hauptstadt Europas hat: die schönsten Wege, von der Mitte ausgehend in jede Richtung über waldige Hügel, lächelnde Täler, schattige Alleen...
Es ist fast unmöglich, die Stadt zu besetzen, es sei denn mit einer Armee, wie Xerxes sie hatte.

François Caron
Französischer Reisender

(Im 17. Jh. macht François Caron die merkwürdige Beobachtung, wie sich die japanischen Bauarbeiter in Edo, d.h. Tokyo, zum Wohl des Ganzen opfern:)
Ordnet ein Lord den Bau einer Mauer an, entweder für den König oder sich selbst, dann bitten seine Diener oft um die Ehre, sich darunter legen zu dürfen. Sie glauben nämlich, daß dem kein Unglück widerfährt, was auf Menschenfleisch errichtet wird. Nachdem man ihnen dieser Bitte erfüllt, gehen sie mit Freuden zu dem vorbestimmten Platz und legen sich dort hin, lassen die Grundsteine auf sich legen und werden von deren Gewicht sogleich zermalmt.

James Clavell
Autor des 1975 erschienenen Buches "Shogun"

Vor Jahren hatte Mura nicht nur die Kunst von Judo und Karate erlernt, sondern auch den Umgang mit dem Schwert und Speer. Das war, als er als Krieger für Nakamura gekämpft hatte, den Bauern-General, den Taiko – als Bauern noch Samurai hatten sein können, und Samurai Bauern oder Handwerker, ja sogar niedere Kaufleute und dann wieder Krieger. Merkwürdig, dachte Mura wie abwesend, fast das erste, was der Taiko tat, als er allmächtig wurde, war, den Befehl zu erteilen, daß alle Bauern aufzuhören hatten, Krieger zu sein, und sofort alle Waffen abzuliefern. Der Taiko hatte ihnen das Waffentragen für immer untersagt und ein unverrückbares Kastensystem aufgestellt, das jetzt alles Leben im Reich in Regeln zwängte: Die Samurais standen über allen, unter ihnen die Bauern, und dann kamen die Handwerker, unter ihnen die Kaufleute und noch unter diesen die Schauspieler, Ausgestoßenen und Banditen; ganz zuletzt, auf der alleruntersten Stufe, standen die Eta, die Nicht-Menschen, diejenigen, die mit Leichen umgingen, Gerber und Abdecker, die gleichzeitig die Scharfrichter sein mußten, die Brandmarker und Verstümmler. Es verstand sich von selbst, daß ein Barbar nicht in Betracht kam, irgendwo in dieser Pyramide seinen Platz zu finden.

Hans Kirchmann
Deutscher Journalist

Tokyo ist ein Moloch, ein Monster, ein städebaulicher Alptraum und eine Zumutung, sagen viele, die der Stadt nach kurzem Aufenthalt enttäuscht den Rücken kehren. Aber Tokyo muß entdeckt werden, und ohne Kenntnisse der Landessprache gelingt das nur schwer. Der Fremde verirrt sich nicht nur leicht in den vielen kleinen Straßen, die alle keine Namen haben, er verirrt sich auch schnell in den andersartigen Sitten und merkwürdigen Gebräuchen Japans.
Eine schöne Stadt ist Tokyo sicherlich nicht. Sie ist flach, eintönig, eng, laut, ohne architektonische Höhepunkte, wie man das in europäischen Metropolen gewöhnt ist. Aber Tokyo ist auch eine freundliche Stadt, wo jeder lächelt und jeder gern hilft, wenn er auf einen ratlosen Gaijin (Ausländer) stößt. Hier kann man auch unbeschwert tief in der Nacht mit einer vollen Brieftasche herumstolzieren – Verbrechen ist eine Seltenheit. Hier nur

H. Kirchmann (Fortsetzung)

konnte die Legende vom Reisenden entstehen, der vergebens versuchte, sich seines kaputten Regenschirms zu entledigen. Er ließ ihn hier stehen und da liegen und steckte ihn endlich in einen Papierkorb. Doch der Regenschirm folgte ihm getreulich durch ganz Japan nach, nachgeschickt von freundlichen Seelen, die nicht glauben mochten, daß sich der Fremde seines Schirms einfach nicht mehr erfreuen mochte.
Wer nach Tokyo kommt und gewillt ist, nur die Sehenswürdigkeiten abzuhaken, die auch hier aufgezählt werden, der wird Tokyo nicht entdecken. Man muß in dieser Stadt absichtlich verloren gehen, muß in kleine Seitenstraßen wandern und sehen, wie selbst vor kleinsten Häusern, in einer EG-Studie spöttisch als 'Kaninchenställe' bezeichnet, Blumen und Strächer in sorgsam aufgestellten Töpfen gedeihen. Er muß erleben, wie morgens die Kaufleute ihre Läden öffnen und von Tür zu Tür erst einmal einen Schwatz halten. Muß hören, wie inmitten des tosenden Verkehrs ein alter Mann auf einer Bambusflöte spielt, und beobachten, wie Kinder mit Netzen nach Grillen und Schmetterlingen haschen. Tokyo hat viele liebenswerte Winkel, und die kann man nicht numerieren und nicht finden, wenn man nur Taxi fährt.
Tokyo ist eine neue, vielleicht keine moderne Stadt, auf jeden Fall aber ein Ort, wo auch das alte Japan hinter jeder Ecke liegt. Es fällt schwer, sich in Tokyo zu verlieben wie in Rom oder Paris, dafür ist das Unternehmen zu mühsam, zu teuer und zu unverständlich. Aber man findet hier Bilder und Episoden wie nirgendwo auf der Welt, und die entzücken. Tokyo ist vielleicht keine zwei Reisen wert, aber eine bestimmt.

Peter Krebs ARD-Korrespondent

Geduld ist die wichtiste Voraussetzung: für den Zuckeltrab-Verkehr im verstopften Tokyo ebenso wie für die Arbeit mit und unter Japanern im allgemeinen. Hätten die Japaner nicht so viel Geduld, so wenig Aggression, so viel Rücksichtnahme im Umgang miteinander: Die Zwölf-Millionen-Stadt Tokyo wäre längst zusammengebrochen.
Hier, wo 15000 Menschen nur einen Quadratkilometer Raum zur Verfügung haben und jeder einzelne noch nicht einmal einen Quadratmeter Grünfläche. 'Die häßlichste Stadt der Welt', sie hat unheimlich Atmosphäre!
Du liebe Zeit – was wird alles über sie geschrieben: 'Monstrum' ist noch die freundlichste Bezeichnung – eine 'Megalopolis, deren Kollaps nur noch als Frage der Zeit erscheint' – lieber Herr Kollege...: Wir beiden werden diese Zeit nicht erleben!
Es sei denn, Sie meinen das große Erdbeben, das mit schöner Regelmäßigkeit prophezeit wird. Laut Statistik gibt es in Japan etwa 500 Erdbeben jährlich, nur 50 davon merken die Menschen. Auch in Tokyo wackelt etwa einmal im Monat der Boden. Und pragmatisch, wie die Japaner sind, haben sie errechnet, daß ein Erdbeben von der Stärke, wie es 1923 die Hälfte der Stadt verwüstete, heutzutage mehrere Millionen Tote kosten würde.

Sho-u Japanischer Dichter

Grad in der Mitte
Türmt sich der Fuji auf:
Des Reiches Frühling!

Lorenz Stucki (1925–1981) "Japans Herzen schlagen anders"

Für mich ist Tokyo die menschlichste Großstadt, die ich kenne... Hinter und neben dem Bürogebäude lebt das Dorf. Der kleine Fischladen, das kleinen Geschäft für Obst und Gemüse, das andere für Fleisch, die Apotheke, die Imbißecke für yakitori (geröstete Geflügelstückchen) oder das Miniatur-Fisch-Restaurant, die nur sieben Gäste fassende Stammbar mit vier plaudernden Bedienerinnen – da ist überall die Entpersönlichung der Großstadt durch Intimität aufgehoben. Es gibt wenig Kunden und kaum Verkäufer, die nicht bei aller scheuen Zurückhaltung Zeit hätten für einen Moment des Plauderns. Auch wenn sich die Kommunikation auf ein paar Worte oder ein freundliches Lächeln reduziert, der Partner ist nie Nummer, stets Mitmensch, und das zeigt sich immer wieder in kleinen Gesten. Da näht man mir im Fotogeschäft den gerissenen Riemen der Kamera, ohne

L. Stucki
(Fortsetzung)

dafür Geld zu akzeptieren. Dort bekomme ich beim Kauf einer Whiskyflasche ein Glas oder im Restaurant ein Sake-Becherchen geschenkt, oder man rundet den angeschriebenen Festpreis ab – aus einer Laune.
Von wenigen ausschließlich mit Geschäftshäusern und Banken überbauten Quartieren abgesehen, lebt auch mitten im gedrängten Zentrum Tokyos in den Gäßchen hinter den Hauptstraßen-Fassaden immer ein wenig Natur mit den Menschen. Das Vorgärtchen mag nicht mehr als zwei Quadratmeter groß sein, doch darin wachsen eine oder mehrere Zwergföhren, Bambus oder eine Azalee neben ein paar Natursteinen. Ein 40 Zentimeter langes Bambusrohr läßt Wasser plätschern in einen zwischen Gräser und Spielzeugfelsen eingebetteten Teich von der Größe eines Waschbeckens. Ein Durchgang zwischen zwei Holzhäusern, dessen Breite gerade einem Menschen den Weg öffnet, führt in ein verstecktes Höfchen mit einem Kirschbaum, wo ein Lampion mit seinen Schriftzeichen eine kleine Imbißstube anzeigt. Und zwei Minuten vom Untergrundbahnhof in der Hauptverkehrsstraße mit ihren vier- oder sechsfachen Autokolonnen findet man in einem Pärklein einen kleinen Shinto-Schrein oder einen buddhistischen Tempel.
Selbst in Vierteln wie Marunouchi oder Yurakucho, in deren Beton- und Glaslandschaft jede Spur japanischer Atmosphäre ausgemerzt scheint, erlebt man seine Wunder, wenn man sich nur die Mühe macht, hinter die Kulisse zu schauen: im Keller, vielleicht auch in einem zweiten und dritten Untergeschoß entdeckt man vier, fünf oder mehr puppenstubenartige Restaurants, meist mit Holz, Bambus, Bast und Papier eingerichtet und doch im Charakter und in den Eßspezialitäten verschieden, verborgene Nischen für den eingeweihten Stammkunden...
In dem für ausländische Touristen bestimmten Wochenbulletin "Tour Companion", das in allen von Fremden besuchten Hotels unentgeltlich aufliegt, steht jede Woche derselbe kleine Artikel über Tokyo unter dem Titel: "Es ist ein Monstrum, aber man ist hier sicher.

Farbenfrohe Prozession am Tag des Kindes

L. Stucki
(Fortsetzung)

... Tokyo ist wohl die einzige Weltstadt, in der man getrost mit viel Geld in der Tasche mitten in der Nacht durch kleine Gäßchen spazieren oder sich ins Gewühl eines Warenhauses wagen kann ..."

Herman Wouk
(geb. 1915)
"Der Feuersturm"

"Sag mal, wie ist eigentlich Tokyo? Eigenartig und hübsch und so weiter?" "Die häßlichste Stadt der Welt", sagte Pug, froh über die Gelegenheit, das Thema zu wechseln. "Erbarmungswürdig. Eine flache Barackenstadt, so weit das Auge reicht. Im Zentrum ein paar hohe moderne Gebäude und Lichtreklamen und Scharen von eiligen kleinen Japanern. Die meisten von ihnen tragen westliche Kleidung, aber der Stoff sieht so aus, als sei er aus alten Löschblättern gemacht. Man sieht ein paar Frauen, die im japanischen Puppen-Stil angezogen sind, und einige Tempel und Pagoden, ein bißchen wie im Chinesenviertel von San Francisco. Es ist nicht besonders orientalisch, es ist arm und dürftig und riecht von vorn bis hinten nach Kloake und faulem Fisch. Von all meinen Reisen war Tokyo die größte Enttäuschung. Außerdem ist die Feindseligkeit gegenüber Weißen auf Schritt und Tritt zu spüren."

Übersichtsplan

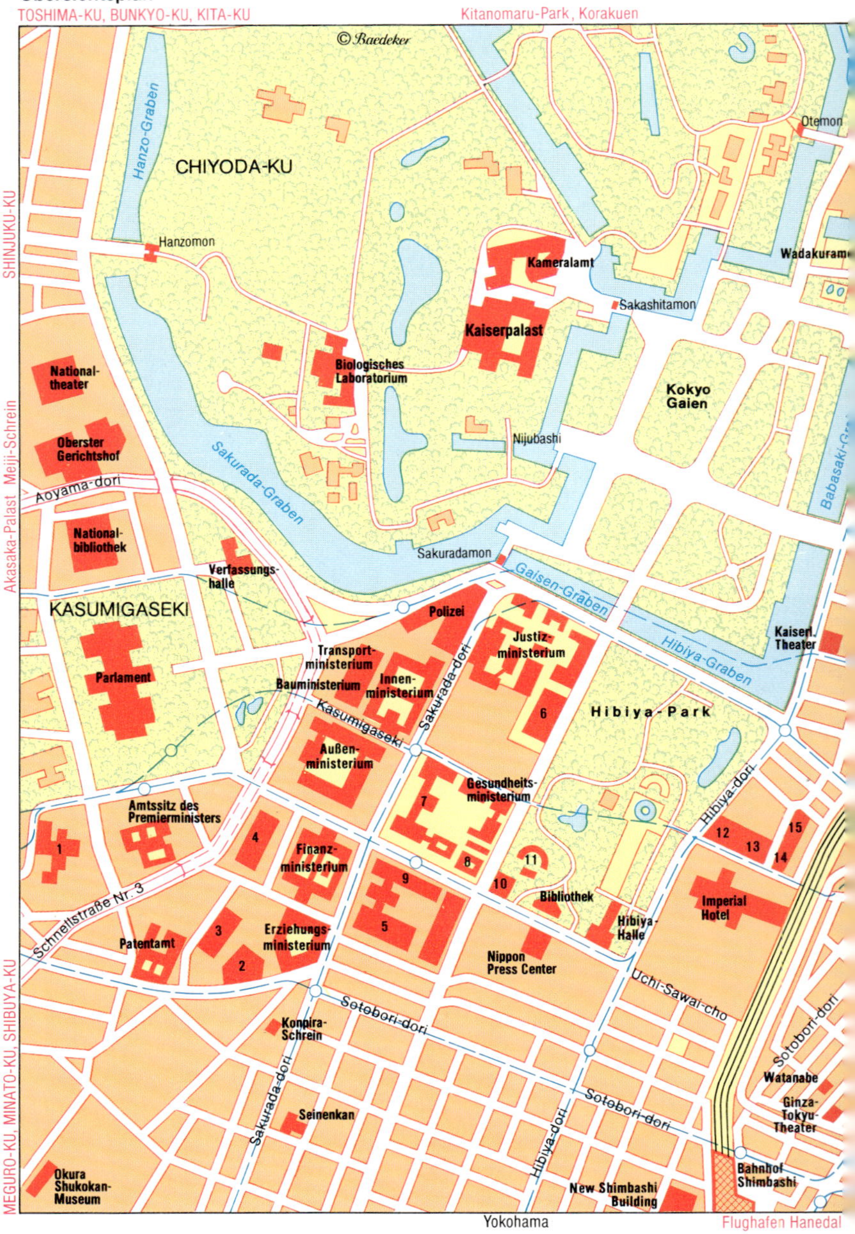

1 Residenz des Premierministers
2 Toranomon Building
3 Kasumigaseki Building
4 Raumordnungs-behörde
5 Post- und Fern-meldeministerium
6 Oberster Gerichtshof
7 Ministerium für Land-wirtschaft, Forsten und Fischerei
8 Familiengericht

Omiya, Sendai
Ueno-Park, TAITO-KU, ARAWAKA-KU

Hama-rikyu, Internat. Handelszentrum

9 Handels- und Industrieministerium
10 Distriktgericht
11 Hibiya-Konzerthalle
12 Nissei-Theater
13 Takarazuka-Theater
14 Yurakuza-Theater
15 Hibiya-Theater
16 Shin-Marunouchi-Building
17 Tokyo Kaijo Building
18 Nichigeki-Theater
19 Shimbashi-Embu-jo-Theater

Sehenswürdigkeiten von A bis Z

In Anbetracht der in Japan beschwerlichen Verständigungsmöglichkeiten zwischen ausländischen Touristen und Einheimischen, die nur ausnahmsweise über Fremdsprachenkenntnisse (am ehesten Englisch) verfügen, sind im nachfolgenden Hauptteil dieses Reiseführers die Bezeichnungen der Sehenswürdigkeiten von A bis Z durch Entsprechungen in blau gedruckten japanischen Schriftzeichen ergänzt. Mit diesen wird sich der Fremde zumindest notdürftig (etwa einem Taxifahrer) verständlich machen können.

Hinweis

Die Transkription der Eigennamen erfolgte nach dem international gebräuchlichen 'Hebonshoki' (s. Einleitung, Sprache).

Vorschläge für die sinnvolle Gestaltung eines nur kurzzeitigen Aufenthaltes in Tokyo findet man unter dem Stichwort 'Besuchsprogramm' bei den Praktischen Informationen von A bis Z im hinteren Teil dieses Buches.

Kurzaufenthalt

Akasaka-Palast D 4/5

赤坂離宮

Japanische Entsprechung

Der Akasaka-Palast, dessen Grenzen bis zum Äußeren Garten des → Meiji-Schreins reichen, wurde 1899–1909 in erdbebensicherer Technik für den Kronprinzen erbaut; zuvor hatte sich hier der Wohnsitz der Kii-Tokugawa befunden, in welchem der Kaiser residierte, während der → Kaiserpalast wiedererrichtet wurde. Seit 1974 dient der Akasaka-Palast als staatliches Gästehaus.
Als Vorbild für den Palast dienten Architekturformen, wie sie im Europa des späten 18. Jh.s zu finden sind, z.B. der Londoner Buckingham-Palast, doch erinnert er in einigen Teilen auch an das Schloß von Versailles bei Paris.

Lage
im Stadtbezirk Minato-ku

U-Bahn-Station
Yotsuja (Marunouchi-Linie)

S-Bahn-Station
Yotsuya (Chuo-Linie)

*Akihabara (Stadtviertel) F 3

秋葉原

Japanische Entsprechung

Akihabara gilt als Tokyos 'Elektronik-Eldorado'. Hier drängen sich in kleinen Gassen die Läden mit Rekordern, Radios, Mikrophonen, Fernsehern, Video- und Computertechnik u.a.; dazwischen befinden sich größere Kaufhäuser, von denen viele eine Etage für ausländische Kunden eingerichtet haben. Nur dort erhält man Exportgeräte für 220 Volt Netzspannung. Auch gibt es hier genügend Verkäufer, die zumindest die englischen Fachausdrücke beherrschen und mehr oder minder ausführlich beraten können.

Der Besuch von Akihabara lohnt sich in jedem Fall, weil man dort auch erlebt, wie intensiv die Japaner mit allen Produkten der Elektronik 'spielen'. Bastler können hier vom Computerchip bis zum Lötkolben alles bekommen. Um die Preise kann man zuweilen feilschen.

Lage
im Stadtbezirk Chiyoda-ku

S-Bahn-Station
Akihabara (Keihin-Tohoku-Linie; Yamanote-Linie; Chuo-Linie)

U-Bahn-Station
Akihabara (Hibiya-Linie)

◀ *Das neue Rathaus im Stadtteil Shinjuku*

Straße in Akasaka

'Elektronik-Meile' Akihabara

**Asakusa-Kannon-Tempel (Senso-ji) G 2

浅草寺

Japanische Entsprechung

Lage
im Stadtviertel Asakusa

U-Bahn-Station
Asakusa (Ginza-Linie)

Asakusa, früher ein Sumpfland und darum Quartier der armen Leute, ist auch heute noch das volkstümlichste Tokyoter Stadtviertel. Am Ende der langen Ladenstraße Nakamise, wo sich Masken, Schnitzereien, Elfenbein- und Holzkämme, Spielzeug, Kimonos, Stoffe und kostbare Papiere finden, liegt der Kannon-Tempel, Mittelpunkt von Asakusa. Um ihn herum, alles auf dem 20 ha großen Tempelbezirk, ein Gewimmel von Sträßchen, Tempelchen und Buden, auch Lokale, wo die Japaner ihrer Wettleidenschaft frönen, vor allem bei Pferderennen. Eine Straße mutet mit ihren Sexkinos und -shops wie die Hamburger Reeperbahn an.

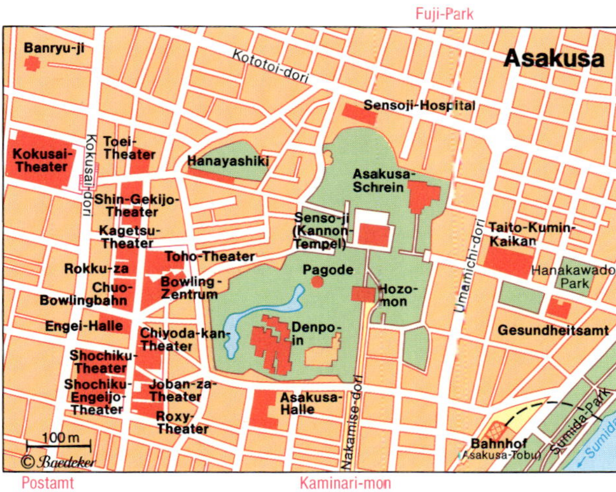

Asakusa-Kannon-Tempel (Senso-ji)

Der Asakusa-Kannon-Tempel (Senso-ji) der buddhistischen Sho-Kannon-Sekte ist der Gnadengottheit Kannon gewidmet und existiert seit den Anfängen der Stadt Tokyo. Obwohl die Gebäude oftmals zerstört wurden, zeigen sie doch alle ihr ursprüngliches Aussehen; denn sie wurden nach jeder Katastrophe originalgetreu wieder errichtet, so die Haupthalle und die scharlachrote Pagode.
Der Legende nach soll der Tempel im Jahre 628 (realistischer 645) von drei Fischern gegründet worden sein, die in ihren ausgeworfenen Netzen eine kleine Statue der Göttin Kannon gefunden hatten. Ihr zu Ehren gründeten sie den Tempel. Haupteingang ist das Tor Kaminari-mon mit einer 3,30 m hohen und 100 kg schweren roten Papierlaterne, deren Schriftzeichen 'Tor des Donners' bedeuten. Die große Kannon-Halle von 1651 wurde nach Kriegszerstörung 1958 in Stahlbeton nach dem alten Muster erneuert. Die Tempelschätze sind in dem ebenfalls restaurierten Tor Hozomon untergebracht.

Asakusa-Schrein

Der nordöstlich vom Tempel stehende Asakusa-Schrein, bekannt unter dem Namen Sanjasama, wurde von Tokugawa Iemitsu (1604–1651) zum Gedenken an die drei Fischer erbaut. Im Hof vor dem Haupttempel steht das berühmte und beliebte Weihrauchbecken, das helfen soll, Krankheiten zu vertreiben: Man muß nur den Rauch mit der Hand umschließen und sie an den kranken Körperteil führen.

Asakusa-Kannon-Tempel

Die bekannte Papierlaterne am Tempeltor

Asakusa-Schrein (Fortsetzung)

Die Tauben des Tempels gelten als heilige Boten der Kannon – heute sagen sie auch wahr, wenn ein Besucher es wünscht: Eine Taube pickt mit ihrem Schnabel aus einem Zettelberg denjenigen Zettel heraus, der das Schicksal des Wißbegierigen weissagt.

Der Asakusa-Kannon-Tempel gehört zu den populärsten Tempeln in Tokyo und demzufolge das Jahresfest, Sanja Matsuri (ca. 15.–17. Mai), zu den größten Festen der Stadt (neben dem Sanno Matsuri des ⟶ Hie-Schreins und dem Kanda Matsuri des ⟶ Kanda-Myojin-Schreins).

**Fuji-san (Fujiyama)

富士山

Japanische Entsprechung

Lage
80 km südwestlich von Tokyo

Der 3776 m hohe Fuji-san (die im Westen geläufige Bezeichnung Fujiyama; eingedeutscht Fudschijama, ist in Japan nicht gebräuchlich) gehört zu den berühmtesten Bergen der Erde. Meist in Wolken gehüllt, präsentiert er sich nur selten in blendendweißer Schönheit; glücklich darum der, dem dieser Anblick vergönnt ist – er wird dieses Bild nicht vergessen!
Jährlich besteigen über 1 Mio. Japaner den Vulkan, der zum letztenmal im Dezember 1707 Asche auf Tokyo niederregnen ließ. Wer während seines Tokyo-Aufenthaltes auch eine Fuji-Besteigung einplanen möchte, was nur in der Zeit vom 1. Juli bis zum 31. August möglich ist, muß einen Zweitagesausflug einkalkulieren.
Es heißt, daß der Sonnenaufgang auf dem Gipfel des Fuji-san zu den eindrucksvollsten Naturerlebnissen gehöre. Man sagt auch, wer an diesem Erlebnis teilgenommen habe, bekäme ein tieferes Verständnis, eine stärkere Sensibilität für die Ausdruckskraft japanischer Landschaftsmalerei.

Der heilige Berg Fuji-san

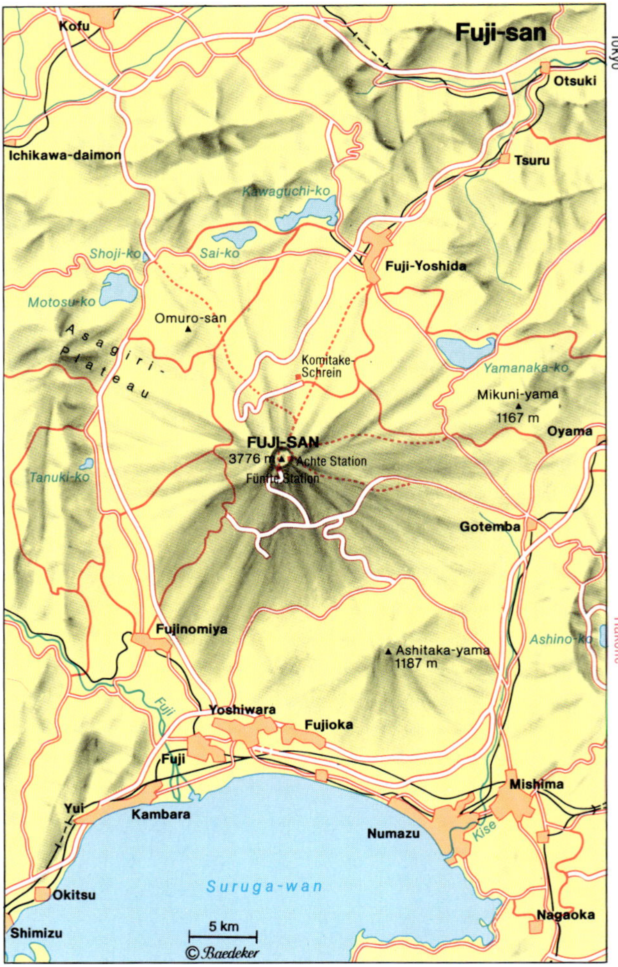

Anreise

Die JR-Chuo-Hauptlinie verkehrt vom Bahnhof Shinjuku nach Fujiyoshida (eventuell ist ein Umsteigen von Otsuki erforderlich). Von dort geht es dann mit dem Bus zur fünften Bergstation (Go-gome).

Auch mit dem Bus kann man von Tokyo direkt bis zur fünften Bergstation des Fuji-san fahren, und zwar vom Hamamatsucho oder vom Shinjuku Bus Terminal. Das Hamamatsucho Bus Terminal befindet sich im World Trade Center Building (1. Stock), direkt gegenüber dem Bahnhof Hamamatsucho der Eisenbahn (JR); das Shinjuku Bus Terminal befindet sich im Yasuda Seimei 2nd Building (Westseite), etwa zwei Minuten Fußweg vom Westausgang des JR-Bahnhofs Shinjuku.

Platzreservierungen nimmt u. a. das Japan Travel Bureau vor.

Besteigung des Fuji-san

Sechs Bergpfade mit je zehn Stationen führen auf den Fuji-san hinauf. Alle Pfade sind ausgetreten, durch Abfälle markiert (jedoch wird in zunehmendem Maße der Sauberkeit Beachtung geschenkt) und durch den Strom der Bergwanderer deutlich sichtbar. Normalerweise steigt man von der fünften Station (Go-gome) auf; man kann aber auch den Weg bis zur siebten Station (Shichi-gome) auf dem Pferderücken hinter sich bringen. Danach wird es steil!
Um die Sonne auf dem Gipfel des Berges begrüßen zu können, gibt es drei zeitliche Aufstiegsvarianten. Man kann am Nachmittag des ersten Tages von der fünften Station bis zur achten aufsteigen, dort in einer Hütte übernachten (hartes Pritschenlager!) und ab zwei Uhr morgens die letzte Wegstrecke zurücklegen.
Eine zweite, empfohlene Möglichkeit ist, am Abend von der fünften Station aufzubrechen und die Nacht durchzuwandern. Als dritte Variante bietet sich an, am Tag aufzusteigen und in einer der primitiven Hütten in Gipfelnähe zu übernachten; dann braucht man morgens nur auf die Sonnenstrahlen zu warten!
Eine empfehlenwerte Routenvariante ist, von Fujiyoshida aus aufzusteigen, um für den Abstieg die Gotemba-Route zu wählen. Hier gibt es zwischen der siebten und der zweiten Station die Abkürzung Suna-bashiri ('Sandgleiten'), wobei man auf einer Strecke von 7 km Länge in etwa einer halben Stunde auf einem Abhang vulkanischer Asche abrutscht (Vorsicht, Steinlawinen!).

Wer den Fuji besteigen möchte, sollte sich schon zu Hause kleidungsmäßig darauf einstellen: Wegen der Vulkanasche sind feste Schuhe angebracht. Warme und winddichte Kleidung ist unentbehrlich; selbst in den Sommermonaten kann auf dem Gipfel Frost herrschen und das Wetter sehr schnell umschlagen. Sonnenhut und Taschenlampe sollten ebenso zur Ausrüstung gehören wie etwas Proviant; in den Berghütten kann man Verpflegung kaufen.

**Fuji-Seen / Fuji-goko

Am nördlichen Fuß des Fuji erstreckt sich die landschaftlich überaus reizvolle Region der fünf Fuji-Seen (Fuji-goko), die zu allen Jahreszeiten ein bevorzugtes Naherholungsgebiet für die Einwohner Tokyos und auch ein geschätztes Reiseziel ausländischer Besucher ist. Das Klima der in einer Höhe von über 600 m gelegenen Seenplatte ist angenehm frisch; im Frühjahr stehen Kirschbäume und Azaleen in Blüte, im Herbst färben sich die Wälder leuchtend bunt. Im Sommer finden zahlreiche Wassersportler lohnende Reviere, im Winter Skifahrer und Schlittschuhläufer.

Landschaftsbild

Die Seenplatte umspannt in einem weiten Bogen die nördliche Basis des Fuji. Ganz im Osten liegt der Yamanaka-See; nach Westen zu folgen die Seen Kawaguchi, Saiko, Shoji und Motosu. Für Besucher, die aus Richtung Tokyo kommen, ist die Stadt Gotemba der günstigste Ausgangspunkt, für solche aus dem Raum Osaka, Kyoto und Nagoya die südwestlich des Fuji gelegene Stadt Fujinomiya.

Von Gotemba nach Fujinomiya

Die Strecke berührt alle fünf Fuji-Seen sowie die Ausgangspunkte der Fußrouten auf den Fuji-san.

Yamanaka-See

Der Yamanaka-See ist mit 982 m ü.d.M. der höchstgelegene sowie mit einer Fläche von 6,5 km^2 der größte der Seenplatte. Die ihn umgebende Landschaft ist eines der meistbesuchten Luftkurgebiete Japans. Am Südufer liegt Asahigaoka, das von Gotemba oder auch direkt von Tokyo

Fuji-san, Yamanaka-See (Fortsetzung)

mit dem Autobus erreicht werden kann. Es werden Rundfahrten auf dem See veranstaltet; nahebei liegen der Fuji-Golfplatz sowie eine Anzahl von Campingplätzen. Im See leben die grüne Kugelalge Marimo, die auch im Akan-See auf Hokkaido vorkommt, ferner Aale, Karpfen und Salmoniden. Ein beliebter Sport ist das winterliche Eisangeln auf eine 'Wakasagi' genannte Fischart. Der nahe Fluß Katsura ist ein gutes Forellenwasser.

Fuji-Yoshida

Nördlich des Yamanaka-Sees erreicht man die Stadt Fuji-Yoshida (54 000 Einw.; Eisenbahn- und Autobusverbindung von Tokyo), die für ihre Seidenstoffe (Kaiki) bekannt ist.

Zum Ausklang der offiziellen Ersteigungssaison des Fuji findet hier am 26. August das Fest Himatsuri statt: Am Abend werden entlang der Fuji-Yoshida-Route Fackeln und Leuchtfeuer entzündet, dazu findet eine Prozession mit einem 1125 kg schweren Tragschrein statt.

Fujikyu Highland

Südlich der Stadt liegt der Vergnügungspark Fujikyu Highland (Verbindung durch die Fuji-Kyuko-Railway; Übernachtungsmöglichkeit), einer der größten in dieser Region.

Kawaguchi-ko
*Tenjo

Nordwestlich von Fuji-Yoshida (Autobuslinie; Eisenbahnverbindung von Tokyo) liegt der zweitgrößte und schönste der Fuji-Seen, der Kawaguchi-ko (822 m ü.d.M.; 6,1 km²). Von seinem Ostufer führt eine Seilbahn auf den 1084 m hohen Berg Tenjo, von dem sich ein eindrucksvoller Blick auf den sich im See spiegelnden Fuji bietet.

Unoshima

In der Mitte des Kawaguchi-ko liegt die dichtbewaldete Insel Unoshima mit einem der Glücksgöttin Benten geweihten Schrein und zahlreichen Freizeit- und Erholungseinrichtungen. Etwa 1 km nordwestlich des Bahnhofs Kawaguchi-ko befindet sich das Fuji-Museum (Lokalgeschichte, Sammlung von Erotika), nahe der Mautstelle der Fuji-Subaru-Straße das Besucherzentrum der Präfektur Yamanashi (früher Fuji-Nationalpark-Museum) mit einer Sammlung zur Naturgeschichte des Fuji.
Kawaguchiko ist Ausgangspunkt einer Bergroute auf den Fuji-san sowie von Bootsrundfahrten (1 Std.) auf dem See. Dieser wird im Osten von der 1260 m langen Brücke Kawaguchi-ko O-hashi (Benutzungsgebühr) überspannt.

Saiko

Als nächster See folgt im Westen der Saiko (12 km²; Autobus von Kawaguchi-ko), im Frühjahr und Herbst von Anglern viel besucht (Forellen). Wie die Seen Shoji und Motosu hat er keinen sichtbaren Abfluß; man vermutet, daß alle drei durch unterirdische Verbindungen die Quelle des Flusses Shiba speisen. Eine Bootsverbindung besteht zwischen den Orten Saiko (Nordostufer) und Neba (Nordwestufer).

*Koyodai

Lohnende Ausflüge führen in die Region südlich des Sees, beispielsweise zum Koyodai ('Ahornhügel'; Autobus und 20 Min. Fußweg vom Bahnhof Kawaguchiko), der eine schöne Aussicht auf die umliegenden Wälder bietet.
Unweit südwestlich von hier erreicht man die Eishöhle Narisawa Hyoketsu und weiter westlich (Fußweg 20 Min.; auch Autobus vom Bahnhof Kawaguchiko) die Höhle Fugaku Fuketsu mit Lava- und Eisformationen (Inneres sehr kalt!).

Jukai

Zwischen dem Saiko-See und dem westlich folgenden Shoji-See erstreckt sich das Jukai ('Meer der Bäume') genannte urwaldartige Gebiet. In dieser Wildnis von 16 km Umfang beeinträchtigt magnetisches Eruptivgestein die Genauigkeit der Kompaßweisung, so daß sich dort immer wieder Wanderer verirren.

Shoji

Der von bewaldeten Bergkuppen umgebene, sich nach Süden hin öffnende See Shoji ist der idyllischste und mit 0,75 km² Fläche der kleinste der fünf Fuji-Seen (Autobusverbindungen von Fuji-Yoshida, Kawaguchiko und Fujinomiya). Hier werden im Winter Wakasagi (eine Salmonidenart) gefangen.

Fuji-san, Shoji (Fortsetzung)

Vom Nordufer kann man in 1 1/2 Stunden zum Gipfel des 1257 m hohen Berges Eboshi (auch Shoji-Panorama-dai) aufsteigen, von wo man einen lohnenden Blick auf den See, den Fuji und das 'Meer der Bäume' hat.

*Eboshi

Der tiefblaue Motosu (Autobusverbindungen von Fuji-Yoshida und Fujinomiya) schließt den Bogen der Fuji-Seen im Westen ab. Er ist mit 126 m der tiefste und friert im Winter nicht zu.

Motosu

*Fujinomiya Toll Road

Die Weiterfahrt nach Fujinomiya über die 22 km lange Mautstraße Fujinomiya Toll Road (Autobus, 1 1/4 Std.) lohnt wegen des herrlichen Blicks auf den Fuji. Etwa auf halber Strecke erreicht man den Shiraito-Wasserfall, wo der Fluß Shiba in 130 m Breite über eine 26 m hohe Steilwand in die Tiefe stürzt.

Auf der anderen Straßenseite befindet sich der Wasserfall Otodome-no-taki.

Südlich der Tempel Taisekiji, 1290 gegründet und ein Hauptheiligtum der Nichiren-Sekte sowie Hauptsitz der ihr nahestehenden Organisation Soka Gakkai; moderne Versammlungshalle mit 6000 Plätzen.

In Fujinomiya (112 000 Einw.) steht der 1604 erbaute Sengen-Schrein (1 km nordwestlich vom Bahnhof), der Hauptschrein aller Sengen-Heiligtümer im Bereich des Fuji. Er ist der Göttin Konohana-Sakuyahime-no-mikoto geweiht.

Fujinomiya

Von Fujinomiya gelangt man mit der JR-Minobu-Linie südlich zum Bahnhof Fuji und von hier mit der JR-Tokaido-Hauptlinie nach Tokyo.

**Ginza (Einkaufsviertel) — F 5

銀座

Japanische Entsprechung

Die Ginza ist Tokyos bekannteste Einkaufsmeile. Gesäumt von exklusiven Geschäften und imposanten Kaufhauspalästen, die uneingeschränkt alles führen, was in der Welt geboten wird, umgeben von Teehäusern, Cafés, Bars und Restaurants, ist sie insbesondere am (verkaufsoffenen) Wochenende ein Einkaufsparadies, weil dann der Autoverkehr ausgesperrt ist. Riesige Reklametafeln an allen Gebäuden tauchen sie selbst des Abends in ein helles Licht, die flutende Menschenbewegung reißt einen mit, das Gewirr ist beängstigend.

Verlauf
durch den Stadtbezirk Chuo-ku

S-Bahn-Station
Yurakucho (Keihin-Tohoku-Linie; Yamanote-Linie)

U-Bahn-Station
Ginza (Marunochi-Linie; Hibiya-Linie)

Hier liegt – im Umkreis der Einkaufsstraße – das Theater Kabuki-za, in dem Kabuki-Aufführungen stattfinden. Ausländische Besucher können hier sogenannte 'Earphones' ausleihen: Kopfhörer, über die eine englischsprachige Zusammenfassung des Bühnengeschehens zu bekommen ist. Ferner befindet sich hier das Theater Shinbashi Embujo, in dem die traditionellen Tänze Azuma-odori sowie Bunraku-Aufführungen zu sehen sind. Der Bezirk Ginza war zu Edo-Zeit das Handelszentrum des Landes; hier lebten die Chonin, Handwerker und Kaufleute. 1612 ließ Tokugawa Ieyasu die Silbermünze (japanisch = ginza) von Shizuoka nach Edo (dem heutigen Tokyo) verlegen, die südlich der Brücke Kyobashi angesiedelt wurde.

Die berühmte Einkaufsmeile Ginza

Die 'Japan-Brücke' Nihonbashi

Die 1603 erbaute und 1911 erneuerte Brücke Nihonbashi (= Japan-Brücke) war zu jener Zeit Ausgangspunkt der fünf ins Land führenden Hauptstraßen: der Oshu-Straße nach Sendai, der Nikko-Straße nach Nikko, der Tokaido-Straße nach Kyoto, der Koshu-Straße nach Kofu und der Nakasendo-Straße nach Nagano. Heute wird sie von der Hochtrasse einer Stadtautobahn überspannt; in der Brückenmitte die Null-Kilometer-Marke des Nationalstraßennetzes.

Ginza, Nihonbashi

*Gokokuji-Tempel — D 2

護国寺

Japanische Entsprechung

Der Gokokuji-Tempel ist eine der größten Tempelanlagen der Stadt und gehört der Buzan-Schule der Shingon-Sekte.
Der Tempel ist der Göttin Kannon geweiht, deren Statue aus Indien stammen soll. Zu seinen Schätzen gehört ein Mandara, das auf die Kamakura-Zeit (1192–1333) zurückgehen soll. Beim Tempel haben bedeutende Persönlichkeiten der jüngeren japanischen Geschichte ihre letzte Ruhe gefunden; östlich des Tempelgebäudes das Grab des anglo-amerikanischen Schriftstellers Lafcadio Hearn (1850–1904).
Hinter dem Tempel erhebt sich ein Hügel, der seit 1873 Begräbnisstätte des Kaiserhauses ist. Für den Kaiser und die Kaiserin werden besondere Grabanlagen errichtet; sie befinden sich zumeist in → Kyoto und → Nara.

Lage
im Stadtbezirk Bunkyo-ku

U-Bahn-Station
Gokokuji (Yurakucho-Linie)

*Hakone — Ausflugsziel

箱根

Japanische Entsprechung

Das Gebiet von Hakone, im Norden vom → Fuji-san begrenzt und im Süden an die Halbinsel → Izu anstoßend, ist eine der beliebtesten Ferienregionen Japans und wird im Sommer wie im Winter besucht. Hier finden sich Vulkane, zahlreiche Thermalbäder und eine Anzahl historischer Sehenswürdigkeiten. Besonders reizvoll ist der Ashi-See.

Lage
ca. 100 km südwestlich von Tokyo

Anreise

Mit der Eisenbahn ab Tokyo Hauptbahnhof in 45 Min. (JR-Tokaido-Shinkansen-Linie) nach Odawara; ab Bahnhof Shinjuku in ca. 2 Std. (Odakyu-Privatbahnlinie) über Odawara nach Hakone-Yumoto.

Verkehrsverbindungen im Hakone-Gebiet

Hakone-Tozan-Eisenbahnlinie von Odawara über Hakone-Yumoto, Tonosawa, Miyanoshita, Kowakidani nach Gora (ca. 1 Std.).
Hakone-Tozan-Autobuslinie von Odawara über Hakone-Yumoto, Tonosawa, Miyanoshita, Sengoku und Sengoku-kogen nach Togendai (ca. 1 Std.). Izu-Hakone-Bahnbuslinie von Odawara über Hakone-Yumoto, Miyanoshita, Kowakidani, Sounzan, Owakudani und Ubako nach Hakone-en (ca. 1 1/2 Std.).

Izu-Hakone-Seilbahnen von Hakone-en auf den Komagatake (8 Min.). Ferner Seilbahn von Gora über den Sounzan und Owakudani nach Togendai.
Schiffslinien auf dem Ashi-See von Togendai über Hakonemachi nach Moto-Hakone (30 Min.); von Kojiri über Hakone-en nach Moto-Hakone (30 Min.).

Empfohlene Rundfahrt

Von Tokyo (Bahnhof Shinjuku) Odakyu-Linie bis Hakone-Yumoto; Hakone-Tozan-Linie bis Gora; Seilbahn bis Togendai; Schiff bis Moto-Hakone; zu Fuß über das Hakone-Museum bis Hakone-machi; Autobus bis Odawara; JR-Eisenbahnlinie bis Tokyo (ca. 6 Std.).

Hakone

Landschaftsbild

Hakone liegt in dem rund 40 km Umfang messenden Kratergebiet des erloschenen Hakone-Vulkans, dessen Zentrum vor etwa 400 000 Jahren zu einer Caldera absank. Spätere Eruptionen formten die Vulkane Kamiyama (höchster Berg des Hakone-Gebiets, 1438 m), Komagatake (1327 m) und Futago (1091 m). Aus dem einstigen Kratersee entstand der Ashi-See, dessen Abflüsse Hayakawa und Sukumo romantische Schluchten bilden.

Fahrt durch Hakone

Die nachstehend beschriebene Rundfahrt kann ohne Schwierigkeiten mit öffentlichen Verkehrsmitteln durchgeführt werden, da die Region durch Eisenbahn, Autobusse, Seilbahnen und Bootslinien gut erschlossen ist. Wer sich scheut, den Ausflug auf eigene Faust zu unternehmen, kann sich einer organisierten Rundfahrt anschließen.

Odawara

Ausgangspunkt ist die alte Burgstadt Odawara an der Sagami-Bucht und am Ostfuß der Hakone-Berge. 400 m vom Bahnhof entfernt steht die Burg, deren fünfstöckiger Hauptturm 1960 restauriert wurde und ein Museum mit Waffen und Gegenständen zur Regionalgeschichte beherbergt; im Burgareal ferner ein Zoo und ein Volkskunstmuseum.

Yumoto

Westlich von Odawara (Eisenbahn- und Autobusverbindung) liegt Yumoto, der älteste Kurort der Region (Thermalquellen, 35–74 °C). Südlich vom Bahnhof der Sounji-Tempel der Rinzai-Sekte (sehenswert das Porträt des Tempelgründers Hojo Soun auf Seide).

Tonosawa

Von Yumoto westlich liegt Tonosawa am Beginn der schönen Schlucht des Flusses Hayakawa. 2 km nördlich erhebt sich der Berg Tonomine (556 m) mit dem Amida-Tempel (17. Jh.); schöner Ausblick.

Burg von Odawara

Miyanoshita

Der Verkehrsknotenpunkt Miyanoshita (12 km westlich von Odawara) bildet zusammen mit Sokokura und Dogashima einen der lebhaftesten Orte der Region. Das Klima bleibt auch im Sommer gemäßigt; die vielen Thermalquellen haben Temperaturen zwischen 62 und 78 °C. Nördlich vom Bahnhof steht das älteste japanische Hotel westlichen Stils, das 1878 eröffnete Fujiya-Hotel; südlich von diesem der 802 m hohe Berg Sengen (Aufstieg 1 Std.; schöner Blick auf Hakone).

Kowakidani

Kowakidani ('Tal des kleinen Dampfes'; Autobus von Miyanoshita, 5 Min.) ist ein altbekannter Thermalbadeort, wird aber auch zur Azaleen- und Kirschblüte (April) besucht. Der hier zutage tretende heiße Dampf wird u.a. zur Beheizung von Treibhäusern genutzt.

Kowakien-Garten

Unweit der Autobushaltestelle Kowakien-mae (2 Min. von Kowakidani) liegt das Vergnügungszentrum Kowakien-Garten mit einem Hotel, Ryokan (traditionelles japanisches Gasthaus), Freibädern und Botanischem Garten.

Gora

Die Route führt von Kowakidani nördlich nach Gora am Osthang des Berges Sounzan (schöne Aussicht auf den Oberlauf des Hayakawa). Von Owakudani ('Tal des großen Dampfes'; s. unten) wird Thermalwasser nach Gora geleitet. Südlich vom Ort liegt das Hakone-Freilichtmuseum (Choko-ku-no-mori) mit Skulpturen europäischer Künstler (Moore, Rodin, Bourdelle u.a.).
Das Hakone-Kunstmuseum (chinesisches und japanisches Porzellan; Gemälde) befindet sich südwestlich von Gora in dem auch zur Azaleenblüte besuchten Gora-Park.

Von Gora besteht eine Seilbahnverbindung in westlicher Richtung zum Nordufer des Ashi-Sees (s. unten). An einigen Stationen der Strecke kann die Fahrt unterbrochen werden.

'Tal des großen Dampfes': Owakudani

Owakudani

Bei der Station Owakudani ('Tal des großen Dampfes') befindet sich eine Aussichtsplattform mit schönem Blick auf den Fuji; von der Station sind ferner die zahlreichen Solfataren der Region in kurzer Zeit zu erreichen. Das Naturwissenschaftliche Museum gibt Einblick in die lokale Fauna, Flora und Geologie.
Die Seilbahn endet in Togendai am Nordufer des Ashi-Sees. Von hier und Kojiri bestehen Bootslinien nach Hakone-en (Ostufer) und Moto-Hakone sowie Hakone-machi (Südufer).

*Ashi-See

Der Ashi-See (auch Hakone-See) ist die landschaftliche Hauptsehenswürdigkeit von Hakone und bekannt für das Bild des sich in ihm spiegelnden Fuji. An seinem Westufer führt die 12 km lange Mautstraße Ashinoko Skyline Drive hin, von der sich ein schöner Blick auf den Fuji sowie auf die Buchten Sagami und Suruga bietet.

Togendai

Das Verkehrszentrum am nördlichen Ufer bilden die Orte Togendai und Kojiri. Folgt man der östlichen Uferstraße, so gelangt man nach Hakone-en, wo sich das große Ferienzentrum Hakone-en-Park befindet. Es umfaßt Schwimmbäder, Eisbahnen, Golf- und Campingplätze sowie ein 'internationales Dorf' mit typischen Häusern aus 29 Ländern und einer Volkskunstausstellung. Im Nordosten erhebt sich der 1327 m hohe Berg Komagatake, zu dessen Gipel vom Ort sowie vom Südostfuß je eine Seilbahn hinaufführen; weiter Blick auf den Fuji und die Halbinsel Izu.

Moto-Hakone

Am Südufer des Sees liegt Moto-Hakone (Autobusverbindung mit Miyanoshita und Odawara), einer der Häfen für die Linienboote auf dem See. Zusammen mit dem südlich gelegenen Hakone-machi bildet es eine wichtige Touristenregion.

Hakone-Schrein

Auf einer Anhöhe westlich des Ortes steht in einem dichten Wald der Hakone-Schrein, 757 gegründet und 1667 erneuert. Im Schatzhaus neben der

Fuji-san und Ashi-See

Hakone, Hakone-Schrein (Fortsetzung)

Haupthalle befinden sich eine Bildrolle zur Gründung des Schreins, eine Holzstatue des Schreingründers und ein Schwert von Soga Goro (12. Jh.), einem der Soga-Brüder, die den Tod ihres Vaters rächten und dabei selbst umkamen. Das Jahresfest des Schreins findet am 31. Juli und 1. August statt.

Hakone-machi

Von der alten Poststation Moto-Hakone führt eine 2 km lange Allee von Sicheltannen nach Hakone-machi. Etwas außerhalb der heutigen Ortschaft befindet sich der einstige Kontrollpunkt der Tokaido-Straße mit einem rekonstruierten Wachhaus. Daneben der Hakone-Palastgarten, ursprünglich Teil einer kaiserlichen Villa; am Eingang das Historische Museum (Hakone-shiryokan) mit Gegenständen zur Geschichte der Tokaido-Straße und der Kontrollstation.

Ähnlich ist das gegenüber dem Hakone-Hotel gelegene Hakone-Museum mit alten Münzen, Siegeln, Dokumenten und Landkarten. Das Urlaubsgebiet um Hakone-machi zieht im Sommer wie im Winter viele Besucher an.

Von Hakone-machi gelangt man auf der Straße Hakone Bypass (Autobus) durch das schöne Tal des Flusses Sukumo zurück nach Odawara.

Izu

⟶ dort

Hamarikyu-Park F 6

浜離宮

Japanische Entsprechung

Lage
im Stadtbezirk Chuo-ku, am Sumida-Fluß

S-Bahn-Station
Shinbashi (Keihin-, Yamanote-Linie)

Öffnungszeiten
täglich 9.00–16.30

Der Hamarikyu-Park, den man zu Fuß in zehn Minuten vom Shinbashi-Bahnhof erreicht, erhält seinen besonderen Reiz durch die herrliche Aussicht, die man von hier auf die Mündung des Sumida-Flusses, auf den Hafen und auf die Bucht von Tokyo hat.

Die wunderbar gepflegten Garten- und Parkanlagen mit See und Villa ('Garten der kaiserlichen Villa Hama') wurden einst als Sommerresidenz von den Tokugawa genutzt. Sie stellen ein typisches Beispiel damaliger Fürstengärten, Daimyo-Teien genannt, dar.
Besonders eindrucksvoll ist die von einer Brücke überspannte Lagune.

Nach Übernahme durch die Stadt wurde der Garten 1946 der Öffentlichkeit zugänglich gemacht.

Südöstlich des Gartens liegt der Takeshiba-Pier, wo die Dampfer zur Insel Oshima an- und ablegen und die Besichtigungsfahrten auf dem Sumida-Fluß beginnen.

Happo-en-Park D 7

八芳園

Japanische Entsprechung

Lage
im Stadtbezirk Minato-ku

U-Bahn-Station
Meguro (Yamanote-Linie)

Der kleine, lieblich angelegte Park in der Nähe der U-Bahn-Station Meguro besitzt eine unglaubliche Anziehungskraft für Hochzeitspaare: Wenn der Mondkalender günstige Tage anzeigt, findet hier ein schier endloser Hochzeitsaufmarsch statt. Paare warten mit ihren Familien geduldig in der Halle, bis durch Lautsprecher ihr Name aufgerufen wird. Die Zeremonie selbst ist kurz; geraume Zeit länger dauert die Aufstellung und künstlerische Gestaltung des Gruppenfotos. Man darf mitknipsen.

Harajuku (Stadtviertel) C 5

Japanische Entsprechung

原宿

Lage
im Stadtbezirk Shibuya-ku

U-Bahn-Station
Meijingu-mae (Chiyoda-Linie)

Das zwischen dem Inneren und dem Äußeren Garten des → Meiji-Schreins gelegene Stadtviertel Harajuku ist eine besonders beim jüngeren Publikum beliebte Flanier- und Einkaufsmeile, wo insbesondere Kleidung und Accessoires westlichen Stils zu bekommen sind. In den Hauptstraßen (Meiji-dori, Omotesando u.a.) treten viele Musikgruppen der Rock- und Popszene auf – meist mit ohrenbetäubender Lautstärke.

Hibiya-Park E 5

Japanische Entsprechung

日比谷公園

Lage
im Stadtviertel Marunouchi

U-Bahn-Station
Hibiya (Hibiya-Linie)

Der Hibiya-Park liegt in der Nähe des Imperial-Hotels, das 1922 von dem berühmten amerikanischen Architekten Frank Lloyd Wright errichtet wurde, und zwar auf Gleitschienen, um es erdbebensicher zu machen. Es gehört noch heute zu den renommiertesten Hotels der Stadt.

Das Gelände diente bis 1903 als Truppenübungsplatz und wurde dann in einen Park nach europäischem Muster verwandelt. Dieser umfaßt rund 16 ha Fläche und wird mittags von den Angestellten der umliegenden Bürohäuser bevölkert, die hier ihren Lunch einnehmen. Er ist oftmals Treffpunkt von Demonstrationen und seltener Veranstaltungsort von Volksfesten. Im November ist hier eine große Chrysanthemenschau zu sehen.

Hie-Schrein

Im Park befinden sich unter anderem die Konzerthalle Hibiya-kokaido und die Hibiya-Bibliothek.

Hibiya-Park (Fortsetzung)

**Hie-Schrein D 5

日枝神社

Japanische Entsprechung

Südwestlich vom Nationaltheater und → Parlamentsgebäude, nur fünf Gehminuten von der U-Bahn-Station Akasaka entfernt, liegt der Hie-Schrein. Das auch Sanno-sama genannte Heiligtum stammt aus der frühen Edo-Zeit und ist der Gottheit Oyamakui-no-Mikoto geweiht. Nach seiner Zerstörung im Zweiten Weltkrieg wurde er originalgetreu rekonstruiert. Er erhebt sich auf einem Hügel, an dessen Fuß ein Torii steht. Eine gewundene Straße führt hinauf zum Heiligtum. Die Gottheit Oyamakui beschützte einst die damalige Hauptstadt Kyoto. Als Ota Dokan in Edo sein Schloß baute (→ Kaiserpalast), ernannte er sie zur Schutzgottheit seines Schlosses; Tokugawa Ieyasu errichtete ihr dann diesen Schutzschrein.
Unter den Tokugawas gehörte darum das Fest dieses Schreins zu den bedeutensten religiösen Ereignissen der Hauptstadt, und auch heute noch ist das Jahresfest Sanno Matsuri zwischen dem 10. und dem 16. Juni eines der größten Tokyos. Höhepunkt bildet dabei der Umzug mit Tragschreinen.

Lage
im Stadtviertel Chiyoda-ku, südwestlich vom Parlamentsgebäude

U-Bahn-Station
Akasaka (Chiyoda-Linie)

Ikebukuro (Stadtviertel) C 1/2

池袋

Japanische Entsprechung

Sunshine City in Ikebukuro-ku

Ikebukuro, Lage im Stadtbezirk Toshima-ku

S-Bahn-Station Ikebukuro (Yamanote-Linie)

Die Entwicklung des nördlichsten Einkaufs- und Vergnügungszentrums Tokyos wurde begünstigt durch die Verlängerung der Yamanote-Linie (1903). Der Ikebukuro-Bahnhof ist inzwischen Verkehrszentrum. Hier gibt es ein unterirdisches Einkaufszentrum (Ikebukuro Shopping Park), das Sunshine-City-Hochhaus (mit 60 Stockwerken eines der höchsten Gebäude Japans), das u.a. ein Hotel, ein Aquarium und ein Planetarium beherbergt.
In der Nähe liegen schätzungsweise 150 Stundenhotels, 50 Nachtlokale und Theater sowie drei Dutzend Spielhöllen.

Ikegami-Hommonji-Tempel

südlich außerhalb des Stadtplans

Japanische Entsprechung

池上本門寺

Lage im Stadtbezirk Meguro-ku

U-Bahn-Station Gotanda (Toei-Asakusa-Linie)

Von der U-Bahn steigt man an der Station Gotanda in die Tokyu-Ikegami-Eisenbahnlinie um. Nahe beim Bahnhof Ikegami steht der Ikegami-Hommonji-Tempel, ein bedeutendes Zentrum der Nichiren-Sekte. Auf dem dichtbewaldeten Gelände befinden sich die Gräber der Nichiren-Schüler Nichiro und Nichirin sowie des Malers Kano Tanyu (1602–1674). Von den alten Tempelbauten haben nur die fünfstöckige Pagode (1607) und die Sutra–Halle den Zweiten Weltkrieg überstanden.
Das große Fest Oeshiki zur Erinnerung an den Todestag des Nichiren wird im Oktober gefeiert.

**Izu

Ausflugsziel

Japanische Entsprechung

伊豆

Lage ca. 120 km südwestlich von Tokyo

Die Halbinsel Izu, südlich des → Fuji gelegen, schiebt sich in den Pazifik vor, im Westen von der Suruga-Bucht und im Osten von der Sagami-Bucht begrenzt. Wegen ihrer abwechslungsreichen Landschaft mit von Buchten gegliederten Küsten, bewaldetem Bergland sowie vielen heißen Quellen und romantisch gelegenen Bädern ist die Halbinsel mit ihrem milden Klima zu jeder Jahreszeit ein beliebtes Reiseziel. Der Name Izu entstand aus der alten Bezeichnung Yu-Izu (Yu = heißes Wasser, Izu = Quelle).
Die Fortsetzung der Berge von → Hakone bilden die Amagi-Berge, der Höhenrücken der Halbinsel. Ihre höchste Erhebung ist der 1407 m hohe Amagi, das Quellgebiet des die Halbinsel nach Norden durchziehenden Flusses Kano, der bei Numazu in die Suruga-Bucht mündet.
Ausgangspunkte für Fahrten ins Innere der Region sind die Orte Atami, Mishima und Numazu, alle von Tokyo aus zu erreichen. Die günstigste Straßenverbindung ist der Tomei Express Highway, der nahe an Mishima und Numazu vorbeiführt. Auf der Halbinsel selbst verkehren die Eisenbahnen Izu–Kyuko und Izu–Hakone sowie mehrere Autobuslinien.

Anreise

Von Tokyo (Hauptbahnhof) JR-Tokaido-Shinkansen-Linie nach Atami (50 Min.) und Mishima (1¹/₄ Std.); bzw. nach Shimoda (2³/₄ Std.); ferner JR-Tokaido-Hauptlinie nach Atami (1³/₄ Std.), Mishima (2¹/₄ Std.) und Numazu (2¹/₂ Std.); von Tokyo (Hauptbahnhof) JR-Ito-Linie über Atami nach Ito, dann Izu-Kyuko-Privatbahnlinie nach Shimoda; von Mishima Izu-Hakone-Privatbahnlinie nach Shuzenji.
Von Tokyo (Takeshiba-Pier) Schiffsverbindung nach Okada (Insel Oshima; 4–7 Std.); von Yokohama nach Okada (Oshima; 6 Std.); von Atami nach Motomachi (1–2 Std.); von Ito nach Motomachi (1¹/₂ Std.); von Shimoda nach Motomachi (1¹/₂ Std.) sowie zu den Inseln Kozu, Shikine, Niijima und Toshima.

Ostküste der Halbinsel Izu

Atami

Im äußersten Norden der Ostküste von Izu liegt der Badeort Atami (49 000 Einw.) an einem prächtigen Küstenstrich. Er gehört zu den modernsten Bädern des Landes. Sehenswert ist der Aprikosengarten (Atami-baien; Autobus vom Bahnhof, 15 Min.) mit etwa 1300 Bäumen. An einem Berghang mit Blick über die Stadt der Kaktusgarten (Atami saboten-koen; Autobus vom Bahnhof, 15 Min.) mit großen Gewächshäusern.

**Kunstmuseum

Das Atami-Kunstmuseum (Atami-bijutsukan; Autobus vom Bahnhof), im Hauptquartier der Church of World Messianity untergebracht, zeigt die Kunstsammlung dieser 'Neuen Religion', u.a. Farbholzschnitte (Ukiyo-e), Keramik, Edelmetall- und Lackarbeiten. Viele der Exponate sind als 'Nationalschatz' oder 'bedeutendes Kulturgut' klassifiziert.
Der schöne Atami-Himenosawa-Park (Autobus vom Bahnhof, 20 Min.) ist besonders zur Blütezeit der Azaleen und Kirschbäume ein lohnendes Ziel.

Kap Uomi

Am Kap Uomi befindet sich das Freizeitzentrum Atami Koraku-en (Autobus vom Bahnhof, 10 Min.) mit Schwimmbad, Angelteichen, Reptiliengarten u.a.
Der beste Blick auf den Ort bietet sich vom nördlich gelegenen Atami-Paß.

Ito

Südlich von Atami führt die reizvolle Küstenstraße (parallel dazu die Ito-Eisenbahnlinie) nach Ito (71 000 Einw.), der zweitgrößten Stadt der Halbinsel. Hier gibt es rund 700 heiße Quellen, die Haushalte und Bäder spei-

Atami-Kunstmuseum

Ito (Fortsetzung)

sen und von denen einige schon seit mehreren Jahrhunderten genutzt werden. 1,5 km südlich des Bahnhofs der Teich Jonoike, östlich davon der Butsugenji-Tempel der Nichiren-Sekte, deren Gründer hier von 1261 bis 1263 im Exil lebte.

2 km südöstlich vom Bahnhof steht ein Denkmal für William Adams (1584–1620), der hier das erste Schiff westlicher Art für Japan baute (Gedenkfest im August).

Omuroyama-Shizenkoen

Vom Bahnhof Ito besteht eine Autobusverbindung (20 Min.) zum Naturpark Omuroyama-shizenkoen im Gebiet eines 321 m hohen Vulkanhügels (schöner Blick auf die Amagi-Berge und die östlich vor der Küste liegende Insel Oshima).

Ippeki

Südwestlich des Naturparks liegt der Kratersee Ippeki (4 km Umfang; Autobus vom Bahnhof 25 Min.), in dem sich die Amagi-Berge spiegeln. Seine Uferlandschaft ist für ihre Kirschblüte bekannt. Östlich der Strand Jogasaki, eine 10 km lange Riasküste vulkanischen Ursprungs. Das Zentrum dieser Region bildet der Izu Ocean Park (Autobus vom Bahnhof Izu-Kogen, 10 Min.) mit mehreren Schwimmbecken.

Interessant ist das Ikeda-Kunstmuseum des 20. Jahrhunderts (Ikeda-nijusseiki-bijutsukan; Autobus vom Bahnhof 25 Min.) mit Werken von Picasso, Chagall, Matisse u.a. sowie mit japanischen Farbholzschnitten.

Kaktusgarten

Am Fuß des Berges Omuro (581 m), der sich südlich des Kratersees erhebt, befindet sich der Izu-Kaktusgarten (Izu-saboten-koen; Autobus von Ito 40 Min.) mit Pfauenzucht und Aussichtsplattform.

Shimoda

Weit im Süden der Ostküste liegt die Hafenstadt Shimoda (32 000 Einw.; Izu-Kyuko-Eisenbahnlinie, ab Ito 1 Std.), Ausgangspunkt von Schiffslinien zu einigen der Sieben Izu-Inseln.

Ortsgeschichte

In der Bucht von Shimoda gingen 1854 die 'Schwarzen Schiffe' des amerikanischen Admirals Matthew Perry (1794–1858) vor Anker, deren Präsenz Japan zur Unterzeichnung des Vertrags von Kanagawa (31. März 1854) und zur Öffnung der Häfen Shimoda und Hakodate für das Ausland veranlaßte. Der erste diplomatische Vertreter der USA in Japan, Townsend Harris (1804–1878), residierte von 1856 bis 1857 hier, verlegte aber dann seinen Amtssitz nach Yokohama, das sich aufgrund eines 1858 mit den USA geschlossenen neuen Handelsvertrags dem Ausland öffnete.

Kakisaki

Der Gyokusenji-Tempel, einst Amtssitz von Townsend Harris, liegt 2 km östlich der Stadt in dem Dorf Kakisaki. Er enthält neben einem Porträt und einigen Erinnerungsstücken an Harris das achtbändige Tagebuch eines Dorfbewohners über das Leben des Diplomaten. Nahebei die Gräber amerikanischer und russischer Seeleute. Mitte Mai findet in Shimoda das dreitägige Fest Kurofune-matsuri zum Gedenken an die Landung von Admiral Perry statt.

Shimoda-Park

Auf einer Anhöhe nahe beim Hafen liegt der Shimoda-Park mit schönem Ausblick auf das Kap Suzaki (Osten). Beim Bahnhof die Talstation einer Seilbahn auf den Berg Nesugata mit Aussicht auf den Südzipfel der Halbinsel Izu. Hier befand sich der Beobachtungsposten, der die in der Bucht ankernden Schwarzen Schiffe kontrollierte.

Hofukuji-Tempel

Unweit vom Bahnhof befindet sich der Hofukuji-Tempel, der angeblichen Geliebten von Harris, Okichi Tojin, gewidmet; ein Porträt und Erinnerungsstücke in einem Tempelanbau.

Südlich vom Bahnhof steht der Ryosenji-Tempel, in dem die Verhandlungen für den japanisch-amerikanischen Vertrag stattfanden. Im Tempel ist eine historische Dokumentation über das Liebesleben der Japaner untergebracht.
Im danebenliegenden Chorakuji-Tempel wurden der japanisch-amerikanische Vertrag sowie das Abkommen mit Rußland unterzeichnet.

Ryosenji-Tempel

Sehenswert ist das in einer Höhle eingerichtete Unterwasser-Aquarium mit mehreren hundert Arten der lokalen Meeresfauna.
In der Nähe des östlich sich erstreckenden Shirahama-Strandes befindet sich die Gedenkhalle Shimoda Kaiko-Kinenkan mit Erinnerungsstücken an die Zeit der Schwarzen Schiffe.

Aquarium

Südwestlich von Shimoda erreicht man den Yumigahama-Strand (Autobus vom Bahnhof 20 Min.), der mit weißem Sand und zahlreichen Pinien zu den schönsten Stränden der Insel zählt.

Yumigahama-Strand

Gleichfalls mit dem Bus (ab Bahnhof Shimoda 25 Min.) erreichbar ist der etwas weiter südwestlich gelegene Badeort Shimogamo-onsen mit einem Tropischen Garten.

Shimogamo-onsen

Südlichster Punkt der Halbinsel Izu ist das Kap Iro (Autobus von Shimoda, 40 Min.), von wo man einen schönen Blick auf die Kette der Sieben Izu-Inseln hat. Nahe beim Kap der Dschungelpark (Jungle-koen; gegenüber dem Leuchtturm) mit über 3000 Pflanzenarten.

*Kap Iro

Zentral-Izu

Ausgangspunkt ist Mishima (99 000 Einw.), Standort des Mishima-Taisha-Schreins (Autobus vom Bahnhof 5 Min.), der als ältester Schrein auf Izu gilt. Zu dem von Wald umgebenen Areal gehört eine Schatzhalle mit Dokumenten aus der Zeit von Minamoto Yoritomo (1147–1199, Begründer des Kamakura-Shogunats) sowie antiken Waffen.
Vom Bahnhof südlich erreicht man zu Fuß in 10 Minuten den Landschaftsgarten Rakuju-en, der während der Meiji-Zeit am einstigen Standort der Residenz des Daimyo Mito Mitsukuni angelegt wurde. In der großzügigen Anlage ein Teich, der von Schmelzwasser der Fuji-Region gespeist wird; ferner eine Halle mit Volkskunst.

Mishima

In Mishima beginnt die Izu-Hakone-Eisenbahnlinie, die nach Süden führt. Mit ihr erreicht man den kleinen Badeort Nirayama (14 000 Einw.) mit Resten einer Burg der Hojo und einer guterhaltenen technischen Ofenanlage, die 1853 für die Fertigung von Feuerwaffen erbaut und von Egawa Tarozaemon (auch Tan'an genannt), dem Provinzverwalter von Izu, geleitet wurde.
1,5 km östlich des Bahnhofs das Egawa-no-ie (Wohnhaus der Familie Egawa), das vor 700 Jahren errichtet wurde.

Nirayama

Noch weiter östlich das große Vergnügungszentrum Izu-Fujimi-Land (Autobus ab Bahnhof 20 Min.; auch Autobus von Mishima, 50 Min.) mit Tropengarten, Sportanlagen u.a.

Die Izu-Hakone-Eisenbahnlinie endet in Shuzenji. 3 km südwestlich (Autobusverbindung) der seit dem 9. Jahrhundert bekannte Badeort Shuzenji-onsen (18 000 Einw.), reizvoll im Tal des Flusses Katsura gelegen, neben Atami und Ito das meistbesuchte Reiseziel der Halbinsel. Der Ort verfügt über zahlreiche Thermalquellen (37–74° C); in seinem Zentrum der Shuzenji-Tempel, der zu Beginn der Heian-Zeit von Kobo-daishi gegründet worden sein soll. Die Schatzhalle enthält Stücke aus dem Haus Minamoto und eine alte No-Maske.

Shuzenji

Shuzenji (Fortsetzung)

Die Maske steht in Zusammenhang mit dem Kabuki-Drama 'Shuzenji-monogatari', das die Ermordung von Minamoto Yoriie (1182–1204), dem Sohn des Yoritomo, durch Hojo Tokimasa (1138–1215) schildert. Der Tempel war auch Ort der Ermordung von Minamoto Noriyori (1156–1193) durch seinen Bruder Yoritomo, Begründer des Kamakura-Shogunats. Noriyori und Yoriie sind hier beigesetzt; neben dem Grab des letzteren auf der gegenüberliegenden Flußseite der kleine Tempel Shigetsuden.

*Daruma

Westlich des Ortes erhebt sich der 982 m hohe Berg Daruma (Autobus vom Bahnhof Shuzenji bis zum Fuß des Berges 30 Min.; Aufstieg 1 Std.). Vom Gipfel Blick auf den Fuji und die Suruga-Bucht. Ein schöner Wanderweg verläuft parallel zu der Straße Nishi-Izu Skyline Drive.

Yugashima

Von Shuzenji führt eine Straße (auch Autobuslinie) südlich in die Amagi-Berge. An deren Nordwestfuß liegt der kleine Ort Yugashima (9000 Einw.; Autobus ab Bahnhof Mishima 1 1/4 Std.) mit mehreren Thermalquellen (45–58° C); in der reizvollen Umgebung die 25 m hohen Joren-Wasserfälle (2,5 km südlich, Autobus), die von einer hinter dem Wasservorhang gelegenen Höhle aus betrachtet werden können.

Amagi-Berge

Südöstlich von Yugashima erstreckt sich das Gebiet der Amagi-Berge, einer Gruppe von erloschenen Vulkanen. Die von Norden kommende Straße erreicht den Amagi-Paß (800 m), wo östlich die Straße in die Bergregion abzweigt. Der höchste Gipfel ist der 1407 m hohe Banzaburo; der Banjiro erreicht 1300, der Hoko 1024 Höhenmeter. Die dichtbewaldeten Kuppen sind wegen ihres reichen Wildbestandes ein beliebtes Jagdrevier.

Wanderung

Eine lohnende Wanderung (etwa 6 Std.) führt vom Amagi-kogen Golf-jo (Autobus von Ito, 1 Std.) zum Banjiro, dann weiter über den Banzaburo zu dem romantischen Bergsee Hacho-ike in Gipfelnähe, der im Herbst besonders schön ist, und weiter zum Amagi-Paß.

Westküste der Halbinsel Izu

Numazu

Die Stadt Numazu (210 000 Einw.) im Nordwesten der Halbinsel ist Ausgangshafen für die Küstenschiffahrt und Startpunkt für Autobusrundfahrten auf Izu sowie zu den Fuji-Seen. 1,5 km südwestlich des Bahnhofs der Badestrand Sembon-Matsubara ('Strand der tausend Föhren'). Die Bäume sollen im 16. Jh. von dem Priester Zoyo gepflanzt worden sein.

Awashima-Meerespark

Etwa 10 km südlich von Numazu liegt auf einer kleinen Insel in der Bucht von Uchiura der Awashima-Meerespark (Awashima-kaiyo-koen; Autobus von Numazu, 35 Min.) mit zahlreichen Freizeiteinrichtungen.

Mito

Nahebei (an der gleichen Autobuslinie) der Ort Mito. Am Strand das Mito-Aquarium (Mito-tennen-suizokukan) mit zahlreichen Becken, einer Delphinschau und einer durch Netze vom Meer abgetrennten Freiwasserzone.

Ausflug

Ein schöner Ausflug führt zum Kap Ose (auch Autobus von Numazu, 1 1/2 Std.), das sich als kleine Landzunge weit ins Meer vorschiebt. Hier bietet sich ein eindrucksvoller Blick auf den Fuji. Sehenswert ist ferner der Ose-Schrein, dem Gott der Seefahrer geweiht. Das Kap wird von einer hübschen Promenade umzogen.

Toi
Matsuzaki

Der einzige Thermalbadeort an der Westküste ist Toi (7000 Einw.; Schiffsverbindung von Numazu, 1 1/2 Std.; Eisenbahn von Shuzenji, 1 Std.) mit schönem Strand. Von hier empfiehlt sich eine Autobusfahrt südlich entlang der zauberhaften Küste zu dem Ort Matsuzaki, der durch seine Strände und das milde Klima bekannt ist.

Küstenlandschaft in Izu

4 km südlich (Autobus, 10 Min.) das Dogashima-Orchideenzentrum (Dogashima-yoran-center) mit 23 Gewächshäusern. Die sich anschließende Küste zeigt bizarre Felsen und Brandungshöhlen, die in der Vorzeit bewohnt gewesen sein sollen. Orchideenzentrum

Von Matsuzaki verkehren ein Autobus (zweimal täglich; 40 Min.) und ein Küstenboot (45 Min.) zum Kap Hagachi mit einer mehrere hundert Meter hohen Steilküste, an der wilde Affen leben (Hagachizaki Wild Monkey Park). Kap Hagachi

Die Sieben Izu-Inseln

Als geologische Fortsetzung der Vulkankette von Fuji und Hakone erstrekken sich die Sieben Izu-Inseln (Izu-Shichito) nach Süden in den Pazifik. Die verwaltungsmäßig zu Tokyo gehörende Gruppe umfaßt (von Norden nach Süden) die Inseln Oshima, Toshima, Niijima, Kozushima, Miyakejima, Mikurajima und Hachijojima.

Die größte Insel ist mit 90 km² das 117 km südwestlich von Tokyo bzw. 41 km östlich von Shimoda gelegene Oshima (35 000 Bew.). Die Schiffe von Tokyo legen in Okada an der Nordküste an, von wo Autobusverbindungen nach den übrigen Inselteilen bestehen. Verwaltungs- und Verkehrszentrum der Insel ist der Hafenort Motomachi, Anlegestelle der von Atami und Ito kommenden Schiffe. Oshima

Von beiden Orten verkehren Autobusse zu dem tätigen Vulkan Mihara, der höchsten Erhebung (seit einem heftigen Ausbruch im Jahr 1986 von 758 auf 762 m Höhe gewachsen) von Oshima. Vom Gipfel schöner Blick auf den Fuji und auf die Gruppe der Sieben Inseln. Mihara

Izu (Fortsetzung), Oshima-Park

Von Okada gelangt man in 15 Minuten (Autobus) zum Oshima-Park mit Zoo, Campinggelände und Freizeiteinrichtungen. In seinem südlichen Teil die Gyoja-Höhle mit einer Steinskulptur, die den buddhistischen Asketen En-no-Ozunu (7./8. Jh.) darstellt.

Habuminato

Im Süden liegt Habuminato, der wichtigste Fischereihafen der Insel, an einer von einem abgesunkenen Krater gebildeten Bucht.

Inselrundfahrten werden täglich durchgeführt. Ausgangsorte sind Okada und Motomachi, die Dauer beträgt etwa 6 Stunden.

Toshima

20 km südwestlich von Oshima liegt Toshima (Schiffsverbindung von Oshima dreimal wöchentlich). Gute Bademöglichkeiten bietet der Maehama-Strand an der Nordküste. Die nur 8 km Umfang messende Insel ist bekannt für ihre schöne Kamelienblüte (Februar/März).

Niijima

Niijima (Schiffsverbindung von Oshima dreimal wöchentlich) besitzt gleichfalls gute Badestrände, vor allem an der Nord- und Westküste.

Kozushima

Kozushima (Schiffsverbindung von Oshima dreimal wöchentlich, im Sommer auch direkt von Tokyo) bietet neben den Badestränden Tako-wan und Nagahama im Norden sowie Sawajiri im Osten auch Möglichkeiten für das Hochseeangeln (Anmeldung im Büro der Boat Union an der Anlegestelle Maehama).

Miyakejima

Miyakejima (Schiffsverbindungen von Oshima und direkt von Tokyo) ist aus Lava aufgebaut, weshalb die Strände aus schwarzem Sand bestehen. Die besten Badeplätze befinden sich an der Nordküste, während im Süden gute Angelgründe zu finden sind.

Mikurajima

Von hier aus ist die nur etwa 200 Bewohner zählende Insel Mikurajima zu erreichen, in deren Westteil sich ein 100 m hoher Wasserfall befindet. Die Südküste besteht aus steilen Klippen.

Auf Mikurajima gibt es keine öffentlichen Verkehrsmittel.

Hachijojima

Im Süden schließt Hachijojima (11 000 Bew.) die Inselkette ab (Schiffsverbindungen von Oshima sowie direkt von Tokyo, von dort auch Flugverbindung). Höchste Erhebung dieser mit 70 km² zweitgrößten Insel des Archipels ist der 854 m hohe Nishi (auch Hachio-Fuji), wie der 701 m hohe Higashi (auch Mihara) ein erloschener Vulkan.

Autobusrundfahrten starten in dem Ort Hachijo.

**Kaiserpalast E 4

Japanische Entsprechung

皇居

Lage
1-1 Chiyoda, Stadtbezirk Chiyoda-ku

S-Bahn-Station
Hauptbahnhof (Yamanote-Linie)

U-Bahn-Station
Otemachi (Chiyoda-, Mita-, Tozai-Linien)

Den Hauptanziehungspunkt im Stadtviertel ⟶ Marunouchi bildet ohne Zweifel der Kaiserpalast mit seinen von Wallmauern und Wassergräben (noch von 1613) umgebenen Parkanlagen, Domizil der kaiserlichen Familie. Er erhebt sich an der Stelle, an der der Feudalherr Ota Dokan 1457 eine erste Festung errichtete, die zum Mittelpunkt der sich ausbreitenden Stadt Tokyo (damals Edo) wurde. Nachdem Tokugawa Ieyasu sie 1590 erworben hatte, baute er sie zum stärksten Bollwerk des Landes aus. Bei einer Brandkatastrophe 1657 zum größten Teil zerstört, wurde die Burg nur teilweise wieder aufgebaut. Bis 1868 war der prächtige Palast Sitz des Shoguns der Tokugawa; mit Wiederherstellung der kaiserlichen Macht und Umsiedlung der Regierung von Kyoto in das jetzt umbenannte Tokyo ('öst-

Kaiserpalast

liche Hauptstadt') wurde er kaiserliche Residenz. Nach Zerstörung in den Jahren 1873 und 1945 entstand er in traditioneller Bauweise (Flachbau) neu.

In das Innere der Palastanlage führt die Brücke Nijubashi. Ihren Namen 'Doppelte Brücke' erhielt sie aufgrund ihres sich im Wasser spiegelnden Bildes. Die die Palastanlage einfassende Mauer (sie ist zwei Meter dick) wird durch Tore unterbrochen, von denen das südliche Sakurada-mon einst den Haupteingang bildete, das Tor Sakashita-mon heute das Kaiserliche Haushaltsamt beherbergt und die drei Tore Ote-mon, Hirakawa-mon und Kita-Hanebashi-mon in den Higashi-Gyo-en (Ostteil des Parks) führen, der der Öffentlichkeit zugänglich ist. Bis zum Ende des letzten Krieges war es Sitte, daß alle Fahrgäste der Busse und Straßenbahnen, wenn sie an den Palastmauern vorüberfuhren, dem Befehl des Schaffners Folge leisteten: "Kyojo mai ni!" ("Man verbeuge sich!").

Die einzelnen Gebäude des Palastes sind der Hauptbau (Kyuden), das Wohngebäude Fukiage-gosho und die drei Palastbauten Kashikodokoro, Koreiden und Shinden. Im Palast befinden sich ein Krankenhaus, ein Luftschutzkeller, Tennisplätze und Stallungen für Pferde, ein Friedhof, ein Reisfeld, ein Gemüsegarten, ein Hühnerhaus und eine Seidenraupenzucht. Im Palast leben 245 Familien, die zum kaiserlichen Haushalt gehören.

Für die Bevölkerung ist der Palast nicht zugänglich. Nur an zwei Tagen im Jahr, am 2. Januar und am 23. Dezember (Geburtstag des Kaisers), kann der Palastgarten vom Volk betreten werden. An diesen Tagen strömen dann die Besucher herbei, um einen Blick auf den Tenno Heika, der sich mehrmals am Tag am Fenster sehen läßt, zu erhaschen und ihm Glück zu wünschen. Eine Besichtigung an anderen Tagen muß beim Kaiserlichen Haushaltsamt (Kunaicho) beantragt werden (1-1 Chiyoda, Chiyoda-ku).

Öffnungszeiten
Higashi-Gyo-en
Garten: Di.–Do.
9.00–16.00
Palastgarten:
2. 1., 29. 4.

Doppelbrücke Nijubashi in den Anlagen des Kaiserpalastes

Kaiserpalast (Fortsetzung)

Der östliche Higashi-Gyo-en-Garten oder Imperial Palace East Garden, in dem einige alte Bauten beachtenswert sind, kann dagegen dienstags bis donnerstags von 9.00 bis 16.00 Uhr (Einlaß nur bis 15.00 Uhr) besucht werden.
Früher gehörte noch der Kinomaru-Park zum Palastgelände (jetzt durch eine Autobahn abgeschnitten).
Im April und Oktober ist die Musikhalle (Togakudo) des Palastes für Bunraku- und Gagaku-Aufführungen geöffnet. Um eine Eintrittskarte zu erhalten, muß man eine schriftliche Vorbestellung (mit frankiertem Rücksendeumschlag) an das Kaiserliche Haushaltsamt (Kunaicho; s. oben) schicken. Die Veranstaltungstermine werden in den Zeitungen bekanntgeben; auch das Japan Travel Bureau informiert hierüber.

**Kamakura

Ausflugsziel

Japanische Entsprechung

鎌 倉

Lage
50 km südwestlich von Tokyo

Die einstige Hauptstadt von Japan, Kamakura, liegt rund 40 km südwestlich von Tokyo an der Sagami-Bucht. Auf drei Seiten ist sie von bewaldeten Hügeln umgeben; nach Südosten erstreckt sich die Halbinsel Miura in den Pazifik.

Anreise

Eisenbahn: Von Tokyo (Hauptbahnhof) JR-Yokosuka-Linie über Yokohama (1 Std.).

*Stadtbild

Dank seiner zahlreichen Sehenswürdigkeiten ist Kamakura ein vielbesuchtes Touristenziel; das milde Klima und die Badestrände ziehen im Sommer Gäste aus dem Raum Tokyo–Yokohama an. Noch vor 30 Jahren war

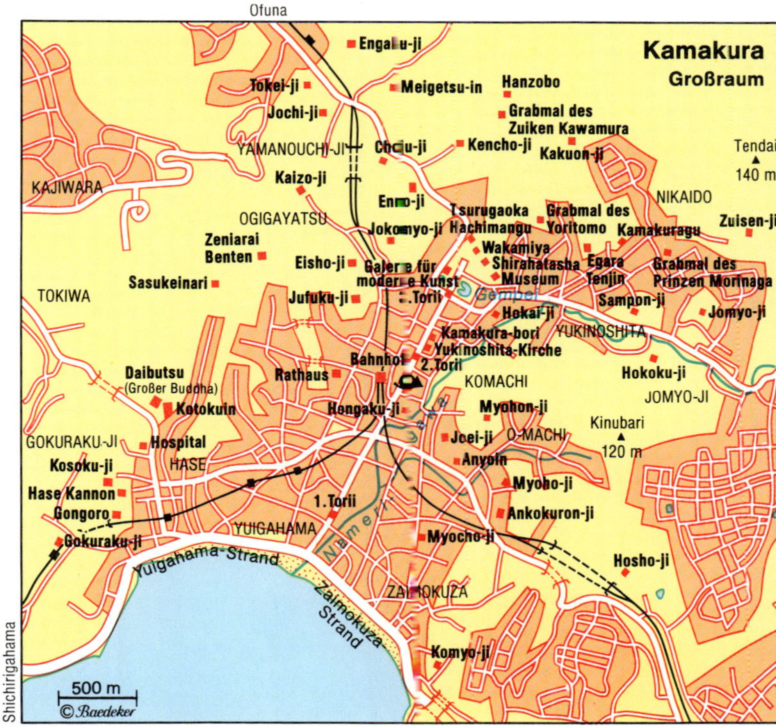

Kamakura ein kleiner Badeort; es hat sich aber inzwischen zu einem Wohnvorort von Tokyo und Yokohama entwickelt, in dem zahlreiche Intellektuelle leben.

Allgemeines (Fortsetzung)

In Kamakura gibt es 65 Tempel und 19 Schreine sowie zahlreiche Kunstschätze. Eine von der Küste nach Norden verlaufende Straße, die Wakamiya-oji, teilt das Stadtgebiet.

Das bekannteste Produkt sind die lacküberzogenen Holzschnitzarbeiten 'Kamakura-bori' (Demonstration des Herstellungsverfahrens in der Kamakura-bori-Kaikan-Halle).

Geschichte

Aus der Vernichtungsschlacht der Minamoto gegen die Taira bei Dannoura (1185) als Sieger hervorgegangen, erklärte Minamoto Yoritomo (1147 bis 1199) im Jahre 1192 die Stadt Kamakura zum Sitz seiner Militärregierung (Kamakura-bakufu), um dem dekadenten Hofleben von Kyoto zu entgehen. Überdies sicherte er so seine Macht über den ganz unter seiner Kontrolle stehenden Osten des Landes. Er begründete eine strenge Ritterkultur, und bis 1333 blieb Kamakura Zentrum des vom Schwertadel getragenen Feudalismus. Nach dem Tod Yoritomos übernahmen zunächst seine Söhne Yoriie und Sanetomo die Shogunatsmacht, aber mit ihrer Ermordung starb das Geschlecht der Minamoto aus. Der Clan der Hojo riß die Macht an sich. Der Niedergang der Hojo als Landesherrscher war von heftigen Kämpfen begleitet, in deren Verlauf die Stadt weitgehend zerstört wurde. Während der folgenden Muromachi-Zeit (1338–1573) erlebte Kamakura unter der Herrschaft der Ashikaga-Shogune eine neue Blüte als Verwaltungssitz der Ostprovinzen, doch durch die Verlegung der Verwaltung nach Odawara wurde es bald wieder zu einem stillen Fischerdorf.

Sehenswertes

Jufukuji-Tempel

Vom Bahnhof Kamakura im Stadtzentrum gelangt man 500 m nördlich zum Jufukuji-Tempel der Rinzai-Sekte, der im Jahre 1200 von Masako, der Gattin des Yoritomo, gegründet wurde und einst zu den fünf großen, auf Hügeln gelegenen Zen-Tempeln (Kamakura-gozan) gehörte (die anderen sind Kenchoji, Engakuji, Jochiji und Jomyoji). Von der Tempelanlage existiert nur noch die rekonstruierte Haupthalle mit einer Holzstatue des Jizo, des Schutzgottes der Kinder. Auf dem Hügel hinter dem Tempelgelände die Gräber von Masako und ihrem Sohn Minamoto Sanetomo (1192 bis 1219).

Eishoji-Tempel

Unweit nördlich der Eishoji-Tempel mit einem Nonnenkloster, welcher der Jodo-Sekte zugehört und 1636 von Eisho, der Gemahlin des Tokugawa Ieyasu, gegründet wurde.

Zeniarai-Benten-Schrein

Vom Bahnhof Kamakura westlich gelangt man zu Fuß (20 Min.) zum Zeniarai-Benten-Schrein, der Glücksgöttin Benten geweiht. Die zur Zeit der Schlange (eines der orientalischen Tierkreiszeichen) in der Quelle des Schreins gewaschene Geldmenge soll sich nach dem Volksglauben verdoppeln oder verdreifachen. Die zu der geweihten Höhle führenden Torii sind von dankbaren Gläubigen gestiftet.

**Tsurugaoka-Hachiman-Schrein

Nordöstlich vom Bahnhof befindet sich der Tsurugaoka-Hachiman-Schrein (Autobus, 3 Min.). Die zum Heiligtum führende Straße Wakamiya-Oji, von drei Torii unterteilt, verengt sich gegen Norden, so den perspektivischen Eindruck großer Entfernung verstärkend. Zwischen dem zweiten und dritten Torii ist die Straße von Kirschbäumen und Azaleen gesäumt.
Der Tsurugaoka-Hachiman-Schrein wurde im Jahre 1063 von Minamoto Yoriyoshi (998-1075) gegründet, aber erst 1191 durch Yoritomo an seinen heutigen Standort versetzt. Er ist dem besonders während der Kamakura-Zeit verehrten Kriegsgott Hachiman geweiht, der mit dem legendären Ojin-tenno identifiziert wird und Schutzgott der Minamoto war. Die heutigen Schreingebäude, 1828 entstanden, repräsentieren den prunkvollen Stil der Momoyama-Zeit (1573–1600). Im Schrein befinden sich wertvolle Kunstschätze, darunter Rüstungen, Schwerter und Masken. Links von der zum Schrein führenden Steintreppe steht ein 22 m hoher Ginkgo-Baum von 7 m Stammumfang. Er bezeichnet die Stelle, an welcher Sanetomo, der dritte Kamakura-Shogun, im Jahre 1219 von seinem Neffen Kugyo ermordet wurde.
Rechts von der Treppe befindet sich der Nebenschrein Wakamiya (1624), dem Nintoku-tenno, Sohn des Ojin, geweiht. Ein beliebtes Thema der japanischen Literatur ist der Tanz, den Shizuka, die Geliebte des Minamoto Yoshitsune (1159–1189), hier zur Erbauung von dessen Bruder Yoritomo vorführen mußte. Sie sollte hier gezwungen werden den Aufenthaltsort des geflüchteten Yoshitsune zu verraten.
Nahe beim Nebenschrein liegt der Shirahatasha, die Gedenkstätte für Yoritomo und Sanetomo. Der Name des Schreins bedeutet 'Weißes Banner' und leitet sich vom Banner der Minamoto her.

*Museum

Rechts des Schreins das Städtische Museum (Kamakura Kokuhokan), 1928 im Stil des Shosoin von Nara erbaut, mit Kunstschätzen lokaler Tempel und Schreine sowie privater Sammlungen aus der Kamakura- und Muromachi-Zeit; ferner zahlreiche Ukiyo-e-Holzschnitte. Daneben das 1951 errichtete und 1966 erweiterte Museum für moderne Kunst.

Grab des Yoritomo
Kamakura-Schrein

500 m nordöstlich des Schreins bezeichnet eine 1,60 m hohe, von einer Steinmauer umgebene Pagode die Grabstätte von Yoritomo, dem Begründer des Kamakura-bakufu. Von hier in östlicher Richtung erreicht man den Kamakura-Schrein (auch Autobus vom Bahnhof Kamakura, 10 Min.), 1869

◀ *Der Große Buddha von Kamakura*

Kamakura-Schrein (Fortsetzung)

inmitten eines Hains erbaut und dem Prinzen Morinaga (1308–1335) geweiht, mit sehenswertem Schatzhaus. Morinaga, Sohn des Godaigo-tenno, wurde wegen seines Versuches, die Macht für das Kaiserhaus zurückzugewinnen, in einer nahegelegenen Höhle vom Bruder des herrschenden Shogun ermordet. Sein Grab befindet sich auf dem 200 m östlich gelegenen Hügel Richikozan.

Kakuonji-Tempel

700 m nördlich des Kamakura-Schreins liegt der 1218 unter Hojo Yoshitoki erbaute Kakuonji-Tempel der Shingon-Sekte (Sen-yuji-Schule).
In der Halle Aisendo befinden sich u.a. eine Holzstatue des sitzenden Yakushi-nyorai, ihm zur Seite zwei Bosatsu und eine Statue des Jizo, des Schutzpatrons der Kinder.
Die Höhlen (Yagura) in dem hinter dem Tempel gelegenen Hügel werden aufgrund von Knochenfunden als alte Begräbnisstätten gedeutet.

Zuisenji-Tempel

1 km östlich des Kamakura-Schreins erreicht man den Zuisenji-Tempel (Zen-Tempel) der Rinzai-Sekte (Engakuji-Schule), der in einer begrünten Hügellandschaft liegt. Sein Garten, von Muso-Kokushi (auch Soseki, 1275–1351) angelegt, ist ein berühmtes Beispiel für die vom Zen-Buddhismus geprägte Gartenarchitektur der ausgehenden Kamakura-Zeit. Auch der Tempel selbst ist eine Gründung von Muso-Kokushi, wurde aber im 14. Jahrhundert erneuert. Die in der Gründerhalle aufbewahrte 1 m hohe Holzstatue des Muso-Kokushi ist eines der schönsten Kunstwerke der Muromachi-Zeit.
Von dem hinter dem Tempel liegenden Hügel schöner Blick auf die Stadt.

Samponji-Tempel

Südlich vom Kamakura-Schrein befindet sich der vermutlich im 8. Jahrhundert gegründete Samponji-Tempel (auch Sugimoto-dera; Autobus vom Bahnhof Kamakura, 7 Min.), der drei Holzstatuen der Elfköpfigen Kannon (zwei davon vermutlich aus der Heian-Zeit) enthält. Als einstiger Ausgangspunkt der Pilgerfahrten zu den 33 Kannon-Tempeln der Kanto-Region ist der Tempel noch immer unter dem Namen 'Sugimoto-Kannon' bekannt.

Jomyoji-Tempel

350 m östlich von hier (Autobus vom Bahnhof Kamakura, 8 Min.) führt eine Kirschbaumallee zu dem 1188 von Ashikaga Yoshikane († 1199) gegründeten Jomyoji-Tempel, einem der fünf großen Zen-Tempel von Kamakura.

Südöstlich vom Bahnhof Kamakura liegen mehrere Tempel der Nichiren-Sekte. Der aus Kominato auf der Halbinsel Boso stammende Nichiren Shonin (1222–1282) begann nach dreijährigem Klosterleben in Kyoto mit der Verbreitung seiner Lehre in seinem Heimatort. Aufgrund seiner Doktrin von dort vertrieben, gründete er 1253 die Nichiren-Hokke-Sekte, richtete die Einsiedelei ein und schrieb innerhalb von drei Jahren u.a. die erwähnte Streitschrift. Seine Kritik an der Staatsmacht und Angriffe gegen andere Sekten führten zu seiner Verbannung auf die Halbinsel Izu (1261–1263). Nach seiner Rückkehr führte er die Durchsetzung seiner Lehre fort. Nur knapp einer Hinrichtung entgangen, wurde er 1271 auf die Insel Sado verbannt, wo er weitere Schriften verfaßte, u.a. das 'Kaimokusho' (1272). Von 1274 bis zu seinem Tod lebte er in dem abgeschiedenen Tempel Kuon-ji am Hang des Berges Minobu (westlich des Fuji) und dem von ihm gegründeten Hommonji-Tempel in Ikegami (heute Tokyo).

Myohonji-Tempel

Zu Fuß erreicht man in etwa 10 Minuten den Myohonji-Tempel, der von Hiki Yoshimoto (später Priester Nichigaku), einem Nichiren-Schüler, gegründet wurde.

Ankokuronji-Tempel

Unweit südlich von hier steht der 1274 an der Stelle der Einsiedelei von Nichiren gegründete Ankokuronji-Tempel (auch Autobus vom Bahnhof, 5 Min.), zu dessen bedeutendsten Schätzen eine alte Abschrift der von Nichiren verfaßten, gegen andere Sekten gerichteten Streitschrift 'Rissho-ankokuron' gehört.

Myohoji-Tempel

Nördlich nahebei der Myohoji-Tempel mit der Halle Hokke-do.

Komyoji-Tempel

Weit im Südosten der Stadt (Autobus vom Bahnhof Kamakura, 10 Min.) liegt der 1243 gegründete Komyoji-Tempel der Jodo-Sekte, in welchem eine Reihe wertvoller Bilder und Bildrollen aufbewahrt wird. Auf dem Gelände ein schöner Lotosteich.

**Großer Buddha

Die bekannteste Sehenswürdigkeit von Kamakura, der Große Buddha (Daibutsu), steht im Südwesten der Stadt (Autobus vom Bahnhof Kamakura, 10 Min.). Er gehört zum Kotokuin-Tempel der Jodo-Sekte.
Der Große Buddha, die aus Bronze gefertigte Sitzfigur des Amida, ist nach dem Daibutsu des Todai-ji in ⟶ Nara die zweitgrößte Statue Japans. Sie ist 11,40 m hoch und hat eine Masse von 93 t. Sie gilt als schönste und vollkommenste aller Buddha-Statuen des Landes. Die Statue wurde 1252 von Ono Goroemon oder Tanji Hisamoto gegossen und war von einer großen Halle umbaut, die 1369 durch ein Unwetter zerstört und deren Reste 1495 von einer Flutwelle weggespült wurden.
Die Handstellung (Mudra) drückt Festigkeit des Glaubens aus.

*Hase-Kannon

Unweit südwestlich der Tempel Hase-Kannon der Jodo-Sekte. In seiner Haupthalle die Statue der Elfköpfigen Kannon. Die 9,3 m hohe vergoldete Holzstatue soll im Jahre 721 von dem Priester Tokudo aus der Hälfte eines alten Kampferbaumes geschnitzt worden sein (aus der anderen Hälfte die Kannon-Statue des Hase-dera in ⟶ Nara). Im Tempelbesitz ist auch die 1264 gegossene drittälteste Glocke der Stadt. Vom Tempel bietet sich ein schöner Blick auf die Strände im Süden von Kamakura.

Gokurakuji-Tempel

Weiter südwestlich liegt der Gokurakuji-Tempel (Enoden-Privatbahnlinie vom Bahnhof Kamakura). Außer verschiedenen Tempelschätzen wie der Shakyamuni-Statue blieb von dem 1259 durch Hojo Shigetoki (1198–1281) gegründeten Heiligtum kaum etwas erhalten.

Der Daibutsu ist die zweitgrößte Buddha-Statue Japans

Kamakura (Fortsetzung), Strände

Südlich jenseits der Eisenbahnlinie befinden sich die Strände Yumigahama (östlich) und Shichirigahama (westlich), letzterer mit schöner Sicht auf Enoshima. Der 2 km lange Yumigahama, einer der schönsten Strände um Tokyo, ist Anfang August Schauplatz des turbulenten Stadtfestes.

**Engakuji-Tempel

Der nördlich außerhalb des Stadtbezirks gelegene Bahnhof Kita-Kamakura ist Ausgangspunkt für den Besuch des unweit östlich gelegenen Engakuji-Tempels. Dieser der Rinzai-Sekte zugehörende Tempel, Zentrum der Engakuji-Schule, wurde 1282 von Hojo Tokimune gegründet und von einem chinesischen Abt geleitet. Trotz der schweren Schäden, die das Erdbeben von 1923 verursacht hatte, blieb die 1285 erbaute Reliquienhalle (Shariden) als bestes Beispiel für die kraftvolle Architektur der Kamakura-Zeit erhalten. Hier befindet sich ein kostbares Quarzreliquiar mit einem Zahn Buddhas (nur von 1. bis 3. Januar zugänglich).
Im Glockenturm rechts des zweistöckigen Tores eine 1301 gegossene Glocke, mit 2,60 m Höhe die größte der Stadt. Hinter dem Hauptgebäude die Grabstätte des Tokumine; hübsch gelegen das Teehaus (Butsunichi-an) mit dem Teeraum (Ensoku-an) und einem angrenzenden Garten.

Tokeiji-Tempel

Südlich des Bahnhofs Kita-Kamakura (zu Fuß 5 Min.) der Tokeiji-Tempel der Rinzai-Sekte (Engakuji-Schule). Nach einem Gesetz des Hojo Sadatoki (1271–1311) galten von ihren Männern mißhandelte Frauen mit dem Eintritt in dieses Nonnenkloster als geschieden. Dadurch erhielt der Tempel den Namen 'Enkiridera' (Scheidungstempel). Erste Äbtissin war die Tempelgründerin, Witwe des Sadatoki. Die Haupthalle enthält eine hölzerne Statue der Sho-Kannon.

Jochiji-Tempel

Ein Fußweg führt zu dem unweit südlich in einem alten Zypressenwald gelegenen Jochiji-Tempel der Rinzai-Sekte. Auch dieser (1283 von Hojo Morotoki gegründet) gehört zu den fünf großen Zen-Tempeln von Kamakura. Die von dem Bildhauer Unkei stammende Holzstatue des Jizo (Schutzgott der Kinder) überdauerte als einziger Tempelschatz das Erdbeben von 1923. Neben dem Tempeltor eine der 'Zehn klaren Quellen' der Stadt.

Kenchoji-Tempel

Südöstlich vom Bahnhof Kita-Kamakura erreicht man den Kenchoji-Tempel (Autobus, 4 Min.; auch Verbindung zum Tsurugaoka-Hachiman-Schrein, 6 Min.), der von hohen Zedern umgeben ist. Gründer des 1253 für den chinesischen Priester Tai Chiao (japan. Daigaku-zenji) erbauten Tempels war Hojo Tokiyori (1227–1263). Im Jahr 1415 brannten die Tempelbauten ab, wurden aber im Auftrag der Tokugawa im 17. Jahrhundert erneuert. Tor und Haupthalle repräsentieren den chinesischen Stil der Sung-Zeit. Unter den Tempelschätzen erwähnenswert ist die 1255 gegossene zweitälteste Glocke von Kamakura, ferner die Holzstatue des Tempelgründers, ein Meisterwerk der Kamakura-Zeit. Das Grab des Tai Chiao, der unter den Hojo als politischer Berater und geistiger Führer tätig war, liegt auf einer Anhöhe hinter dem Tempel.

Kanda (Stadtviertel) F 4

Japanische Entsprechung

神 田

Lage
im Stadtbezirk Chiyoda-ku

U-Bahn-Station
Jinbocho (Toei-Mita-Linie)

Kanda ist Tokyos berühmtes Buchhändlerviertel. Auf der Yasukuni-Straße, zwischen Surugadai-shita und Kudanshita, gibt es über 100 Buchantiquariate. Damit ist Kanda nicht nur Japans größtes, sondern auch weltweit eines der größten Buchhändlerviertel.

Hier kann der Interessierte Holzdrucke erstehen (z. B. im Geschäft Ohyashobo), Volkskunstbücher kaufen (u. a. im Geschäft Sancha-shobo), sich nach Kalligraphien umsehen (z.B. im Iijima-shoten) sowie Werke japanischer und chinesischer Geschichte und Literatur entdecken (u.a. bei Isseido).

Kanda,
S-Bahn-Station
Ochanomizu
(Chuo-Linie)

Kanda-Myojin-Schrein — F 3

神田明神

Japanische Entsprechung

Auf einer Anhöhe nahe dem Fluß Kanda erhebt sich der shintoistische Kanda-Myojin-Schrein, dessen Ursprung auf das 8. Jh. zurückgehen soll. Die heutigen farbenfrohen sakralen Gebäude wurden 1934 errichtet.
In diesem Schrein wird Masakado Taira, ein Ritter aus dem Kanto-Gebiet, verehrt. Im Volksglauben ist Taira Schutzgott der Bürger.

Das Jahresfest Kanda Matsuri, alle Jahre mit ungerader Zahl am 14. und 15. Mai gefeiert, gehört neben dem Sanno Matsuri des ⟶ Hie-Schreins zu den bedeutendsten religiösen shintoistischen Festen.

Lage
im Stadtbezirk
Chiyoda-ku

S-Bahn-Station
Ochanomizu
(Chuo-Linie)

*Koraku-en-Park — E 3

後楽園

Japanische Entsprechung

Fünf Minuten nördlich des Bahnhofs bzw. südlich der U-Bahn-Station liegt der 7 ha große Koraku-en-Park, eine der schönsten Parkanlagen Tokyos. Der Koraku-en-Park wurde 1626 von Tokugawa Yorifusa (Ahnherr der Tokugawa-Nebenlinie in Mito) angelegt und von dessen Sohn verschönert. Es handelt sich um den ältesten Garten Tokyos überhaupt. Der See kam später hinzu; er entstand im Auftrag des dritten Tokugawa-Shoguns Iemitsu.
Sehenswert sind neben der chinesischen und japanischen Pflanzenkunst der kleine Tempel auf der See-Insel, welcher der Glücksgöttin Benten geweiht ist, sowie das Teehaus Kantokutei, eine kleinere Nachbildung des Originals, das durch das Erdbeben von 1923 zerstört worden war.

Im Osten des Parks breitet sich das gigantische Spiel- und Sportzentrum Koraku-en aus, wo man Schlittschuh laufen, Billard oder Tischtennis spielen oder ein Schwimmbad besuchen kann. Auch die unvermeidlichen Pachinko- und Automatenhallen fehlen nicht.
In billigen Studentenkinos werden ausländische Filme im Original gezeigt.

Lage
im Stadtbezirk
Bunkyo-ku

U-Bahn-Station
Koraku-en
(Marunouchi-Linie)

S-Bahn-Station
Suidobashi
(Chuo-Linie)

Öffnungszeiten
täglich 9.00–17.00

**Kyoto — Ausflugsziel

京都

Japanische Entsprechung

Die von Hügeln umgebene Stadt Kyoto (eingedeutscht Kioto) liegt im mittleren Teil der japanischen Hauptinsel Honshu nahe dem Südwestende des Biwa-Sees; sie bedeckt in dem sich nach Süden öffnenden Becken zwischen den Flüssen Katsura (westlich) und Kamo (östlich) eine Fläche von über 600 km², ist fünftgrößte Stadt des Landes und eines von dessen bedeutendsten Industriezentren. Kyoto ist ferner Hauptstadt der gleichnamigen Präfektur und bildungspolitisches Zentrum von Westjapan (mehrere Hochschulen und Universitäten). Obwohl die Stadt eines der bedeutendsten Reiseziele Japans ist und alljährlich von über 10 Millionen Touristen

Lage
ca. 500 km südwestlich von Tokyo

Allgemeines (Fortsetzung)

besucht wird, hat sich viel von der alten Atmosphäre erhalten. Dies rührt auch daher, daß Kyoto – als einzige japanische Millionenstadt – im Zweiten Weltkrieg unversehrt geblieben ist.

Fast 1100 Jahre lang, von 794 bis 1868, war Kyoto Kaiserresidenz und damit das bedeutendste Kulturzentrum des Landes, wo Architektur, Bildhauerei, Malerei und viele andere Künste zu höchster Blüte gelangten. Schon früh gewann der Buddhismus Einfluß auf das Kunstschaffen, so daß eine große Zahl der erhalten gebliebenen Werke in den alten Tempeln zu finden ist. Noch heute spielt Kyoto in den Religionen Japans eine dominierende Rolle; dreißig Tempel der Stadt sind Zentren der verschiedenen buddhistischen Sekten, und überdies existieren im Stadtbereich rund zweihundert Shinto-Schreine.

Anreise

Kyoto ist Knotenpunkt der JR-Tokaido-Shinkansen- und Hauptlinie, der JR-San-in- und Nara-Linien. Von Tokyo (Hauptbahnhof) JR-Tokaido-Shinkansen-Linie (Hikari 3 Std., Kodama 4 Std.).

Geschichte

Zehn Jahre nach der Verlegung des Regierungssitzes von Nara nach Nagaoka ließ Kaiser Kammu 794 an der Stelle des nordöstlich von hier gelegenen Dorfes Uda die neue Hauptstadt des Reiches anlegen, die zunächst Heiankyo ('Hauptstadt des Friedens'), dann Miyako ('Kaiserliche Residenz') und seit der Meiji-Reform Kyoto ('Hauptstadt') genannt wurde.
Die Stadt wurde, chinesischen Städtebaumustern folgend, auf rechteckigem schachbrettartigem Grundriß angelegt. Umgeben war sie von Mauern und einem doppelten Graben. Die Ausdehnung betrug 5,2 km von Norden nach Süden und 4,4 km von Osten nach Westen. Südlich des Kaiserpalastes Daidairi bildete die 83 m breite Straße Suzaku-oji die Trennungslinie zwischen der östlichen Stadthälfte (Saskyo) und der westlichen Stadthälfte (Ukyo). Den Zugang zur Stadt bildeten 18 Tore. Bereits im Jahre ihrer Gründung soll die Stadt 400 000 Einwohner gehabt haben. Mehrmals wurden Teile der Stadt durch Erdbeben oder Feuer zerstört. Der Kaiserpalast brannte in den Jahren 960, 1177 und 1227 ab und wurde nach dem letzten Brand nicht wieder aufgebaut.
Bereits zu Beginn des 9. Jahrhunderts stand das zunehmend in nichtpolitischen Dingen engagierte Kaiserhaus im Schatten der Familie Fujiwara, die sich aller politischen Schlüsselpositionen bemächtigte. Später geriet das Kaisertum zunehmend unter den Druck der militanten Klöster des Umlandes. Unruhen führten zur Machtübernahme durch die Taira, die ihrerseits 1185 in der Schlacht von Dannoura von den Minamoto vernichtend geschlagen wurden. Minamoto Yoritomo (1147–1199), vom Kaiser zum Shogun ernannt, verlegte den Regierungssitz nach Kamakura, und das entmachtete Kaiserhaus beschränkte sich auf die Förderung von Kunst und Kultur; das Hofleben erreichte ein Höchstmaß an Verfeinerung.
Kaiser Godaigo (1288–1339), der 1318 den Thron bestiegen hatte, setzte sich gegen das Kamakura-Shogunat zur Wehr; sein gegen das Shogunat siegreicher Feldherr Ashigaka Takauji marschierte jedoch 1336 in Kyoto ein, vertrieb Godaigo und setzte Komyo († 1380) als Gegenkaiser ein. 1392 verzichtete die Süddynastie, welche Godaigo im Exil in Yoshino errichtet hatte, auf ihren Machtanspruch, so daß Kyoto als Regierungssitz unangefochten blieb. 1467 entstanden aus dem Streit um die Nachfolge der Ashikaga neue Kämpfe, und am Ende dieser Onin-Kriege (1477) lag Kyoto in Schutt und Asche. Auf kaiserliches Ersuchen zog Oda Nobunaga 1568 in Kyoto ein und nahm den Wiederaufbau des alten Kaiserpalastes und der Stadt in Angriff. Nach seinem Tod setzte Toyotomi Hideyoshi das Werk fort. Die von ihm vollendete Befriedung des Reiches machte eine neue Blütezeit möglich, und Kyoto wurde zum Mittelpunkt der japanischen Renaissance. Gleichwohl blieb die Regierungsgewalt in den Händen der Shogune, und die machtpolitische Bedeutung der Stadt erlosch, als Tokugawa Ieyasu (1542–1616) den Regierungssitz nach Edo, dem heutigen Tokyo, verlegte.

Das Nijo-Schloß aus der Vogelschau ▶

Geschichte (Fortsetzung)

Wieder zerstörten Brandkatastrophen (1708 und 1788) Teile der Stadt, und schwerste Schäden richtete das Erdbeben von 1830 an.
Die Entscheidung des Shogunats in Edo, Japan nach jahrhundertelanger Isolierung dem Ausland zu öffnen, stärkte die Position des gegen diesen Beschluß opponierenden Kaiserhauses und führte es mit der Abschaffung des Shogunats (1867) wieder an die Macht. Doch da Kaiser Meiji 1869 seinen Regierungssitz gleichfalls nach Edo verlegte, änderte sich die Stellung Kyotos nicht. Auf Erlaß des Kaisers blieb es aber weiterhin Krönungsstadt der japanischen Herrscher.

Stadtbeschreibung

Shimogyo-ku

Kyoto Tower Building

Nur wenige Schritte nördlich vom Hauptbahnhof steht im Stadtbezirk Shimogyo-ku das neunstöckige Kyoto Tower Building, das einschließlich des auf dem Dach errichteten Kyoto Tower 131 m hoch ist. Im Erdgeschoß das Tourist Information Center; Aussichtsplattformen.

Higashi-Honganji-Tempel

Unweit nördlich (Karasuma-Shichijo) liegt der Higashi-Honganji, der 1602 gegründete Tempel der Jodo-Shinshu-Sekte, der nach wiederholten Zerstörungen 1859 letztmals erneuert wurde.
Die Gründung der Jodo-Shinshu-Sekte im Jahr 1224 geht auf Shinranshonin (auch Keishin-daishi, 1173–1262) zurück. Dieser hatte mehrere Jahre auf dem Klosterberg Hiei, nordöstlich von Kyoto, verbracht und wurde dann Schüler von Ho-nen, dem Begründer der Jodo-Sekte, der ihn zur Gründung des Jodo-shinshu anregte. Die Kernpunkte der neuen Lehre waren der Glaube an den alles Heil spendenden Amida-Buddha und die Ablehnung des Zölibats. Der zunehmende Einfluß dieser Sekte bewog Tokugawa Ieyasu im Jahre 1602 zur Teilung des Honganji-Tempels; er ließ die Otani-Schule mit Sitz im Higashi-Honganji-Tempel gründen.
Frei zugänglich sind nur die Gründerhalle und die Haupthalle; für die Besichtigung der anderen Gebäude, so auch der Abtresidenz (Shosei-en), ist eine Anmeldung mindestens einen Tag zuvor erforderlich.

Durch das große zweistöckige Tor Daishi-do-mon gelangt man zu der von massiven Holzsäulen getragenen Gründerhalle Daishi-do, die eine angeblich vom Sektengründer selbst geschnitzte Statue des Shinran enthält. Zu deren beiden Seiten die Bildnisse von Äbten der Otani-Schule. Nach Süden zu ist die Halle durch eine Galerie mit der Haupthalle Hondo verbunden, die eine Amida-Statue von der Hand des Künstlers Kaikei enthält. Interessant ist das kleinere verschlossene Nordtor Chokushi-mon (Tor für kaiserliche Gesandte), die Nachbildung eines Tores vom Fushimi-Schloß des Toyotomi Hideyoshi. Neben Amida-Statuen von Shotoku-taishi und Jocho sowie Gemälden von Eshin besitzt der Tempel das von Shinran verfaßte Original der Sektenlehre (Kyogyoshinsho).

Die Abtresidenz Shosei-en (auch Kikokutei), östlich des Tempels an der Straße Kawaramachi-dori gelegen, war ursprünglich ein Teil des Fushimi-Schlosses. Eindrucksvoll ist der Garten aus dem 17. Jahrhundert, der von Ishikawa Jozan und Kobori Enshu angelegt wurde.

**Nishi-Honganji-Tempel

Westlich des Tempels, an der Horikawa-dori (Nishi-Rokujo), steht der Nishi-Honganji-Tempel, Haupttempel der ursprünglichen Jodo-shinshu-Sekte, ein hervorragendes Beispiel buddhistischer Architektur. Auch dieser Tempel ist nur zu einem Teil allgemein zugänglich; Anmeldungen für eine eingehendere Besichtigung nimmt das Tempelbüro entgegen.

Die Haupthalle Hondo, 1760 neu erbaut, umfaßt schmuckvolle Räume mit goldgrundigen Malereien unbekannter Meister der Kano-Schule und enthält eine Amida-Statue von einem Meister der Kasuga-Schule. In den seit-

Botan. Garten
Kongreßzentrum
Kyoto
KAMIGYO-KU
Shokoku-ji
Doshisha-Universität
Imadegawa-dori
Textil-museum
Internationale Schule
Alter Kaiser-palast
Goo-Schrein
Präfektur
Shinmachi-dori
YWCA
Sento-Palast
NHK
Marutamachi-dori
Industrie- und Handelskammer
Karasuma
Ni-jo
Shinsen-en
Ni-jo Jinya
Oike-dori
Heian-Museum
NAKAGYO-KU
Yanaginobanba-dori
Bezirks-gericht
Honno-ji
YMCA
Rokkakudo
dori
Shijo-omiya-Bahnhof
Shijo-dori
Horikawa-
Gojo-dori
Higashi-Hoganji
SHIMOGYO-KU
Nishi-Honganji
Kikokutei-en
Shichijo-dori
Omiya-dori
Hauptbahnhof
To-ji
500 m
© Baedeker
Osaka
Kujo-dori
Nara
Kamo gawa
Shibunkaku-Museum
Deutsch-Japanisches Institut
Higashiichijo-dori
Medizinische Fakultät
Universitäts-klinik
Kyoto Union Church
Chion-ji
Yukawa-Halle
Brit. Kultur zentrum
Universität
Yoshida-Schrein
Shogoin-Tempel
Konkai-Komoyo-ji
Kunsthandw. Zentrum
Butokuden-Halle
St. Maria
Heian-Schrein
OKAZAKI
Kaikan-Halle
Ozaki-Park
Nationalmuseum für Moderne Kunst
Städt. Kunst-museum
Zoo
Kanze-Kaikan-Halle
Higashioji-dori
Pontocho Kaburenjo-Theater
GION
Minamiza-Theater
Gion Kaburenjo-Theater
Kennin-ji
Shoren-in
Chion-in
Yasaka-Schrein
Maruyama-Park
Maruyama-Konzerthalle
Kodai-ji
Ryozen Kannon
Kyoto-Schrein
Yasaka-Pagode
Rokuharamitsu-ji
HIGASHIYAMA-KU
Gojo-dori
Jojuin
Kiyomizu-Tempel
Otani-Mausoleum
Hoko-ji
Route Nr. 1
Kiyomizu
Tokyo
Toyokuni-Schrein
National-museum
Myohoin
Chishaku-in
Imahiei-Schrein
Sanjusangendo-Halle
Yogen-in
Kunsthochschule
Rokujo
Tofuku-ji
Sennyu-ji

Nishi-Honganji-Tempel (Fortsetzung)

wärts liegenden Räumen befinden sich Statuen von Shotoku-taishi (573–621) und dem Priester Ho-nen (1133–1212). Die 1636 erbaute Gründerhalle Daishi-do birgt ein besonderes Heiligtum der Sekte: eine Sitzstatue des Shinran, vermutlich eine Selbstdarstellung aus dem Jahr 1244. Nach dem Tod des Shinran wurde sie mit einem Überzug aus Lack versehen, dem seine Asche beigemischt war. Zu beiden Seiten die Bildnisse der ihm nachfolgenden Äbte. Über dem Halleneingang eine Inschrift von der Hand des Kaisers Meiji mit den beiden Schriftzeichen ‘Ken-shin’. Vor der Gründerhalle das schöne Tor Seimon.

Besonders sehenswert ist die Schatzhalle Daishoin, einst zu dem weit im Süden der Stadt gelegenen Fushimi-Schloß gehörend und 1632 zusammen mit dem reich geschnitzten Tor Kara-mon an ihren heutigen Standort verbracht. Die einzelnen Räume sind nach den sie schmückenden Wand- und Deckengemälden benannt, welche zum überwiegenden Teil aus der Kano-Schule stammen. Der Sperlingsraum (Suzume-no-ma) wurde von Maruyama Ozui und Kano Ryokei ausgestaltet; die (erheblich beschädigten) Malereien im Raum der Wildgänse (Gan-no-ma) stammen von Kano Ryokei; im Chrysanthemen-Raum (Kiku-no-ma) die in Gold und Weiß gehaltenen Blumenbilder von Kaiho Yusetsu (17. Jh.) sowie Werke von Kano Hidenobu und Kano Koi; der Storchenraum (Ko-no-ma), von Kano Tanyu, Kano Ryokei und Maruyama Okyo ausgeschmückt, diente als Audienzzimmer des Abtes; gleichfalls aus dem Fushimi-Schloß stammt der Raum Shimei-no-ma (auch Siro-shoin) mit Werken von Kano Koi, Kaiho Yusetsu und Kano Ryotaku.

Nahebei steht die Halle Kuro-Shoin mit von Kano Eitoku bemalten Schiebetüren; ferner eine vom Fushimi-Schloß hierher verbrachte No-Bühne. Etwas abseits in der südöstlichen Ecke des Tempelareals steht der Hiunkaku-Pavillon (16. Jh.) mit Gemälden von Kano Tanyu, Tokuriki Zensetsu, Kano Eitoku, Kano Sanraku und Kano Motonobu; er umfaßt u.a. den Teeraum des Hideyoshi.

Minami-ku

*Toji-Tempel

Südlich vom Nishi-Honganji, jenseits der Eisenbahnlinie, steht im Bezirk Minami-ku der Toji-Tempel (auch Kyoo-gokokuji), eine Gründung von 796. Im Jahre 823 wurde das Heiligtum dem Gründer der Shingon-Sekte, Kobo-daihsi, übergeben. Nach den Zerstörungen des Bürgerkrieges (15. Jh.) wurde der Tempel erneuert; die Haupthalle, 1603 von Toyotomi Hideyori erbaut, ist eines der größten buddhistischen Bauwerke, die aus der Momoyama-Zeit erhalten geblieben sind. Auf Tokugawa Iemitsu geht die Errichtung der 56 m hohen fünfstöckigen Pagode zurück. Sehenswert sind ferner die Gründerhalle (1380), das Tor Rengemon (1191) und die 1598 erbaute Vortragshalle. Das Tempelmuseum, 1197 in der das Raumklima regelnden Technik des Azekura-zukuri (⟶ Nara) erbaut, beherbergt bedeutende Kunstwerke.

Higashiyama-ku

**Sanjusangen-do

Östlich vom Hauptbahnhof erreicht man den Bezirk Higashiyama-ku. Jenseits des Flusses Kamo zunächst der Sanjusangen-do (auch Rengyoin-Tempel; 1164 gegr.), dessen Gebäude 1266 nach einem Brand erneuert wurden. Der Name des Tempels (Sanju-San = dreiunddreißig) leitet sich von den 33 Zwischenräumen zwischen den tragenden Pfeilern her. Sein bedeutendstes Kunstwerk ist das hölzerne Sitzbild der Tausendhändigen Kannon, die von den Statuen ihrer 28 Jünger und weiteren 1001 kleinen Kannonstatuen flankiert ist. Alle diese Plastiken sind Werke von Unkei, Tankei und deren Schülern. In der rückwärtigen Galerie befinden sich Skulpturen aus der Heian- und Kamakura-Zeit.

Sanjusangen-do

*Nationalmuseum

Nördlich gegenüber steht das 1897 errichtete Nationalmuseum, dessen drei Abteilungen den Gebieten Geschichte, Kunst und Kunsthandwerk gewidmet sind.

Chisaku-in-Tempel

Östlich, jenseits der Straße Higa-Shioji-dori, gelangt man zum Chishaku-in-Tempel, dem Hauptheiligtum der zur Shingon-Sekte gehörenden Chizan-Schule. Der ursprünglich in der Provinz Kii (heute Präfektur Wakayama) errichtete Tempel wurde 1598 im Auftrag von Tokugawa Ieyasu hierher übertragen. 1947 zerstörte ein Brand die meisten alten Gebäude. Der Tempelgarten ist ein Werk des Sen-no Rikyu (1522–1591).

Myohoin-Tempel

Nördlich schließt sich der Myohoin-Tempel der Tendai-Sekte an, der vom Berg Hiei hierher verbracht wurde. In der Großen Halle Bilder von Kano Eitoku (1543–1590) und Kano Shoei (1519–1592); im Tempel ferner Kunstwerke aus dem Besitz des Toyotomi Hideyoshi. Über 500 Steinstufen ist das Hokokubyo (Grabmal des Hideyoshi), mit fünfstöckiger Pagode und dem 1897 restaurierten Totenschrein, zu erreichen.

**Kiyomizu-Tempel

Weiter im Nordosten erhebt sich der Hügel Kiyomizu, auf dem der Kiyomizu-Tempel steht (Autobus bis Haltestelle Gojo-zaka). Die zum Tempel führende Straße Kiyomizu-zaka ist reich an Keramikläden. Das der Elfköpfigen Kannon geweihte Heiligtum, 798 gegründet, wurde 1633 von Tokugawa Iemitsu erneuert.
Man betritt den Tempelbezirk durch das zweistöckige Seimon-Tor (Westtor), in dessen Seitennischen Wächterfiguren (Kongo-Rikishi) stehen. Nahebei erheben sich der Glockenturm und die dreistöckige Pagode. Weiterhin gelangt man zur Schriftenhalle (Kyodo), zur Gründerhalle (Tamurado) und zu der von Asakura Sadagake (1473–1512) erbauten Asakura-Halle (Asakurado). Dahinter liegt die Haupthalle Hondo mit einer über dem Steilhang errichteten Holzveranda, die einen schönen Blick auf Kyoto und das umliegende Hügelland bietet. Als ‘Sprung von der Veranda des Kiyomizu-

Veranda des Kiyomizu-Tempels

Kiyomizu-Tempel (Fortsetzung)

Tempels' bezeichnen die Japaner eine Tollkühnheit. Vor der Halle zwei eiserne Sandalen, welche dem Riesen gehört haben sollen, der von dem Zwerg Issun-boshi besiegt wurde; im Inneren eine Statue der Elfköpfigen Kannon.

Im Osten des Tempelbezirks stehen die Hallen Shakado und Amidado, unterhalb von diesen der Wasserfall Otowa, wo die Gottheit Fudo-Myo-o verehrt wird, welche die Bösen bestraft.

Yasaka-Pagode
Kodaiji-Tempel

Am Westfuß des Hügels steht die 39 m hohe fünfstöckige Yasaka-Pagode (14./15. Jh., 1618 erneuert); nordöstlich nahebei der 1606 von der Witwe des Toyotomi Hideyoshi erbaute Kodaiji-Tempel. Dessen Gründerhalle (Kaisando) ist im Inneren mit Bildern der Kano-Schule geschmückt; in dem nahen Totenschrein (1606) schöne Lackarbeiten (Tata-makie). Die beiden auf einer Anhöhe stehenden kleinen Pavillons gehörten früher zum Fushimi-Schloß. Sehenswert der Landschaftsgarten von Kobori Enshu.

*Gionmachi

Eine Autobuslinie verbindet den Hauptbahnhof mit dem weiter nordöstlich gelegenen Viertel Gionmachi, wo sich zahlreiche Vergnügungsstätten befinden (Nachtleben sehr teuer). Zu nennen sind das Minamiza-Theater, eine der ältesten Bühnen Japans (Anfang 17. Jh. erbaut), und das Gion Corner (Darbietung traditioneller Künste wie Teezeremonie, Puppenspiel, Musik und Tänze, Blumenstecken u.a.). In den engen Gassen zahlreiche Restaurants.

Kenninji-Tempel

Im Süden von Gionmachi steht der 1202 von dem Priester Eisai gegründete Kenninji-Tempel. Aus der Gründungszeit ist nur das Tor Chokushimon erhalten geblieben; die anderen Gebäude stammen aus dem Jahr

1763. Im Tempelbesitz befinden sich Rollbilder von Kaiho Yusho (1533–1615). Kennin-ji (Fortsetzung)

Yasaka-Schrein

Weiter nordöstlich (Autobushaltestelle Gion) erreicht man den Yasaka-Schrein (auch Gion-Schrein), welcher den Gottheiten Susanoo-no-mikoto, dessen Gemahlin Inadahime und deren Söhnen geweiht ist. Die Gebäude sind im Jahre 1854 entstandene Nachbildungen der ursprünglichen Architektur. Der Hauptschrein ist mit Schindeln aus Zypressenholz gedeckt; südlich davon ein 9,5 m hohes steinernes Torii. Zu den Kunstschätzen des Schreins gehören die hölzernen Koma-inu (löwenähnliche Tierfiguren), dem Bildhauer Unkei zugeschrieben. Das im Juli gefeierte Gion-matsuri gehört zu den großen Festen des Landes.

Maruyama-Park

Die östliche Verlängerung des Schreingeländes bildet der Maruyama-Park, der sich am Fuß des Hügels Higashiyama erstreckt und während der Kirschblüte einen besonders reizvollen Anblick bietet (abends Illumination).

Chion-in-Tempel

Folgt man der den Yasaka-Schrein vom Maruyama-Park trennenden Straße nach Norden, so gelangt man zum Chion-in, einer der ausgedehntesten Tempelanlagen des Landes. Er wurde 1234 von dem Priester Genchi als Zentrum der Jodo-Sekte gegründet. Aus dem 17. Jh. stammen die Haupthalle und die Priesterwohnungen. Das 24 m hohe Haupttor Sammon ist das größte Tempeltor in Japan. Die Haupthalle und die Versammlungshalle sind durch einen Korridor verbunden, dessen Fußboden so konstruiert ist, daß bei jedem Schritt ein quietschendes Geräusch entsteht. So wird verhindert, daß sich jemand unbemerkt nähert. Hinter der Versammlungshalle (auch ‘Halle der tausend Matten’, jedoch nur mit 360 Matten ausgelegt) die Priesterwohnungen, deren Wandschirme mit Werken der Kano-Schule geschmückt sind. Der danebenliegende Garten wird Kobori Enshu zugeschrieben, wurde aber wohl erst später angelegt. Südöstlich vom Tempel steht ein Glockenturm mit der 1633 gegossenen angeblich größten Glocke Japans. Sie wird zum Gedenken an den Sektengründer um den 19. April und zu Neujahr angeschlagen. Die 1616 erbaute Sutrenbibliothek Kyozo enthält Sutren aus der Zeit der Sung-Dynastie; sehenswert ferner das im gleichen Jahr entstandene Tor Kara-mon sowie die Grabstätte des Honen.

Shoren-in-Tempel

Nördlich schließt sich der Tempel Shoren-in (auch Awata-Palast) an, wo die Äbte des Enryakuji-Tempels (Berg Hiei) residierten. Die Haupthalle (1895 erneuert) enthält Wandschirme mit Werken von Kano Mitsunobu, Kano Motonobu und Sumiyoshi Gukei; beachtenswert ist auch der schöne, von Soami und Kobori Enshu angelegte, gepflegte Landschaftsgarten.

Sakyo-ku

Heian-Schrein

Von der Autobushaltestelle Kumano-jinja-mae im Stadtbezirk Sakyo-ku erreicht man unweit östlich den Heian-Schrein, der im Jahre 1895 zum Gedenken an den elfhundertsten Jahrestag der Stadtgründung erbaut wurde und dem Gründer, Kaiser Kammu, sowie dem letzten hier residierenden Kaiser, Komei, gewidmet ist. Die Anlage ist eine verkleinerte Kopie des ersten Kaiserpalastes von 794. Durch das große Eingangstor (Stahlbeton) und das rote Tor Ote-mon gelangt man zur Großen Staatshalle (Daigokuden), der östlichen und westlichen Haupthalle (Honden) sowie den seitwärts stehenden Pagoden. Im rückwärtigen Teil des Geländes ein reizvoller Landschaftsgarten.

Das städtische Museum traditionellen Handwerks im Südwesten des Schreins lohnt wegen seiner Vorführungen alter Handwerkstechniken einen Besuch.

Heian-Schrein

Okazaki-Park Museen

Wenige Schritte südöstlich des Heian-Schreins liegt der Okazaki-Park, begrenzt von einem den Biwa-See mit dem Fluß Kamo verbindenden Wasserlauf. Auf dem 8,7 ha großen Gelände befinden sich das Nationalmuseum für Moderne Kunst, das Städtische Kunstmuseum, die Stadthalle, eine Bibliothek und ein Zoologischer Garten. Vor der Bibliothek eine Gedenkstätte für den Deutschen Gottfried Wagner, der sich um 1878 hier mit der Kunst der Keramik und Textilfärbetechnik befaßt hat.

Nanzenji-Tempel

Unweit östlich vom Okazaki-Park liegt inmitten eines Fichtenhaines der 1293 gegründete Nanzenji-Tempel der Rinzai-Sekte. Die heutigen Gebäude sind Rekonstruktionen aus der Zeit des Tokugawa Ieyasu. In dem 1628 erbauten Haupttor (Sammon) Deckengemälde der Kano-Schule. Die Haupthalle wurde nach einem Brand 1895 erneuert. Die Priesterwohnung Daihojo, einst Residenzhalle des Kaiserpalastes und 1611 in den Tempelbesitz übergegangen, enthält gleichfalls Werke der Kano-Schule. Das bekannte Bild 'Tiger im Bambushain' von Kano Tanyu (1602–1674) befindet sich in dem kleineren Raum Shohojo, der früher zum Fushimi-Schloß gehörte. Von der Veranda überblickt man den berühmten Zen-Garten (Anfang 17. Jh.). Auf dem Tempelgelände zwölf kleinere Heiligtümer, darunter der Nanzen-in, vorübergehend Wohnort des Kaisers Kameyama (1249–1305), mit einem Garten aus dem 14. Jahrhundert. Im 17. Jahrhundert entstand der Garten des Konchi-in. Beim Tenjuan-Tempel befinden sich die Grabmäler von Daimei-kokushi, dem Gründer des Nanzenji, und Hosokawa Yusai.

**Ginkakuji-Tempel

An der Hügelflanke entlang führt eine Straße weiter nach Norden. Auf ihr erreicht man den Ginkakuji-Tempel (auch Silberner Pavillon oder Jishoji genannt; Autobushaltestelle Ginkakuji-mae).
Der Komplex wurde 1482, ursprünglich als Landsitz für Ashikaga Yoshimasa, erbaut und nach dessen Tod in einen Tempel umgewandelt; der Silberanstrich, welchem der Tempel seinen Beinamen verdankt, wurde aller-

Ginkaku-ji

Ginkaku-ji (Fortsetzung)

dings nie ausgeführt. Die Bauten umrahmen einen von Soami angelegten Zen-Garten aus weißem Sand. In dem zweistöckigen Pavillon steht eine vergoldete Kannon-Statue (unzugänglich); in der Buddha-Halle Butsuden ein Buddha-Standbild, ferner in der östlich gelegenen Halle Jogudo eine Statue des Yoshimasa. Der kleine Teeraum im nordöstlichen Teil der Halle gilt als der älteste des Landes.

Shugakuin-rikyu

Unweit westlich des Tempels gelangt man zur Autobushaltestelle Ginkaku-ji-michi, von wo man nördlich (Linie 5) bis zur Station Shugakuin-rikyu-michi fährt. Von hier ist es ca. 1 km zur ehemaligen kaiserlichen Sommervilla Shugakuin-rikyu am Südwestfuß des Berges Hiei.
Die Besichtigung der Villa (Führungen) ist nur nach vorheriger Anmeldung beim Kaiserlichen Haushaltsamt möglich.

**Garten

Die Anlage der Villa und des in drei Ebenen angelegten Gartens wurde von Kaiser Go-Mizunoo, dem späteren Mönch Enjo, nach seiner Abdankung (1629) in Auftrag gegeben. Nachdem er 1655 ein geeignetes Gelände gefunden hatte, wurde schon 1659 die untere und obere Gartenanlage fertiggestellt. Der mittlere Garten mit der Villa der Kaisertochter Ake kam erst später hinzu und wurde mit ihrem Eintritt in ein Nonnenkloster zum Rinkyu-ji-Tempel. 1855 wurde das Terrain als Mittlerer Garten in den Gesamtkomplex einbezogen.
Besuchereingang in den Unteren Garten (Shimo-no-chaya) ist ein kleines Tor an dessen Nordseite, von wo man das zweite Tor Chumon erreicht. Links vom Weg eine überdachte Veranda, rechts der Weg zum 1659 erbauten Haus des Kaisers (im frühen 19. Jh. erneuert; unzugänglich).
Durch das Osttor und auf einem durch Reiskulturen und eine Föhrenallee führenden Weg betritt man den Mittleren Garten (Naka-no-chaya), in welchem der Rinkyuji-Tempel (Teichgarten und Wasserfall) steht. In der Mitte des Gartens die Villa mit der Empfangshalle Kyaku-den und dem kleineren Gebäude Rakushi-ken (1668). In der Empfangshalle sehenswerte Male-

Shugakuin-rikyu (Fortsetzung)

reien, darunter Motive des Gion-Festes und auf hölzernen Schiebetüren die Darstellungen von Karpfen, die von einem Netz bedeckt sind. Man sagt, das Netz sei im 18. Jh. von Maruyama Okyo aufgemalt worden, weil die gemalten Fische bei Nacht immer in den Gartenteich entflohen seien. Der Obere Garten (Kami-no-chaya), der größte Teil der Anlage, ist nach dem Prinzip der 'Geborgten Landschaft' (Shakkei-zukuri) gestaltet, welches die Umgebung in die Gesamtkomposition einbezieht. Links vom Eingang, hinter einer Hecke und einem durch sie verdeckten Erdwall, der erhöht gelegene Pavillon Rinun-tei (1824 erneuert), von welchem sich ein schöner Blick auf den Garten mit seinem See bietet.
Auf einer Insel unterhalb des Rinun-tei steht das Sommerhaus Kyusui-tei, 1824 in der ursprünglichen Form wiederhergestellt.

Shisendo-Tempel

Etwa 1,5 km südlich der Villa liegt der Shisendo-Tempel, ursprünglich Wohnsitz des Dichters und Soldaten Ishikawa Jozan (1583–1672). Er enthält Gemälde von Kano Tanyu, so im Studierzimmer (Shisen) die Bildnisse von 36 chinesischen Dichtern. Vor dem Shisen ein Sandgarten aus der Edo-Zeit. Das Tempelgelände liegt in einem stillen Wald.

Takaragaike-Park

Am nordöstlichen Stadtrand von Kyoto erstreckt sich der ausgedehnte Takaragaike-Park (Keifuku-Eizan-Eisenbahnlinie bis Bahnhof Takaragaike), in dessen Nordteil der gleichnamige See liegt. Nahe bei diesem die 1966 erbaute Internationale Konferenzhalle.

Ohara
Sanzen-in-Tempel

Der von hier nach Osten weiterführende Zweig der genannten Eisenbahnlinie endet nach 5 km in Ohara (auch Autobus vom Hauptbahnhof, 1 Std.). Hier steht der zur Tendai-Sekte gehörende Sanzen-in-Tempel, der 860 von dem Priester Joun erneuert wurde. Die Haupthalle Ojo-gokuraku-in ('Paradies der Wiedergeburt') ist ein Werk des Priesters Enshin (942–1017). Die wie ein Bootskiel geformte Hallendecke ist mit 25 Bodhisattva-Darstellungen geschmückt; an den Wänden Mandara-Bilder von Enshin; die vergoldete Amida-Statue entstand 1148. Andere Gebäude im Tempelareal wurden im frühen 17. Jahrhundert aus Teilen der Zeremonienhalle des Kaiserpalastes Shishinden errichtet.

Jakko-in

Unweit westlich des Sanzen-in befindet sich das Nonnenkloster Jakko-in, wo die Mutter des Kindkaisers Antoku lebte, nachdem ihr Sohn 1185 in der Schlacht von Dannoura ums Leben gekommen war.

Kurama

Der Westzweig der Keifuku-Kurama-Eisenbahnlinie führt zum nördlich der Stadt sich erhebenden Berg Kurama (750 m; Haltestelle Kurama). Auf dessen halber Höhe steht der Kurama-Tempel, eine Gründung des Priesters Kantei von 770 (1872 erneuert; Haupthalle 1945 zerstört). Im Tempelbesitz ein Gemälde von Kano Motonobu.

Nakagyo-ku

**Nijo-jo

Vom Hauptbahnhof Kyoto gelangt man mit dem Autobus (Linie 9 oder 52) in den Stadtbezirk Nakagyo-ku. Unmittelbar westlich der Haltestelle Nijo-jo-mae liegt das Schloß Nijo-jo, seit 1939 in städtischem Besitz.
Das Schloß wurde 1603 von Tokugawa Ieyasu errichtet. Zu Beginn der Meiji-Ära war es vorübergehend Regierungssitz, und hier erließ der Kaiser das Edikt zur Abschaffung des Shogunats. Von 1871 bis 1884 war hier die Präfekturverwaltung untergebracht. In dieser Zeit entstanden an zahlreichen Kunstwerken schwere Schäden.
Das Schloß ist von Wassergräben und Steinmauern mit Ecktürmen umgeben. Man betritt das Areal durch das Osttor Higashi Otemon und das Tor Karamon, letzteres mit kunstvollen Schnitzereien von Hidari Jingoro und mit schönen Metallarbeiten versehen. Es war ursprünglich ein Teil des Fushimi-Schlosses. Jenseits des Inneren Tores Mikuruma-yose, gleichfalls mit Werken von Hidari Jingoro, liegt der Ninomaru-Palast. Er besteht

Nijo-jo (Fortsetzung)

aus fünf gegeneinander versetzten Gebäuden, die durch Korridore miteinander verbunden sind. Die Innenräume wurden von Kano Tanyu und seinen Schülern mit Malereien ausgestattet. Hauptraum ist der Jodan-no-ma (Raum des kaiserlichen Boten); in den anschließenden Gemächern Ni-no-ma und Tozamurai-no-ma Bilder von Tigern. Die Verbindungsgänge besitzen (wie diejenigen des Chion-in) Fußböden, welche bei jedem Schritt ein Geräusch verursachen und damit sich nähernde Besucher ankündigen. Durch den zweiten Gebäudeteil, mit drei Räumen, erreicht man den dritten Komplex, die große Audienzhalle, welche von einer umlaufenden Galerie umzogen wird. Auf den Schiebetüren große Bilder von Fichten auf Goldgrund; in den Nebenräumen kunstvolle Schnitzereien von Hidari Jingoro. In der vierten Gebäudegruppe Kuro-shoin Tierdarstellungen von Kano Naonobu; in den anschließenden Privatgemächern des Shogun Bilder von Berglandschaften.

Der westlich der Palastbauten gelegene Garten war ursprünglich ohne Bäume konzipiert, da man den Anblick des Laubes, das an die Vergänglichkeit gemahnt, vermeiden wollte. Die heute sichtbare Bepflanzung wurde erst in jüngerer Zeit angelegt.

Kamigyo-ku

Kaiserlicher Park

Etwa 1 km nordöstlich des Schlosses, im Stadtbezirk Kamigyo-ku, liegt der 84 ha große Kaiserliche Park (auch Autobus vom Hauptbahnhof, Linie 36, 204 oder 206 B), umgrenzt von den Straßen Karasuma-dori (Westen), Marutamachi-dori (Süden), Teramachi-dori (Osten) und Imadegawa-dori (Norden). Auf dem Gelände steht der Alte Kaiserpalast (Kyoto-gosho).
Eine Besichtigung ist nach Anmeldung im Büro des Kaiserlichen Haushaltsamtes (Nordwestteil des Parks) möglich.
Bei der Gründung von Kyoto ließ Kaiser Kammu im Nordwesten der Stadt den Palast Daidairi errichten, welcher mehrfach durch Feuer beschädigt und im späten 18. Jh. an seinem jetzigen Standort originalgetreu neu errichtet wurde. Doch auch dieser Bau brannte ab und mußte 1855 nochmals erneuert werden, wobei man sich wiederum strikt an das Original hielt.
Das von einem Erdwall (Tsuijibei) umzogene rechteckige Areal ist für Besucher durch das Westtor Seisho-mon zugänglich; das Südtor Kenrei-mon war dem Kaiser vorbehalten, das Osttor Kenshu-mon der Kaiserin und Kaiserinmutter, das Südliche Westtor Gishu-mon den Prinzen und das Nordtor Sakuhei-mon den kaiserlichen Nebenfrauen und Hofdamen. Die insgesamt 18 Gebäude der Palastanlage sind durch Galerien miteinander verbunden; dazwischen liegen reizvolle Gärten. Nachdem man das Westtor passiert hat, erreicht man, sich nach rechts wendend, nach etwa 200 m das Gebäude Shodaibu-no-ma mit drei Warteräumen für Adlige. Östlich von diesem steht die große Zeremonienhalle Shishin-don (auch Shishiiden), wo Inthronisationen und Neujahrsfeierlichkeiten abgehalten wurden. Den Mittelpunkt der 22 x 33 m großen Innenhalle bildet der Thron Taka-mikura; darüber ein achteckiger, von einer Phönix-Figur geschmückter Baldachin, seitlich die Ablage für die kaiserlichen Insignien. Rechts der kleinere Thron Michodai für die Kaiserin. Die Wände des Raumes tragen die Bildnisse chinesischer Weiser, welche von Kano Sukenobu nach Vorlagen aus dem 9. Jahrhundert geschaffen wurden.
Vor der Südfront der Halle, im Innenhof, stehen ein Orangenbaum (Ukon-no-tachibana) und ein Kirschbaum (Sakon-no-sakura), deren Bezeichnung sich von den Unterkünften der Bogenschützen und Reiter herleitet, welche sich einst an dieser Stelle befanden.

Im nordwestlichen Teil des Gebäudekomplexes befindet sich der einstige Wohnbereich Seiryo-den, später eine Zeremonienhalle. Da das Ritual dem Kaiser vorschrieb, während der Ahnenverehrung auf gewachsenem Boden zu stehen, besteht der Fußboden in einer Ecke des Raumes aus

Kaiserlicher Park (Fortsetzung)

festgestampftem Erdreich. Der Thron Michodai ist von zwei Tierfiguren (Koma-inu) flankiert; die Wandschirme tragen Bilder und Kalligraphien der Tosa-Schule.
Den Nordostteil der Gebäudegruppe nehmen der Kleine Palast Kogosho (1958 erneuert), mit drei Gemächern, und die Studienhalle Gogakumonjo (Außenfronten im Stil Shinden-zukuri) ein; die noch weiter nördlich liegenden Palastbauten sind im allgemeinen unzugänglich.
Östlich von hier liegt der Teichgarten Oike-niwa, der erst im 17. Jh. in das Palastareal einbezogen worden ist.
Südlich des umfriedeten Palastbezirkes liegen im Park Teile anderer alter Palastanlagen (Besuchserlaubnis beim Kaiserlichen Haushaltsamt). Besonders reizvoll die Gärten des Sento-gosho und des Omiya-gosho, die von 1629 bis 1854 Wohnsitz der Exkaiser waren. Von den Residenzen selbst sind nur geringe Reste zu sehen. Die Gartengestaltung, mit Teichen und den Teepavillons Seikatei und Yushintei, besorgte Kobori Enshu (17. Jh.).

Shokokuji-Tempel

Nördlich vom Parkgelände, jenseits der Straße Imadegawa-dori, liegt die Doshisha-Universität und dahinter der Shokokuji-Tempel der Rinzai-Sekte.

Sakyo-ku

Shimogamo-Schrein

Nordöstlich von hier liegt im Stadtbezirk Sakyo-ku der Shimogamo-Schrein (auch Autobus vom Hauptbahnhof, Linie 4 oder 214 A). Die Mehrzahl der Gebäude stammt von 1628, die Haupthalle von 1863. Der Schrein ist bekannt wegen des Tempelfestes Aoi-matsuri (Mitte Mai).

Botanischer Garten

Mit der Autobuslinie 4 erreicht man weiter nordwestlich den Botanischen Garten, der 1923 zum Gedenken an die Thronbesteigung des Kaisers Taisho angelegt wurde. Südlich von hier die Universität der Präfektur Kyoto.

Nishijin

Textilmuseum

Folgt man von der Doshisha-Universität der Straße Imadegawa-dori nach Westen, so gelangt man in das Weberviertel Nishijin mit seinen kleinen alten Holzhäusern, wo noch heute das traditionsreiche Handwerk ausgeübt wird. Eine Textilausstellung (mit Verkauf und Kimono-Schau) befindet sich im Nishijin-Textilmuseum. In unmittelbarer Nähe die Autobushaltestelle Horikawa-Imadegawa, von wo die Linie 9 nach Norden weiterführt.

Kita-ku

**Daitokuji-Tempel

Unweit westlich der nächstfolgenden Haltestelle Kitaoji-Horikawa liegt im Stadtbezirk Kita-ku der Daitokuji-Tempel, eines der Hauptheiligtümer der Rinzai-Sekte.
Der Tempel wurde 1324 gegründet, jedoch während der Bürgerkriege des 15. Jh.s zerstört. Die gegenwärtige Bausubstanz stammt aus dem 16. und 17. Jahrhundert. Von den insgesamt 22 Gebäuden sind sieben zugänglich. Besonders sehenswert sind die Zen-Gärten, Trockengärten im Karesansui-Stil.
Einstiger Haupteingang zum Tempelbezirk ist das Tor Chokushi-mon (heute geschlossen), ursprünglich Südtor des Kaiserpalastes und 1640 hierher übertragen. Es folgt das in chinesischem Stil gehaltene Tor Karamon mit prachtvollen Schnitzereien. Es gehörte früher zum Fushimi-Schloß und stellt ein hervorragendes Werk der Momoyama-Zeit dar. Das zweistöckige Haupttor Sammon wurde im Jahre 1589 von Sen-no-Rikyu erbaut. Die Deckengemälde im unteren Geschoß wurden von Hasegawa

Daitoku-ji (Fortsetzung)

Tohaku angelegt; im Obergeschoß befinden sich Statuen des Shakyamuni, der sechzehn Rakan (Jünger Buddhas), von Kato Kiyomasa auf seinem Korea-Feldzug erbeutet, und ein Porträt des Rikyu (angeblich Selbstbildnis).
Die Haupthalle Butsuden (auch Daiyu-den), 1664 errichtet, enthält eine Shakyamuni-Skulptur mit den Schülern Anan und Kayo sowie ein Standbild von Daito-kokushi, dem ersten Abt des Tempels. Hinter der Haupthalle steht die Vortragshalle Hatto (1636), an chinesischem Vorbild orientiert; nordöstlich davon die Abtresidenz Hojo. Diese enthält Gemälde von Kano Tanyu und eine von Kaiser Godaigo beschriftete Holztafel (Aufschrift: Unvergleichlicher Tempel des Zen). Der zugehörige Garten ist ein Werk des Kobori Enshu.
Nur nach Voranmeldung zugänglich ist die alte Abtresidenz Shinju-an (1638 erneuert), ehemals Wohnsitz von Ikkyu (1394–1481); im Inneren ein Standbild dieses Abtes und Schriftstücke von seiner Hand. Die Wandbilder sind Werke von Soga Dasoku († 1483). Hier befinden sich außerdem die Gräber des Sarugaku-Tänzers Kan'ami (1333–1384) und seines Sohnes Zeami (1363–1443), der als Meister des No-Theaters zu hohem Ansehen gelangt war.

Westlich des Shinju-an steht der Daisen-in, dessen vermutlich 1513 nach einem Entwurf seines Gründers Kogaku Soko (1465–1548) angelegter Garten als überragendes Beispiel eines Zen-Gartens angesehen wird. Das Gartenkonzept findet seine Vorbilder in der chinesischen Tuschmalerei. Die Anlage ist in vier Bereiche gegliedert; unter sparsamster Verwendung von Pflanzen wird, vorwiegend aus Steinen und Sand, eine Gebirgslandschaft mit Wasserfall abgebildet, deren kunstvolles Arrangement den Eindruck räumlicher Tiefe hervorruft. Die Schiebetüren im Gebäudeinneren tragen Malereien von Kano Motonobu, Soami und Kano Yukinobu (besonders interessant die Szenen aus dem bäuerlichen Leben, Shikikosaku-zu).

Im Shuko-in, westlich der Abtresidenz, befindet sich das Grab des Senno-Rikyu; westlich davon, im Soken-in, die Grabstätten des Oda Nobunaga und seiner Söhne sowie der Witwe des Hideyoshi.

Den äußersten Westen des Areals nimmt der Koho-an, ein von Kobori Enshu angelegter berühmter Zen-Garten, ein, in dem sich auch das Grab von Enshu und seiner Familie befindet.

Kamikamo-Schrein

Etwa 2 km nördlich des Daitokuji (Autobuslinie 9 bis Haltestelle Kamikamo-jinja-mae) liegt der Kamikamo-Schrein, der in der Gründungszeit der Stadt entstanden ist und wo im Mai das traditionelle Pferderennen sowie das Aoi-matsuri stattfindet.

Tofukuji-Tempel

Vom Hauptbahnhof führt die JR-Nara-Linie nach Süden. Nahe beim Bahnhof Tofukuji befindet sich der 1236 gegründete Tofukuji-Tempel der Rinzai-Sekte. Das im 13. Jahrhundert errichtete Tor Sammon enthält Skulpturen, die dem Bildhauer Jocho († 1057) zugeschrieben werden. Die Deckengemälde sind vermutlich Werke von Mincho (1352–1431) und seinem Schüler Kandensu. In dem weitläufigen Gartengelände stehen die Gründerhalle (mit Bildnis des Tempelgründers) sowie die 1882 abgebrannte und 1932 neu errichtete Haupthalle. Von den Kunstschätzen des Tempels sei ein 11,9 x 7,9 m großes Rollbild von Mincho genannt, welches den Eingang Buddhas ins Nirwana darstellt (nur am 15. März zu besichtigen).

Fushimi-ku

Die JR-Nara-Linie erreicht weiter südlich den Stadtbezirk Fushimi-ku, wo sich bis zum späten 16. Jahrhundert das Fushimi-Schloß des Toyotomi Hideyoshi befand. Während der Tokugawaherrschaft wurde es abge-

Fushimi-ku (Fortsetzung)

tragen und das Baumaterial den verschiedenen Tempeln in Kyoto zur Verfügung gestellt, so daß sich hier keine Spuren des Palastes mehr finden.

**Fushimi-Inari-Schrein

Unmittelbar östlich vom Bahnhof Inari an der genannten Bahnlinie steht der Fushimi-Inari-Schrein, im Jahre 711 gegründet und einer der bedeutendsten Schreine in Japan. Er ist der Göttin des Reisanbaus, Ukanomitama-no-mikoto, geweiht. Das Hauptgebäude (1499) zeigt den typischen Stil der Momoyama-Zeit. Bemerkenswert ist die 4 km lange Allee roter Torii, die von Gläubigen gestiftet wurden. Auf dem Gelände stehen zahlreiche Fuchs-Skulpturen (der Fuchs gilt als Götterbote).

Momoyama

Vom Bahnhof Momoyama gelangt man zum Momoyama-Hügel, der von zahlreichen Pfirsichbäumen bestanden ist. Hier befand sich einst das Fushimi-Schloß.
Über eine Treppe von 230 Stufen erreicht man die Mausoleen von Kaiser Meiji und seiner Gemahlin Shoken. Das von drei Mauern umfaßte Grabmal wurde aus Granitblöcken errichtet, die auf der Insel Shodo gebrochen worden waren. Von dem zum Mausoleum führenden Weg zweigt rechts der Zugang zum Nogi-Schrein ab. Dieser ist dem General Nogi Maresuke gewidmet, welcher im Russisch-Japanischen Krieg (1904/1905) hier sein Hauptquartier hatte. Im Alter von 64 Jahren nahm sich der General, der dem Kaiser treu ergeben und wegen seiner Verdienste zum Nationalhelden geworden war, im Todesjahr von Kaiser Meiji zusammen mit seiner Frau das Leben.

Die am westlichen und nordwestlichen Stadtrand gelegenen Sehenswürdigkeiten sind mit zwei Privatbahnlinien vom Zentrum von Kyoto zu erreichen.
Ausgangspunkt der zunächst nach Südwesten verlaufenden Hankyu-Privatbahnlinie ist der Bahnhof Hankyu-Omiya (vom Hauptbahnhof bis hier Autobuslinie 26, 28 oder 38).

Yuzen-Kulturhalle

Unweit östlich vom Bahnhof Nishi-Kyogoku liegt die Yuzen-Kulturhalle, wo die Stoffdrucktechnik des Yuzen-Zome demonstriert wird.

Nishikyo-ku

**Katsura-rikyu

Die nächstfolgende Station Katsura, im Stadtbezirk Nishikyo-ku, ist Ausgangspunkt für den Besuch der am Westufer des Flusses Katsura gelegenen kaiserlichen Villa Katsura-rikyu. Für die Besichtigung der Villa ist eine Voranmeldung beim Kaiserlichen Haushaltsamt erforderlich.
Ursprünglich wurde die Villa für Prinz Hachijo Toshihito (1579–1629), den Bruder des Kaisers Goyozei, erbaut. Weite Teile der Anlage waren 1624 fertiggestellt, der Rest bis 1658 vollendet. Die Gestaltung des Landschaftsgartens soll von Kobori Enshu stammen, kann aber zweifelsfrei nur dem ihn umgebenden Personenkreis zugerechnet werden. Auch wird angenommen, daß Prinz Toshihito, ein großer Kunstkenner, sich selbst an der Planung beteiligt hat. Es wird berichtet, daß Kobori bei Übernahme des Auftrags drei Bedingungen stellte: Erstens sollten für den Kostenaufwand keine Grenzen gesetzt werden; zweitens sollte kein Termin für die Fertigstellung gesetzt werden; drittens durfte während der Arbeiten keiner der Auftraggeber die Baustelle aufsuchen. Damit sollten nachträgliche Änderungen der Planung unmöglich gemacht werden.
Die Gesamtanlage ist so konzipiert, daß sich dem Betrachter stets nur Vorderansichten zu bieten scheinen. Um den Teich gruppieren sich kleine Gärten; in der Ferne sind die Kuppen der Hügel Arashiyama und Kameyama sichtbar. Die drei gegeneinander versetzten Gebäudeteile, im Baustil Shoin-zukuri, haben die moderne Architektur Japans und selbst des Auslandes beeinflußt.
Besuchereingang ist das Tor Miyuki-mon (1658). Die Gartenwege, teils aus Flußkieseln, teils aus rechteckigen Hausteinen, sind von Moos und

Katsura-rikyu (Fortsetzung)

Gebüsch gesäumt. Durch zwei weitere Tore betritt man den inneren Teil des Gartens, in dessen Zentrum die Gebäudegruppe Goten steht. Sie ist in die Teile Furu-shoin, Naka-shoin und Miyuki-den gegliedert. Die Veranda des Furu-shoin wurde für die Mondbetrachtung angelegt.
In den drei Räumen des Naka-shoin befinden sich wertvolle Gemälde von Kano Tanyu (erster Raum; u.a. das weithin bekannte Bild einer Krähe), Kano Naonobu (zweiter Raum) und Kano Yasunobu (dritter Raum).

Die Halle für kaiserlichen Besuch, Miyuki-den, enthält gleichfalls ein Bild von Kano Tanyu; sehenswert sind auch die Zierbeschläge (Kugi-kakushi), mit welchen die Nagelköpfe der Konstruktion verdeckt werden. Die Beschläge zeigen die Form von Blumen und werden dem Goldschmied Kacho zugeschrieben.

Östlich der Hauptgebäudegruppe, auf einer Anhöhe, steht das schlichte Gepparo; jenseits des Teiches das mehrere Räume umfassende Shokintei, dessen Teeraum durch geschickte Lichtführung bis in den kleinsten Winkel erhellt wird. In den Teich schiebt sich eine mit Kieseln bedeckte Landzunge vor, die in hohem Grade stilisierte Darstellung der Küstenlandschaft von Ama-no-hashidate. Im Südwesten des Gartens befindet sich das zehn Räume umfassende Gebäude Shoiken.

Saihoji-Tempel
**Garten

Vom Bahnhof Katsura führt die Arashiyama-Teilstrecke der Hankyu-Bahnlinie nach Norden. Nahe beim Bahnhof Kamikatsura liegt der Saihoji-Tempel der Rinzai-Sekte, vermutlich im 12. Jahrhundert gegründet und 1339 von dem Priester Muso-kokushi, der zugleich ein bedeutender Gartenkünstler war, erneuert. Zum unteren Teil des den Tempel umgebenden Zen-Gartens gehört ein buchtenreicher See sowie ein vermutlich in der Momoyama-Zeit entstandenes Teehaus. Besonders bekannt ist der Garten durch die rund vierzig verschiedenen Moosarten, die dem Tempel den Beinamen 'Kokedera' (Moostempel) eingetragen haben. Wegen der aus-

Der berühmte Moosgarten des Saihoji

Saihoji (Fortsetzung)

ufernden Besucherzahlen wurde eine Begrenzung auf 200 Personen pro Tag vorgenommen. Daher ist eine schriftliche Anmeldung (mindestens 3 Monate im voraus) erforderlich.

Matsunoo-Schrein

Von der nun folgenden Station Matsuno-jinja-mae sind es nur wenige Minuten Fußweg zum westlich gelegenen Matsunoo-Schrein, der durch die Reissetz-Zeremonie (Otaue-matsuri) bekannt ist.

Horinji-Tempel

In der Nähe der Endstation Arashiyama befindet sich der vermutlich 713 gegründete Horinji-Tempel, bekannt für das im April stattfindende Fest Jusan-mairi.

Katsura

Vom Bahnhof Arashiyama führt eine Brücke über den hier auch Hozu oder Oi genannten Fluß Katsura, dessen Uferlandschaft an dieser Stelle besonders reizvoll ist (auch direkte Zufahrt vom Bahnhof Shijo-Omiya, nahe dem zuvor genannten Bahnhof Hankyu-Omiya, mit der Keifuku-Privatbahnlinie auf der Arashiyama-Strecke). Über dem Fluß erhebt sich der mit Kirschbäumen und dichten Ahorngehölzen bedeckte Hügel Arashiyama, dessen Kirschblüte und herbstliche Laubfärbung berühmt sind. Der Exkaiser Kameyama (1248–1304) ließ aus Yoshino Kirschbäume kommen und hier anpflanzen.

Daihikaku-Tempel

Vom Arashiyama-Bahnhof gelangt man über die Togetsukyo-Brücke hügelaufwärts zu einem kleinen Teich und weiter auf einem Seitenweg zum Daihikaku-Tempel. In diesem eine Darstellung der Tausendhändigen Kannon und eine hölzerne Statue des Suminokura Ryoi (1554–1614), der den Fluß auf weite Strecken schiffbar machte.

Arashiyama-Park

Am Fluß erstreckt sich der Arashiyama-Park (auch Kameyama-Park); weiter flußabwärts die Ablegestelle der Zuschauerboote, welche die Fangboote beim Kormoran-Fischen (Anfang Juli bis Mitte August) begleiten.

Tenryuji-Tempel

Nördlich nahe der Brücke über den Katsura steht der Tenryuji-Tempel, 1339 von Ashikaga Takauji, dem ersten Ashikaga-Shogun, zum Gedenken an Kaiser Godaigo gegründet und Hauptsitz der zur Rinzai-Sekte gehörenden Tenryuji-Schule. Muso-Kokushi, der erste Abt des Tempels, legte den hinter den Priesterwohnungen sich erstreckenden Garten an. Die heutigen Tempelgebäude entstanden um 1900.

*Seiryoji-Tempel

Eine Autobuslinie führt weiter nach Norden zum Seiryoji-Tempel (auch Shaka-do), in dessen Haupthalle eine 1,6 m hohe, höchst beachtenswerte Shakyamuni-Statue aus Sandelholz steht. Sie ist angeblich 987 von dem indischen Meister Bishu Katsuma geschnitzt und von dem Priester Chonen von China nach Japan gebracht worden. Die Statue kann nur am 8. April (Buddhas Geburtstag) und am 19. April (Reinigungszeremonie) besichtigt werden.

**Daikakuji-Tempel

Wenige Schritte nördlich vom Seiryoji erreicht man den Daikakuji-Tempel, ehemals Residenz des Kaisers Saga und 876 in einen Tempel umgewandelt. Die Haupthalle enthält von Kobo-daishi geschaffene Statuen (Godai Myo-o); die Empfangshalle Kyaku-den war ursprünglich Thronsaal. Die Gemälde des Tempels wurden von Kano Motonobu, Kano Tanyu, Kano Sanraku und Watanabe Shiko geschaffen.

**Koryuji-Tempel

Von der Endstation Arashiyama gelangt man mit der Keifuku-Privatbahnlinie zu dem unweit östlich gelegenen Bahnhof Katabiranotsuji, in dessen Nähe der Koryuji-Tempel (auch Uzumasa-dera) steht (vom Stadtzentrum Keifuku-Bahnlinie bis Bahnhof Uzumasa).

Der Tempel wurde im Jahre 622 von Hata Kawakatsu gegründet, die heutigen Gebäude sind aber späteren Datums. Die 1165 errichtete Vortragshalle, das zweitälteste Gebäude in Kyoto, beherbergt drei alte Statuen: als

Koryu-ji (Fortsetzung)

Zentralfigur ein Sitzbild Buddhas, daneben eine Tausendhändige Kannon und eine Fukukenjaku-Kannon. In der rückwärtigen Halle Taishi-do (1720) eine Holzstatue von Shotoku-taishi (vermutlich Selbstbildnis; 606).

Im nordwestlichen Teil des Tempelgeländes steht die achteckige Halle Keigu-in (auch Hakkaku-do; 1251) mit einer Statue des sechzehnjährigen Shotoku-taishi sowie den Standbildern der Nyoirin-Kannon (Geschenk eines koreanischen Herrschers) und der Amida. Weitere sehenswerte Skulpturen sind im Tempelmuseum Reiho-kan zu sehen, u.a. Holzplastiken des Yakushi-nyorai (864) und des Miroku-bosatsu (älteste erhaltene Skulptur in Kyoto, 6./7. Jh.; angeblich von Shotoku).

Filmstudio

Rund 5 Min. vom Bahnhof Uzumasa entfernt liegt das 28 000 m² große Gelände der Toei-Uzumasa-Filmstudios mit Filmkunsthalle, Werkstätten und der Möglichkeit, bei der Filmproduktion zuzusehen.

Myoshinji-Tempel

Vom Bahnhof Katabiranotsuji fährt man nun mit der Kitano-Zweiglinie der Keifuku-Privatbahn nach Norden bis zum Bahnhof Omuro. Wenige Schritte südlich von diesem erreicht man den Myoshinji-Tempel, das Hauptheiligtum der zur Rinzai-Sekte zählenden Myoshinji-Schule, dem zahlreiche Zweigtempel unterstellt sind.

Der Tempel wurde 1337 am ehemaligen Standort der Residenz von Kaiser Hanazono erbaut. Westlich der Buddha-Halle ein Glockenturm mit der 698 gegossenen Glocke; in der Buddha-Halle Butsuden eine Shakyamuni-Statue. Die Deckengemälde in der Vortragshalle Hatto wurden von Kano Tanyu ausgeführt. Östlich, in der Halle Gyokuho-in, ein Bildnis des Hanazono. Westlich der Priesterwohnung stehen kleinere Tempelbauten, von denen der Reiun-in (auch Motonobu-Tempel) wegen der zahlreichen Gemälde von Kano Motonobu Beachtung verdient. Der Tenkuyan-Tempel enthält Werke von Kano Sanraku; im Kaifuku-in karikierende Wandschirmbilder von Kano Tanyu.

*Ninnaji-Tempel

Nördlich des Omuro-Bahnhofs steht der Ninnaji-Tempel, ursprünglich als Omuro-Palast bekannt und 886 begonnen. Nach seiner Abdankung war Kaiser Uda (9. Jh.) erster Abt des Heiligtums. Die heute sichtbaren Gebäude entstanden in der ersten Hälfte des 17. Jahrhunderts. Rechts vom Mittleren Tor eine 33 m hohe fünfstöckige Pagode. In der Haupthalle eine hölzerne Amida-Statue. Das Tempelgelände mit seinen zahlreichen Kirschbäumen bietet zur Zeit der Blüte (April) ein reizvolles Bild.

Ryoanji-Tempel
**Garten

Unweit nördlich vom Ninnaji befindet sich der durch seinen Garten berühmte Ryoanji-Tempel. Die in höchstem Grade stilisierte Anlage des Zen-Gartens (Trockengarten), eine Komposition aus Felsblöcken und geharktem weißem Sand, wurde von einem nicht namentlich bekannten Künstler geschaffen. Auf dem Tempelgelände das Grab des Gründers Hosokawa Katsumoto.

Toji-in-Tempel

Südöstlich von hier, nahe dem Bahnhof Toji-in (Keifuku-Privatbahnlinie), steht der Toji-in-Tempel, der 1341 von Takauji, dem ersten Ashikaga-Shogun, gegründet wurde. Die Gebäude wurden 1818 letztmals erneuert. In der Haupthalle befinden sich die Standbilder aller Ashikaga-Shogune (mit Ausnahme des fünften und zehnten) sowie Tuschmalereien von Kano Sanraku (1559–1635); reizvoll auch der den Tempel umgebende Landschaftsgarten.

*Kitano-Schrein

Die Keifuku-Bahnlinie (Kitano-Teilstrecke) endet am Bahnhof Kitano-Hakubai-cho. Nordöstlich, im Stadtbezirk Kamigyo-ku, lohnt der Kitano-Schrein (auch Kitano-Tenjin) einen Besuch, dessen heutige Gebäude 1607 von Toyotomi Hideyori errichtet wurden.
Der dem Sugawara Michizane gewidmete Schrein wurde 947 gegründet. Michizane, 899 zum 'Kanzler zur Rechten' ernannt, wurde 901 aufgrund

Kitano-Schrein (Fortsetzung)

einer Verleumdung nach Dazaifu (Hauptinsel Kyushu) verbannt, wo er zwei Jahre später starb. Als sich nach seinem Tode in Kyoto mehrere Katastrophen ereigneten, wurde er 933 postum rehabilitiert. Um den Geist des Verstorbenen zu besänftigen, verehrte man ihn als Gott der Gelehrsamkeit, Tenjin.
Die bedeutendsten Gebäude des Schreins sind neben drei Toren die Haupthalle Honden und die Kulthalle Haiden. Zu den Kunstschätzen zählen eine im 14. Jahrhundert von Tosa Yukimitsu angefertigte Bildrolle zur Schreingeschichte sowie drei weitere Bildrollen zum gleichen Thema von Tosa Mitsuoki (17. Jh.). Der Schrein ist von vielen Pflaumenbäumen, den Lieblingsbäumen des Michizane, umgeben.

**Kinkakuji-Tempel

Vom Bahnhof Kitano-Hakubaicho fährt ein Omnibus (Linie 204 oder 214 B) zum Kinkakuji-Tempel (Haltestelle Kinkakuji-mae). Der auch als 'Goldener Pavillon' bekannte Tempel liegt am Fuße des 200 m hohen Hügels Kinugasa. Als eines der schönsten Bauwerke der Muromachi-Zeit (14.–16. Jh.) vereint der Pavillon, dessen vergoldete Fassaden sich in einem Teich spiegeln, drei verschiedene Baustile in sich. Das Erdgeschoß (Hosui-in) zeigt den heianzeitlichen Palastbaustil Shinden-zukuri, der erste Stock den nüchternen Buke-zukuri der Kamakura-Zeit und der zweite Stock den chinesischen Tempelbaustil Kara-yo der Muromachi-Zeit. Ursprünglich stand auf dem Gelände eine Villa des Adligen Saionji Kintsune; später ging sie in den Besitz von Ashikaga Yoshimitsu (1358–1408) über, nachdem sich dieser aus dem aktiven politischen Leben zurückgezogen hatte. In seinem Auftrag wurde 1394 der Goldene Pavillon und der Garten angelegt. Nach Yoshimitsus Tod wurde der Pavillon durch seinen Sohn Yoshimochi in einen Tempel umgewandelt. Mehrfach wurde der Bau durch Feuer zerstört, letztmals im Jahre 1950 (Brandstiftung). Der gegenwärtige Bau ist eine originalgetreue Rekonstruktion von 1955.
Nach Durchschreiten des Eingangstores Chuo-mon betritt man den Tempelgarten mit dem Teich, an dessen Ufer der von einem bronzenen Phönix

'Goldener Pavillon'

Kyoto, Kinkakuji (Fortsetzung)

gekrönte Pavillon steht. Rechts vom Weg die Haupthalle mit den Statuen der Gottheiten Benten, Kannon und Taishakuten sowie den Standbildern von Ashikaga Yoshimitsu und dem Priester Muso-kokushi. Im Vorhof der Halle eine fünfhundert Jahre alte Föhre.

Auf einer Anhöhe hinter dem Pavillon das kleine Teehaus Sekka-tei aus der Zeit des Kaisers Go-Mizunoo (1874 erneuert); davor ein Steinbecken mit Laterne aus dem Muromachi-Palast des Shoguns. Nahe beim rückwärtigen Tor ein kleiner Tempel mit Darstellungen des Fudo-myoo und seiner Begleiter.

Koetsuji-Tempel

Mit dem Taxi fährt man nun zu dem nördlich gelegenen Koetsuji-Tempel, der besonders zur Zeit der herbstlichen Laubfärbung von zahlreichen Ausflüglern besucht wird. Hier befinden sich die Grabstätte des Künstlers Hon'ami Koetsu (1558–1637) und mehrere Teehäuser, darunter das von Koetsu erbaute Daikyo-an.

Marunouchi (Stadtviertel) E/F 4/5

丸の内

Japanische Entsprechung

Lage
im Stadtbezirk Chiyoda-ku

U-Bahn-Station
Nijubashi-mae (Chiyoda-Linie)

Marunouchi ist das Wirtschaftszentrum der Stadt Tokyo. Hier haben fast alle größeren Banken und Firmen ihre Hauptgeschäftsstellen – in modernen Hochhäusern westlichen Stils, die die Samurai-Häuser von einst verdrängt haben. Hier liegt Tokyos Hauptbahnhof, der nach einem Modell des Hauptbahnhofs von Amsterdam 1914 in rotem Backstein (Ostseite) errichtet wurde und 1964 einen Anbau für die Shinkansen-Linie bekam. Täglich laufen 3000 Zugverbindungen über diesen Bahnhof. In der Nähe befinden sich die Gebäude der Japanischen Eisenbahnen (JR), des Japanischen Reisebüros (JTB) und des Hauptpostamtes.
Marunouchi ist aber auch das politische Zentrum der Stadt Tokyo: In dem wallumgebenen → Kaiserpalast wohnt der Tenno. Hier erstreckt sich südlich der Palastmauern das Regierungsviertel mit dem → Parlamentsgebäude und Ministerien; das einstige Rathaus von Tokyo liegt nur wenige Minuten vom Hauptbahnhof entfernt; das neue → Rathaus allerdings steht weit westlich im Stadtviertel → Shinjuku. Nicht zuletzt ist Marunouchi mit dem Kaufhaus Daimaru und einem unterirdischen Ladenzentrum ein Einkaufsviertel.

**Meiji-Schrein

明治神宮

Japanische Entsprechung

Der Meiji-Schrein ist eine der meistbesuchten shintoistischen Kultstätten Tokyos. Er wurde 1920 gegründet, im Krieg zerstört und im traditionellen Stil wiedererbaut. Er ist dem Kaiser Meiji (1867–1912) geweiht, der die 700jährige Herrschaft der Shogune beendete und Japan in die Neuzeit führte. Um den Schrein breitet sich der 72 ha große Innere Garten aus.

Innerer Garten des Meiji-Schreins B 5

Lage
im Stadtbezirk Shibuya-ku

Eindrucksvoll ist das 12 m hohe Haupt-Torii, aus uralten Stämmen der Japanischen Zypresse (Hinoki) von der Insel Formosa gefertigt; die Bäume und Büsche sind großenteils Spenden aus allen Landesteilen. Kieswege führen zum Heiligtum mit Anbetungs- und Haupthalle. An einem Brunnen

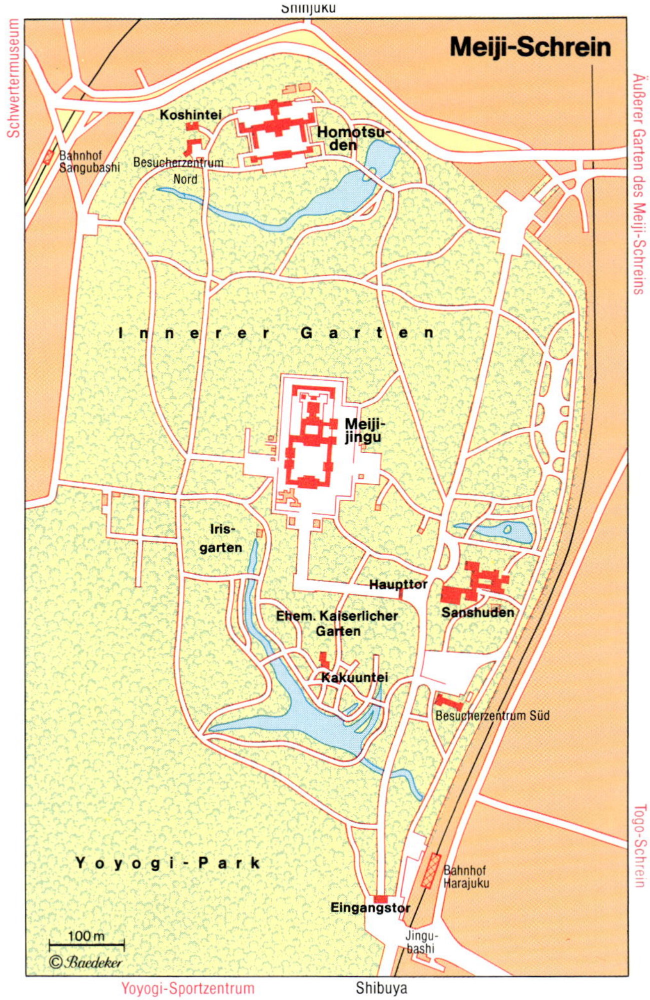

Meiji-Schrein, Innerer Garten, S-Bahn-Station Harajuku (Yamanote-Linie)

U-Bahn-Station
Meiji-jingumae (Chiyoda-Linie)

Öffnungszeiten
täglich 9.00–16.00

am Eingang waschen sich die Gläubigen und reinigen sich den Mund, wie es die religiösen Riten erfordern; außerdem legen sie vor Betreten des Schreins Hut und Mantel ab.
Etwas abseits liegt das Schatzhaus, in dem Kunst- und Gebrauchsgegenstände aus dem Besitz des Meiji-Tenno aufbewahrt werden, die zugleich das Lebensgefühl dieser Epoche illustrieren.
Im Südteil des Parks befindet sich der Irisgarten, dessen Schwertlilien Ende Juni bis Anfang Juli eine beinahe unvorstellbare Blütenpracht entfalten.

Bedeutendste festliche Ereignisse stellen der Geburtstag des Meiji-Tenno (3. November) und das Frühlingsfest (29. April bis 3. Mai) dar mit Vorfüh-

Torii des Meiji-Schreins

Hauptgebäude des Meiji-Schreins

Der berühmte Irisgarten

Schatzhaus (jeden dritten Freitag im Monat geschlossen)

rungen der alten Hofmusik Bugaku und Kyudo Taikai, Wettkämpfen im traditionellen Bogenschießen. Zum Neujahrsfest erlebt man am Meiji-Schrein eine Parade der kostbarsten Kimonos, allerdings bei schrecklichem Gedränge.

Yoyogi-Sportzentrum

Das Yoyogi-Sportzentrum im Südteil des Inneren Gartens wurde anläßlich der XVIII. Olympischen Sommerspiele (1964) errichtet. Die riesige Schwimmhalle wurde von Japans berühmtestem Architekten Kenzo Tange für mehr als 6 Mio. US-Dollar erbaut. Inzwischen wurde sie um eine Kunsteisbahn erweitert. Schwimmhalle und Budokan-Halle werden gelegentlich für Großveranstaltungen (z. B. Internationales Tennisturnier) geräumt. Das Dach der Schwimmhalle hängt an Stahlkabeln, die an zwei Felsen verankert sind. Die Budokan-Halle, unweit vom ⟶ Kaiserpalast, wurde für Kampfsportarten, wie z. B. Judo, errichtet. Heute wird sie aber auch als Festhalle genutzt.

Im Sportzentrum steht die Bronzebüste des Flugpioniers Tokugawa Yoshitoshi (1884–1963); der von ihm benutzte Doppeldecker befindet sich im Transportmuseum (⟶ Praktische Informationen, Museen).

NHK

Unweit südwestlich liegt das Sendezentrum der Rundfunkgesellschaft NHK (Nihon Hoso Kyokai) mit einer 4000 Zuhörer fassenden Konzerthalle sowie einem Museum zur Rundfunktechnik.

Äußerer Garten des Meiji-Schreins C 5

Lage
im Stadtbezirk Shinjuku-ku

Der Äußere Garten des Meiji-Schreins ist durch eine Schnellstraße mit dem Inneren Garten und dem Meiji-Schrein verbunden. In seinem Gelände befinden sich der Palast des Kronprinzen (⟶ Akasaka-Palast) sowie die Memorial Picture Gallery und das Nationalstadion.

Das Nationalstadion liegt im Westteil des Äußeren Gartens. Es wurde ursprünglich für die Asiatischen Spiele von 1958 errichtet und für die Olympischen Spiele von 1964 vergrößert. 80000 Zuschauer können hier Fußball- und Leichtathletikwettkämpfe miterleben.

Meiji-Schrein, Äußerer Garten, S-Bahn-Station Shinanomachi

Im nördlichen Teil des Parks liegt die 1925 eröffnete Gemälde-Gedenk-Galerie, deren Exponate sich auf Ereignisse aus der Regierungszeit des Meiji-Tenno beziehen.

Meiji Memorial Picture Gallery

Museum für Fernmeldetechnik F 4

逓信総合博物館

Japanische Entsprechung

Eine Fundgrube für Philatelisten befindet sich fünf Gehminuten nördlich vom Hauptbahnhof entfernt: das Museum für Fernmeldetechnik. Seine Sammlung von rund 200 000 Briefmarken, in der insbesondere der japanische und der übrige asiatische Raum vertreten ist, wird jeder Briefmarkenfreund mit Begeisterung betrachten.

Auch wer sich für Fernmeldetechnik interessiert, kommt hier auf seine Kosten: Das Museum präsentiert eine vollständige Sammlung von Exponaten und Dokumenten zur Geschichte der japanischen Post- und Fernmeldetechnik; angeschlossen ist eine Spezialbibliothek mit ungefähr 24 000 Bänden.

Anschrift
2-3-1, Otemachi, Stadtbezirk Chiyoda-ku

S-Bahn-Station
Hauptbahnhof

Öffnungszeiten
Di.–So.
9.00–16.00

**Nara Ausflugsziel

奈良

Japanische Entsprechung

Die ansehnliche Präfekturstadt Nara (310000 Einw.) war von 710 bis 784 die erste Hauptstadt Japans. Zuvor hatte man nach dem Tode eines Herrschers den Regierungssitz jeweils verlegt. Nara besitzt noch zahlreiche alte Tempel (z.T. aus dem 7. Jh.), Museen und Tempelschatzhäuser, in denen meisterhafte Kunstwerke des Buddhismus aufbewahrt werden.
Die alten Bauwerke von Nara liegen in einer besonders schönen Landschaft, auf die sich vom Mikasayama-Hügel ein besonders lohnender Ausblick bietet. Das Klima wechselt im Laufe der Jahreszeiten erheblich, ist aber im allgemeinen mild.
Der nach Ausdehnung und Einwohnerzahl eher kleinstädtische Ort Nara besitzt kaum nennenswerte Industrie. Zu den wichtigsten Erzeugnissen des Kunsthandwerks gehören geschnitzte Holzpuppen, Lackwaren, Fächer und Keramik.

Lage
ca. 500 km südwestlich von Tokyo; ca. 40 km südlich von Kyoto

Mit dem Flugzeug vom Flughafen Haneda in 1 Std. nach Osaka und von dort mit der Eisenbahn ab Bahnhof Nanba (JR-Nara-Linie) in 30 Min. nach Nara; mit der Eisenbahn ab Tokyo Hauptbahnhof (Tokaido- und Sanyo-Shinkansen-Linie) in 3 Std. nach Kyoto und von dort mit JR in 40 Min. nach Nara.

Anreise

**Nara-Park

Vom Bahnhof Kintetsu-Nara (hier im 3. und 4. Stockwerk eine sehenswerte Ausstellung mit Gegenständen von der Jomon- bis zur Nara-Zeit) gelangt man durch die Geschäftsstraße Noborioji-dori bzw. die südlich parallel verlaufende Sanjo-dori zum Nara-Park, der mit 525 ha Fläche der größte

Nara-Park (Fortsetzung)

seiner Art in Japan ist. Auf dem von riesigen alten Bäumen bestandenen Areal befinden sich zahlreiche historische Bauwerke; eine weitere Attraktion sind die vielen zahmen Rehe, die hier leben.

Rechts vom Eingang der Sarusawa-Teich (360 m Umfang), in dem sich die fünfstöckige Pagode des Kofukuji-Tempels spiegelt. Am Nordwestufer der Uneme-Schrein.

**Kofukuji-Tempel

Vom östlichen Ufer des Teiches führt ein Weg in nördlicher Richtung zum Kofukuji-Tempel, einem der Sieben Großen Tempel von Nara. Das im Jahre 669 von Kagami-no-Himehiko, der Gemahlin des Fujiwara-no-Kamatari, gegründete Heiligtum war Schutztempel dieser Familie und Haupttempel der Hosso-Sekte. Ursprünglich in Kyoto unter dem Namen Yamashinadera errichtet, wurde der Tempel 678 nach Umasaka (südlich von Nara) verlegt, mit der Gründung der Hauptstadt 710 durch Fubito, einen Sohn des Kamatari, an seinen heutigen Standort verbracht und in 'Kofukuji' umbenannt. Mit der Macht der Fujiwara wuchs auch die Bedeutung des Tempels, der in seiner Blütezeit 175 Gebäude umfaßte. Die meisten von ihnen wurden jedoch während der Kämpfe zwischen den Minamoto und den Taira im 12. Jh. zerstört.
Vom ehemaligen Standort des großen Südtores erblickt man die erhaltenen Gebäude. Zu ihnen gehört die achteckige Halle Nan-endo, 813 von Fujiwara Fuyutsugu erbaut und 1741 erneuert. Ihr bedeutendster Kunstschatz ist die 1188 von Kokei, dem Vater des Unkei, geschaffene Statue der Fukukenjaku-Kannon; beachtenswert ferner die Statuen der vier Himmelswächter sowie diejenigen der Patriarchen der Hosso-Sekte. Vor der Halle eine Bronzelaterne aus dem 9. Jh., deren Inschrift von Kobo-daishi stammen soll. Südwestlich von hier steht die dreistöckige Pagode, ein anmutiges Bauwerk der Fujiwara-Zeit.

Im Rehpark von Nara

Kofukuji (Fortsetzung)

Nördlich der Nan-endo steht die Nördliche Halle Hoku-endo, gleichfalls aufachteckigem Grundriß. Sie wurde ursprünglich im Auftrag der Kaiserin Gensho im Jahre 721 zum Gedenken an Fubito, den Gründer des Kofukuji, errichtet und 1208 erneuert. Im Inneren die vermutlich von Unkei geschaffene Holzstatue des Miroku-bosatsu (1212).
Östlich befindet sich die 710 gegründete und 1819 wiederaufgebaute Halle Chu-kondo mit einer hölzernen Shakyamuni-Statue.
Die östliche Haupthalle To-kondo, nach mehrfacher Zerstörung 1415 originalgetreu rekonstruiert, birgt eine Statue des Yakushi-nyorai (15. Jh.), umgeben von Statuen des Nikko- und Gakko-bosatsu (vermutl. 8. Jh.) und weiteren Plastiken.
Südlich gegenüber erhebt sich die fünfstöckige Pagode, 730 von Komyo, der Gemahlin des Shomu-tenno, erbaut, fünfmal abgebrannt und 1426 im alten Stil neu errichtet. Sie ist mit 50 m Höhe die zweithöchste Pagode Japans und bildet ein bemerkenswertes Zeugnis der Nara-Architektur. Im Inneren Statuen des Amida-nyorai, Shakyamuni, Yakushi-nyorai und Miroku-bosatsu. Nordöstlich von der Halle To-kondo steht das Schatzhaus Kokuho-kan, ein Neubau (1959), mit bedeutenden Kunstschätzen des Tempels. Besonders sehenswert ein bronzener Buddhakopf (7. Jh.), eine hölzerne Figurengruppe der Juni-shinsho ('zwölf Himmelsgeneräle'; Heian-Zeit), zwei Nio-Standbilder (Kongo und Misshaku), eine Ashura-Statue in Trockenlacktechnik (frühe Nara-Zeit) sowie die beiden Wächterfiguren Kongo-rikishi.

**National-museum

Auf dem vom Kofukuji nach Osten führenden Weg gelangt man zum Nationalmuseum (1895 erbaut, 1972 erweitert). Es zeigt bedeutende Kunstwerke, vor allem aus der Nara-Zeit. Von den hier magazinierten Gegenständen wird eine wechselnde Auswahl ausgestellt.
Weiter nach Osten zu steht das Forschungsinstitut für Kulturbesitz, hinter dem man durch ein großes rotes Torii (Ichi-no torii) den Bezirk des Kasuga-Schreins betritt. Auf einem von Zypressen und Zedern gesäumten Weg

Nationalmuseum (Fortsetzung)

kommt man am Botanischen Garten (links) und dem Rehpark Rokuen (rechts) vorbei. In ersterem eine kleine Bühne für Gagaku- und Bugaku-Aufführungen. Die im Rehpark lebenden Tiere gelten als Götterboten, denn nach der Legende luden die Fujiwara, die Bauherren des Schreins, die Gottheit Takemikazuchi-no-mikoto nach Nara ein, und diese hielt auf dem Rücken eines Rehs Einzug in die Stadt.

**Kasuga-Schrein

Der Weg zum Kasuga-Schrein durchquert das zweite Torii (Ni-no torii) und setzt sich zwischen zwei Reihen von insgesamt 3000 Steinlaternen fort, die zweimal jährlich am Mandoro-Fest entzündet werden. Es folgt das Südtor, ein einstöckiger Bau von 1179, in dessen Korridoren kunstvolle Laternen hängen; dahinter die Kulthalle Heiden (1650) und links von dieser die Festhalle Naoraiden aus der gleichen Zeit. Eine Steintreppe führt zum Mittleren Tor (Chumon), dessen nach beiden Seiten verlaufende überdachte Korridore die Hauptgebäude des Kasuga-Schreins umfassen.
Der Kasuga-Schrein wurde von Fujiwara Nagate (714–771) gegründet. Er besteht aus vier einzelnen Gebäuden und ist den Gottheiten Takemikazuchi und Futsunushi sowie den Ahnengöttern der Fujiwara, Amenokoyane und seiner Gemahlin Hime-okami, geweiht. Die Gebäude sind ein typisches Beispiel für den Baustil Kasuga-zukuri und unterscheiden sich von älteren, naturbelassenen Holzbauten durch roten Anstrich der Balkenkonstruktion und weißen Verputz sowie durch die geschwungene Dachlinie. Bis zum Jahr 1863 wurden die Gebäude in regelmäßigem Turnus alle zwanzig Jahre abgetragen und in der alten Form neu errichtet; seither beschränkt sich diese Erneuerung auf die Dächer.
An der linken Seite steht die Umzugshalle Utsushi-dono, wo während der Erneuerungsarbeiten an den Schreingebäuden die Götterbilder untergebracht werden. Der von hier zum Hauptschrein Nejiri-roka führende gedeckte Gang, ein Werk des berühmten Hidari Jingoro (vermutlich 1594–1634), ist mit ausgezeichneten Schnitzereien geschmückt. Nördlich der Umzugshalle steht der Baum Yadorigi, auf dessen Stamm sechs

Kasuga-Schrein

andere Arten aufgepfropft sind. Die von Schreinbesuchern an die Zweige gehefteten Papierstreifen enthalten Gebete um Glück.

Kasuga-Schrein (Fortsetzung)

Ein weiterer zwischen Steinlaternen verlaufender Weg führt vom Kasuga-Schrein nach Süden zum Kasuga-Wakamiya-Schrein, der dem Gott Ame-no-oshikumo, Sohn des Amenokoyane, geweiht ist und wohl 1135 gegründet wurde. Die heutigen Gebäude wurden 1863, gleichfalls im Stil Kasuga-zukuri, errichtet.

Kasuga-Wakamiya-Schrein

Im Südbau des langgestreckten Schreins befindet sich die Heilige Tanzhalle Kaguraden (1613), wo die 'Kagura' genannten Ritualtänze zu Ehren von Amaterasu, der Ahnengottheit des Kaiserhauses, aufgeführt werden.

Das im Dezember stattfindende Schreinfest 'On-matsuri' gilt als größtes Fest der Stadt und wird von weither besucht. Ein prachtvoller Festzug mit historischen Gewändern zieht von hier aus durch die Stadt.

Das Schatzhaus (Homotsuden) des Schreins, 1973 errichtet, befindet sich südwestlich des Hauptschreins und beherbergt wertvolle Kunstschätze.

Kasuga

Östlich des Nara-Parks erhebt sich der 460 m hohe Berg Kasuga, als Sitz der Götter verehrt. Die seine Flanken bedeckenden Wälder sind seit uralter Zeit unberührt und bieten vor allem im Herbst ein schönes Bild. Vom Gipfel lohnender Blick auf die Stadt und das Nara-Becken.

Wakakusa

Ein weiterer lohnender Aussichtspunkt ist der weiter nördlich gelegene grasbewachsene Hügel Wakakusa (342 m), wo im Januar das Fest Yamayaki abgehalten wird.

**Shin-Yakushiji-Tempel

Etwa 600 m südlich des Kasuga-Schreins befindet sich der Shin-Yakushiji-Tempel, den die Kaiserin Komyo im Jahre 747 gründete, um von den Göttern die Heilung ihres Gemahls Shomu von einem Augenleiden zu erbitten.

Der Tempel, ein klassisches Werk der späten Nara-Zeit, verdankt seinen Namen dem Heilenden Buddha (Yakushi), welchem das Heiligtum geweiht ist.

Im Inneren die aus einem einzigen Block geschnitzte hölzerne Statue der Yakushi-nyorai, daneben eine Statue der Elfköpfigen Kannon. Beide sind umgeben von zwölf tönernen Wächtergottheiten (Juni-shinsho); alle diese Plastiken sind Meisterwerke der späten Nara-Zeit. Die Haupthalle Hondo ist der einzige aus der Nara-Zeit erhaltene Teil des Tempels; alle anderen Gebäude wurden schon früh zerstört.

Tamukeyama-Hachiman-Schrein

Im Nordteil des Nara-Parks steht am Fuß des Wakakusa der Tamukeyama-Hachiman-Schrein (749 gegründet), der dem Kriegsgott Hachiman geweiht ist. Ursprünglich wohl neben dem Heijo-Palast westlich der Stadt erbaut, wurde er 1251 an seinen jetzigen Standort gebracht; die heutigen Gebäude wurden 1691 von dem Priester Kokei errichtet. Die mittlere Halle ist Kaiser Ojin (postum als Hachiman verehrt) geweiht, die linke seiner Gemahlin Hime-mikoto und die rechte seinen Eltern Jingu-tenno und Chuai. Im Süden das Schatzhaus Hozo, im Norden die Sutra-Halle Kyozo.

Interessant ist die 'Azekura-zukuri' genannte Bautechnik, bei welcher Holzbalken von dreieckigem Querschnitt ohne Nägel zusammengefügt werden. Bei hoher Luftfeuchtigkeit dehnt sich das Holz aus und verhindert den Luftzutritt in den Innenraum, während bei Trockenheit das Holz etwas schwindet und ausreichend Frischluft eindringen läßt. So entsteht ein relativ stabiles Raumklima, dem der hervorragende Erhaltungszustand der zum Teil über tausend Jahre alten Kunstschätze zu verdanken ist. Man findet diese Technik nicht nur in den Gebäuden des Tamukeyama-Hachiman-Schreins, sondern auch an anderen Orten.

** Todaiji-Tempel

In dem westlich an den Schrein anstoßenden Gelände steht der Todaiji-Tempel (Großer Osttempel), einer der Sieben Großen Tempel von Nara. Er ist das Hauptheiligtum der buddhistischen Kegon-Sekte und aller aufgrund des Ediktes von Shomu-tenno errichteten Provinztempel (Kokubunji).

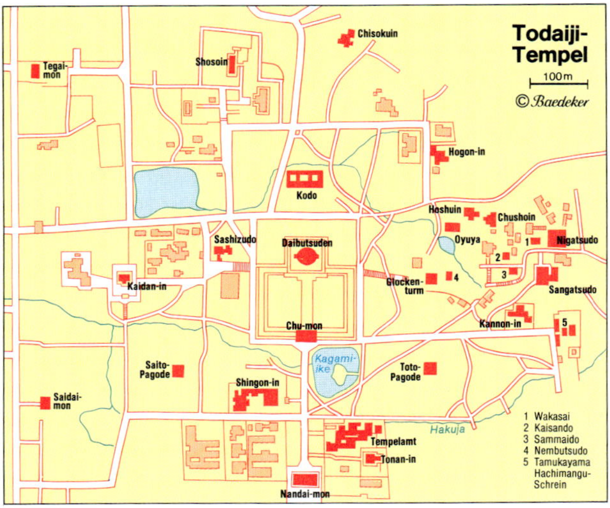

Geschichte

Zentraler Glaubensinhalt der 736 von dem chinesischen Priester Dozen gegründeten Kegon-Sekte, einer der ältesten Japans, ist die Möglichkeit jedes Menschen, zur Erleuchtung zu gelangen. Verehrt wird der Rushana-Buddha (Vairoçana), der Ur-Buddha.
Im Jahre 745 gab Kaiser Shomu, der eifrigste damalige Verfechter des Buddhismus, den Auftrag zum Bau des Todaiji-Tempels. Nachdem schon 743 erste Gußversuche (auf dem Gelände des Shigaraki-Palastes südlich vom Biwa-See) fehlgeschlagen waren, wurde 745 in Nara erneut mit dem Guß der Statue des Daibutsu (Großer Buddha) begonnen und das Werk 749 vollendet.

Nach der Fertigstellung wurde der Todaiji-Tempel im Jahre 752 in der prunkvollsten Feier des Jahrhunderts geweiht. Unter den Teilnehmern waren der abgedankte Kaiser Shomu mit seiner Gemahlin und seiner Tochter, der Kaiserin Koken, sowie der gesamte Hofstaat und etwa 10 000 Priester und Gläubige. 855 wurde bei einem schweren Erdbeben der Kopf der Buddha-Statue abgerissen (Wiederherstellung 861). Im Jahre 1180 zerstörte Taira Shigehira die Große Buddha-Halle (Daibutsuden), wobei Kopf und rechte Hand der Statue dem Feuer zum Opfer fielen. Auf Veranlassung des Abtes Chogen wurde die Statue rekonstruiert und die Fertigstellung (1195) mit einer Zeremonie unter Anwesenheit von Kaiser Gotoba und dem Shogun Minamoto Yoritomo gefeiert. Bei einem Aufstand des Matsunaga Hisahide brannte die Buddha-Halle 1567 nieder. Die erneut beschädigte Statue wurde 1692, die Halle 1709 wiederhergestellt.

Tempelbezirk

Den Eingang zum Tempelbezirk bildet das Große Südtor Nandaimon, ein von 18 Säulen getragener zweistöckiger Bau. Ursprünglich gegen Ende der Nara-Zeit errichtet und 962 durch einen Taifun zerstört, wurde er 1199 neu erbaut. Das Gebäude zeigt den aus Indien stammenden wuchtigen Baustil Tenjiku-yo. In den äußeren Seitennischen stehen zwei Nio-Statuen (Wächterfiguren) von 8 m Höhe, die den Meistern Unkei und Kaikei bzw. Tankei zugeschrieben werden. In den rückwärtigen Nischen zwei auf einem Steinsockel stehende Koma-inu (hunde- oder löwenähnliche Tiere), angeblich 1196 von dem Chinesen Chinnakei geschaffen und ein typisches Beispiel der chinesischen Sung-Kultur.

Todaiji, Tempelbezirk (Fortsetzung)

An dem Teich Kagami-ike (am Shomu-sai-Fest Bugaku-Aufführungen) vorbei gelangt man zur Halle des Großen Buddha (Daibutsuden). Obgleich diese nach mehrfacher Zerstörung nur in verkleinertem Maßstab (rund $^2/_3$ der ursprünglichen Größe) neu errichtet wurde, ist sie mit 57 m Länge, 50,5 m Breite und 48,7 m Höhe noch immer das größte Holzbauwerk der Welt. Auch sie zeigt den Baustil Tenjiku-yo. An den Enden des Dachfirstes befinden sich 'Shibi' genannte Talismane, die vor Feuer schützen sollen.

**Halle des Großen Buddha (Daibutsuden)

Im Inneren der Halle steht der Große Buddha (Daibutsu), eine Bronzeplastik des Ur-Buddha, deren ursprüngliche Form nach einem Entwurf des Koreaners Kuninaka-no-Kimimaro entstand. Das Bronzepodest (Umfang 20,7 m) hat die Form einer Lotosblüte mit 56 Blättern. Die Sitzstatue selbst ist mit 16,2 m Höhe die größte Buddha-Statue Japans. Für den Guß wurden 437 t Bronze, 130 kg Gold und 7 t Wachs verwendet. Die erhobene rechte Hand zeigt die Mudra 'Semui-no-in' (Friedensverheißung), die linke die Mudra 'Yogan-no-in' (Erfüllung der Wünsche). Die vergoldete hölzerne Aura mit Darstellungen der 16 Buddha-Inkarnationen wurde im 17. Jh. angefügt. Aus der gleichen Zeit stammen die beiden vor dem Buddha stehenden Figuren Nyoirin-Kannon (Erfüller aller Wünsche, rechts) und Kokuzo-bosatsu (Gottheit der Weisheit und des Glücks, links). Im rückwärtigen Teil der Halle die Standbilder von zwei der vier Himmelswächter: links Komokuten, der Herrscher über den Westen, welcher einen Dämon zertritt, der symbolisch für alles steht, was den buddhistischen Glauben behindert; rechts Tamonten in ähnlicher Pose. Neben Komokuten das Modell des ursprünglichen Tempelbaues; vor Tamonten eine massive Holzsäule mit einem rechteckigen Durchbruch in Bodenhöhe. Nach dem Volksglauben ist jedem das Paradies gewiß, der durch diese Öffnung zu kriechen vermag.

Rechts vor der Buddha-Halle befindet sich ein hölzernes Sitzbild des Binzuru, welches Krankheiten heilen soll, wenn man es mit der einen und den erkrankten Körperteil mit der anderen Hand berührt. Ein Meisterwerk der späten Nara-Zeit (Tempyo-Periode) ist die vor der Halle stehende achteckige Bronzelaterne, deren Äußeres mit vollendeten Reliefs geschmückt ist.

Etwa 300 m westlich der Halle erreicht man den Kaidan-in-Tempel, der nach seiner Gründung (754) mehrmals durch Feuer zerstört und in seiner heutigen Form um 1730 neu errichtet wurde. In der Mitte des Innenraumes die Statuen von Shakyamuni und Taho-nyorai, in den Ecken die Standbilder der vier Himmelswächter in voller Rüstung. 'Kaidan' ist ursprünglich die Bezeichnung der Terrasse für die Priesterweihe; zum Bau wurde Erde verwendet, die der chinesische Priester Ganjin mitgebracht hatte. Er soll hier fünfhundert Mönche zu Piestern geweiht haben.

*Kaidan-in-Tempel

500 m nördlich steht das Schatzhaus (Shosoin) des Todaiji, in der das Raumklima beeinflussenden Technik des Azekura-zukuri (vgl. oben) erbaut. In dem normalerweise unzugänglichen Gebäude werden Kunstgegenstände von unschätzbarem Wert aufbewahrt, die ursprünglich die Sammlung des Kaisers Shomu bildeten und nach dessen Tod von seiner Witwe und deren Tochter dem Todaiji-Tempel übereignet wurden. Viele der Schmuckstücke, Waffen, Bilder und Sakralgeräte stammen aus dem mittleren und vorderen Orient. Von Ende Oktober bis Anfang November wird das Schatzhaus gelüftet; zu dieser Zeit werden Teile der Sammlung im

Schatzhaus

Todaiji, Schatzhaus (Fortsetzung)

Nationalmuseum von Nara ausgestellt. Nahebei zwei moderne Erweiterungsbauten aus Stahlbeton.

*Glockenturm

Östlich der Buddha-Halle steht ein alter Glockenturm, dessen Glocke 749 gegossen und 989 bei einem Taifun stark beschädigt wurde (Neuguß 1239). Mit 3,9 m Höhe und 2,8 m Durchmesser ist sie die zweitgrößte Glocke Japans.

Halle des Zweiten Monats

Noch weiter östlich liegt auf einer Erhebung die Halle des Zweiten Monats (Nigatsu-do), 752 von dem Priester Jitchu, einem Schüler von Roben (689–773, erster Abt des Todaiji), erbaut und nach einem Brand 1669 wiederaufgebaut. Im unzugänglichen Inneren zwei Statuen der Elfköpfigen Kannon. Die Halle verdankt ihren Namen der Wasserschöpfzeremonie 'Omizu-tori', die früher in den zweiten Monat des Mondkalenders fiel (heute zwischen 1. und 14. März).

**Halle des Dritten Monats

Südlich anschließend die Halle des Dritten Monats (Sangatsu-do), das 733 von Roben errichtete älteste noch bestehende Gebäude im Tempelbezirk. Die Bethalle Raido wurde um 1200 (Kamakura-Zeit) angefügt; beide Bauten lassen sich anhand der Dachkonstruktion unterscheiden. Der Name der Halle leitet sich von der im dritten Monat des Mondkalenders abgehaltenen Lesung der hier aufbewahrten Hokke-Sutra ab. In der Mitte des Innenraumes die 3,6 m hohe Fukukenjaku-Kannon, eine dem Abt Roben zugeschriebene Trockenlackstatue, deren Krone mit 20 000 Perlen und Edelsteinen geschmückt ist. Sie wird flankiert von den tönernen Figuren des Nikko-bosatsu und Gakko-bosatsu (Nara-Zeit). Seitwärts stehen die Standbilder von Bonten und Taishakuten, gleichfalls in Trockenlacktechnik. Neben der Bonten-Statue die hölzernen Statuen des Fudomyoo (rechts) und des Jizo-bosatsu (links). In den vier Raumecken die Himmelswächter (Trockenlack).

Im rückwärtigen Raum zwei Tragschreine (Mikoshi) mit den Darstellungen von Benzaiten, der Liebesgöttin, und Kichijoten, der Glücksgöttin; ferner zwei Wächterstatuen (Trockenlack). Die hinter der Fukukenjaku-Kannon aufbewahrte Tonfigur des Shukongo-shin, ein Werk von Roben, ist nur an dessen Todestag (16. Dezember) zu sehen.

Isuien-Garten

Neiraku-Museum

Westlich vom Südtor zum Bezirk des Todaiji-Tempels erstreckt sich der Isuien-Garten; links vom Eingang das 1969 eröffnete kleine Neiraku-Museum mit altem chinesischem und koreanischem Kunstgewerbe. Der Isuien ist ein Landschaftsgarten im Shakkei-Stil ('Geborgte Landschaft', die Umgebung wird in das Gesamtbild einbezogen). In seinem vorderen Teil stehen die Teehäuser Seishuan und Sanshutei sowie der Warteraum Teishuken. Der hintere Teil des Gartens, im Jahre 1899 angelegt, hat das Südtor des Todaiji und den Hügel Wakakusa zur Kulisse. Auf der Insel des kleinen Teiches ein Fundamentstein der Buddha-Halle; die Trittsteine sind alte Mahlsteine zur Herstellung von Stoffarben. In dem strohgedeckten Teehaus Hyoshintei wird bisweilen grüner Tee ausgeschenkt.

Nara Dreamland

Etwa 2 km außerhalb der Stadtmitte liegt das mit dem Autobus erreichbare Freizeit- und Vergnügungszentrum Nara Dreamland im Disneyland-Stil, mit Abenteuerland, Phantasieland, Welt von Gestern und Morgen sowie einer 3 km langen Kleinbahn.

Nordwestliche Umgebung von Nara

Heijo-kyuden-Kaiserpalast

Nordwestlich der Stadt befindet sich der bei Ausgrabungen freigelegte Heijo-kyuden-Kaiserpalast (Autobus vom Hauptbahnhof Nara, 15 Min.,

Heijo-kyuden-Kaiserpalast (Fortsetzung)

oder vom Bahnhof Yamato-Saidaiji, 5 Min.). Auf einer Fläche von 107 ha errichtet, bildete er das politische und kulturelle Zentrum der alten Hauptstadt Heijokyo. Als im Jahre 784 der Regierungssitz nach Nagaoka verlegt wurde, verfiel die Anlage, so daß heute nur noch die Fundamente zu sehen sind. Erkennbar ist der Grundriß der Zeremonienhalle Daigokuden. Südlich von ihr befanden sich zwölf weitere Gebäude, darunter die Versammlungshalle Choshuden; der gesamte Komplex war von einer Galerie mit mehreren Toren umgeben. Bei den Grabungsarbeiten wurden Gräben, Brunnen und Pflasterungen freigelegt; die Funde sind in der sogenannten Materialhalle ausgestellt.

*Hokkeiji-Tempel

Etwa 800 m östlich des Palastes steht der von der Kaiserin Komyo im 8. Jh. gegründete Hokkeiji-Tempel, dessen Haupthalle 1601 erneuert wurde. Sehenswert die angeblich von einem indischen Künstler geschaffene Holzstatue der Elfköpfigen Kannon.

*Kairyuoji-Tempel

Nahebei der Kairyuoji-Tempel, ebenfalls eine Gründung der Kaiserin. Erhalten sind nur die westliche Haupthalle, die Sutrenbibliothek (beide im 12. Jh. teilweise erneuert) und die fünfstöckige Pagode.

**Akishino-Tempel

Nordwestlich vom Bahnhof Yamato-Saidaiji liegt der Akishino-Tempel, um 780 gegründet und 1135 größtenteils niedergebrannt. Verschont blieb lediglich die Vortragshalle (Kodo), die später zur Haupthalle (Hondo) umgestaltet wurde. Sie ist ein gutes Architekturbeispiel der Nara-Zeit. Die Trokkenlackstatue der Gottheit Gigeiten stammt zum Teil aus jener Epoche, zum Teil wird sie dem Bildhauer Unkei zugeschrieben.

**Saidaiji-Tempel

Nur wenige Schritte westlich des Bahnhofs befindet sich ein weiterer der Sieben Großen Tempel von Nara, der 765 auf Geheiß von Shotoku-tenno (der vormaligen Kaiserin Koken) errichtete Saidaiji-Tempel ('Großer Westtempel'). Er ist das Hauptheiligtum der Shingon-Ritsu-Sekte. Die Gebäude sind meist neueren Datums.
Die Haupthalle Shakado, nördlich von den Ruinen der Ost-Pagode, stammt von 1752. In ihr befindet sich eine Holzstatue des Shakyamuni, ein Werk des Priesters Eison (1201–1290), sowie eine Statue des Monjubosatsu von 1302.
Südwestlich der Haupthalle die Halle Aizendo mit Sitzstatuen des Aisenmyoo (1247) und des Priesters Eizon (Kamakura-Zeit).
Nahe dem Osttor die Halle Shiodo mit einer Anzahl von Statuen der späten Nara-Zeit (Tempyo-Periode), darunter die vier Himmelswächter (diejenige des Tamonten aus Holz, die anderen aus Bronze); die Dämonenfiguren zu Füßen der Statuen stammen aus der Zeit der Tempelgründung. Im 12. Jh. entstand die hölzerne Statue der Elfköpfigen Kannon.
Östlich der Haupthalle das Tempelschatzhaus Shuhokan mit Skulpturen, Gemälden und Kalligraphien. Im Tempelbesitz ferner zwölf Bildrollen mit Darstellungen der Wächter (Juni-shinsho) auf Seide.

Nordöstlich des Tempels befindet sich das Grab des Kaisers Seimu, ein typisches Hügelgrab der Kofun-Zeit.

Yamato-bunkakan-Museum

Westlich des Saidaiji (Bahnhof Gakuen-mae) liegt in einer wald- und seenreichen Hügellandschaft das 1961 eröffnete Yamato-bunkakan-Museum mit Kunstschätzen des asiatischen Raumes (Plastiken, Gemälde, Keramik, Lackwaren u.a.).

Südwestliche Umgebung von Nara

Die Gegend südwestlich von Nara ist heute eine stille Agrarlandschaft. Im 8. Jh. war hier ein geistiges Zentrum der Region, wovon noch einige Tempel zeugen, die zu den ältesten des Gebietes gehören und einen reizvollen

Toshodaiji ...

... und Horyuji

Südwestliche Umgebung (Fortsetzung)

Kontrast zu den grünen Reisfeldern und bäuerlichen Anwesen bilden. Die Zufahrt erfolgt von Nara (Bahnhof Kintetsu-Nara) mit der Nara-Linie der Kintetsu-Privatbahn bis Yamato-Saidaiji, dann mit der Kashihara-Linie nach Süden.
Unweit westlich des Bahnhofs Amagatsuji liegt das Grab des Kaisers Suinin, ein Tumulus mit schlüssellochförmigem Grundriß, in einem See. Auch dieses Grab entstand in der Kofun-Zeit.

**Toshodaiji-Tempel

600 m südlich des genannten Bahnhofs steht der 759 von Ganjin gegründete Toshodaiji-Tempel, oberster von rund 30 Tempeln der Ritsu-Sekte.
Aus der Gründungszeit des Tempels stammen nur noch die Haupthalle und die Vortragshalle; die übrigen Gebäude sind neueren Datums. Durch das Große Südtor Nandaimon (Rekonstruktion 1960) gelangt man zur Haupthalle Kondo, die mit einer Grundfläche von 15 x 29 m als größtes und bedeutendstes Beispiel der Tempyo-Architektur gilt. Von klassischer Schönheit ist die Säulengalerie. In der Halle eine 3,3 m hohe Sitzstatue des Rushana-butsu (Trockenlacktechnik), von den chinesischen Schülern des Ganjin, T'an Ching und Szu T'o, entworfen. Ihre prachtvolle Aura war ursprünglich mit 1000 kleinen Buddha-Figuren geschmückt, von denen 864 erhalten sind. Links daneben eine Tausendhändige Kannon (Trockenlack, 5,5 m hoch), rechts eine Statue des Yakushi-nyorai, gleichfalls in Trockenlacktechnik und den Ganjin-Schülern Szu T'o und Ju Pao zugeschrieben. Ferner zwei 1,7 m hohe Holzstatuen (Bonten und Taishakuten) des Meisters Chun Fa-li sowie ein hölzernes Sitzbild des Dainichi-nyorai (3,7 m hoch) aus der frühen Heian-Zeit.
Hinter der Haupthalle steht die Vortragshalle Kodo, ursprünglich Versammlungshalle des Kaiserpalastes Heijo-kyuden und schon bei der Tempelgründung hierher verbracht. Durch Erneuerungsarbeiten von Chun Fa-li (759) und spätere Reparaturen wurde der ursprüngliche Stil verfälscht.

Yakushiji-Tempel ▶

Toshodaiji (Fortsetzung)

Bedeutendste Skulptur dieser Halle ist der von Chun Fa-li stammende, 2,4 m hohe Miroku-bosatsu; ferner sehenswert die aus einem Zypressenholzblock geschnitzten Statuen von Jikokuten und Zochoten.
Rechts der Vortragshalle ein langgestreckter Bau, der die Priesterwohnungen Higashimuro (Norden) und den Sakralraum Raido (Süden) umfaßt. Davor ein Trommelturm (Koro oder Shariden), wo im Mai das Fest Uchiwamaki stattfindet.

Östlich der Priesterwohnungen befinden sich zwei in Azekura-zukuri-Technik errichtete Gebäude: die Sutren-Bibliothek Kyozo (Süden) und die Schatzkammer Hozo (Norden). Das neue Schatzhaus Shin-hozo (1970) enthält Gemälde, Schriftstücke und Skulpturfragmente.

Die von einer Mauer umgebene Bildnishalle Mieido, nordwestlich von hier, birgt eine Trockenlackstatue des Ganjin (80 cm hoch), die in seinem Todesjahr entstanden ist. Die Halle ist nur am 6. Juni zugänglich. Ein Weg führt zum Grabmal des Ganjin.

**Yakushiji-Tempel

Von der in südlicher Richtung nächstfolgenden Bahnstation (Bahnhof Nishinokyo) oder vom Toshodaiji zu Fuß (750 m) erreicht man den Yakushiji-Tempel, den 680 unter Kaiser Temmu gegründeten heutigen Haupttempel der Hosso-Sekte (zusammen mit dem Kofukuji).

Während der Bauzeit, die sich bis 698 hinzog, verstarb Kaiser Temmu, dessen Gemahlin 687 den Thron bestieg. Nach der Verlegung des Regierungssitzes nach Nara wurde der Tempel im Jahre 718 von Asuka an seinen jetzigen Standort verbracht. Er wurde mehrfach beschädigt, besonders schwer im Bürgerkrieg von 1528.

Von der ursprünglichen Anlage des zu den Sieben Großen Tempeln von Nara zählenden Heiligtums ist nur die Ostpagode erhalten geblieben; alle anderen Gebäude entstanden in oder nach der Kamakura-Zeit.

Die Haupthalle Kondo, 1600 erneuert und 1976 auf den alten Fundamenten neu errichtet, enthält die berühmte Yakushi-Trinitas. Ihre Zentralfigur ist der 2,6 m hohe Yakushi-nyorai (Herr des östlichen Paradieses); zu beiden Seiten die Standfiguren des Nikko-bosatsu und des Gakko-bosatsu. Durch den Brand von 1528 wurden die ursprünglich vergoldeten Statuen geschwärzt; nur die Auren sind noch vergoldet. Das große Bronzepodest der Zentralfigur zeigt chinesische und indische Einflüsse. Alle drei Statuen stammen aus dem Jahr 697, ebenso die Yakushi-Trinitas der hinter der Haupthalle liegenden Vortragshalle Kodo.

Schräg gegenüber steht die dreistöckige Ostpagode (37,9 m hoch, vermutlich 698 erbaut). Durch eingefügte kleine Zwischendächer erscheint sie sechsstöckig. Kunstvoll ist auch der metallene Dachschmuck (Sorin). Die Pagode gilt als einziges erhaltenes Beispiel buddhistischer Architektur der Hakuho-Zeit.

Hinter der Pagode schließt sich die Osthalle Toin-do (1285) an. Sie birgt die 1,9 m hohe bronzene Sho-Kannon (auch Kudara-Kannon, um 600), ein Geschenk des Königs von Paeckche (Korea). Auf der anderen Seite der Pagode die Halle Bussokudo mit einem Stein, auf dem sich der Fußabdruck Buddhas (Bussoku-seki) befindet.

Bemerkenswert ist weiterhin der Glockenturm, rechts von der Haupthalle, mit einer koreanischen Glocke.

Das Tempelschatzhaus Hozoden beherbergt u.a. zwei schöne Gemälde, welche die Göttin der Schönheit, Kichijo-ten, und einen chinesischen Priester darstellen. Das Schatzhaus ist nur von 1. bis 15. Januar und von 20. Oktober bis 10. November zugänglich.

Nara-Becken

Das südlich der Stadt sich ausdehnende Nara-Becken, auch Yamato-Becken genannt, wird von den Zuflüssen des Yamato durchzogen, der die Ebene nach Westen verläßt und im Süden von Osaka ins Meer mündet. In diesem Gebiet setzt sich die Reihe der bedeutenden Tempelanlagen aus japanischer Frühzeit fort.

Hokkiji-Tempel

Von Nara (Bahnhof Kintetsu-Nara) gelangt man mit der Eisenbahn über Yamato-Saidaiji und Tamagatsuji (s. zuvor) nach Kintetsu-Koriyama (15 Min.) und von dort mit dem Autobus (20 Min.) zum Hokkiji-Tempel. Die im Jahre 638 erfolgte Gründung geht auf den Priester Fukuryo zurück, der damit den letzten Willen von Shotoku-taishi (574–622) erfüllte. Nach dem Standort von dessen Palast, wo der Tempel erbaut wurde, wird er auch Okamoto-Tempel genannt. Die 685 errichtete dreistöckige Pagode zeigt den Stil der frühen Nara-Zeit.

Horinji-Tempel

Zu Fuß erreicht man in 15 Minuten den südwestlich gelegenen Horinji-Tempel, der 821 von einem Sohn des Shotoku-taishi erbaut wurde. Beherrschende Figur in der Haupthalle Kondo ist die hölzerne Sitzstatue des Yakushi-nyorai in dem an chinesischen und koreanischen Vorbildern orientierten Stil Tori-busshi. Daneben die aus der späten Heian-Zeit stammenden Skulpturen der Kichijo-ten, Sho-Kannon und Bishamonten.
Die Vortragshalle Kodo enthält farbige Holzstatuen der Elfköpfigen Kannon (4,8 m hoch), des Kokuzu-bosatsu und des Jizo-bosatsu.

**Horyuji-Tempel

Etwa 1 km weiter südwestlich liegt die älteste vollständig erhaltene Tempelanlage Japans, der Horyuji-Tempel, ein glänzender Bau der Asuka-Zeit (552–645), mit meisterhaften Kunstwerken aus allen Kulturepochen des Landes.
Yomei-tenno, der erste buddhistische Kaiser Japans, wurde 586 von einer schweren Krankheit befallen. Er gab den Auftrag, eine Statue des Heilenden Buddha (Yakushi-nyorai) anzufertigen, starb aber vor deren Vollendung. Um seinen Wunsch zu erfüllen, ließ Shotoku-taishi, der Sohn des Kaisers, 607 den Horyuji-Tempel errichten, der als einer der Sieben Großen

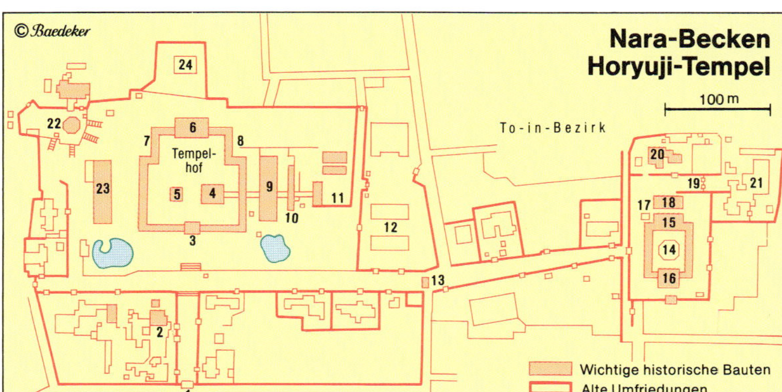

1 Nandaimon (Südtor)
2 Tempelverwaltung
3 Chumon (Mittleres Tor)
4 Kondo (Haupthalle)
5 Fünfstöckige Pagode
6 Daikodo (Vortragshalle)
7 Kyozo (Sutrahalle)
8 Shoro (Glockenturm)
9 Shoryoin
10 Tsumashitsu
11 Kofuzo (Schatzhalle)
12 Daihozoden (Schatzkammer)
13 Todaimon (Osttor)
14 Yume-dono
15 E-den (Gemäldehalle)
16 Raido
17 Shodo (Glockenturm)
18 Dempodo
19 Kitamuroin Karamon (Tor)
20 Kitamuroin Hondo
21 Chuguji-Tempel
22 Saiendo
23 Sangyoin
24 Kami-no-mido

Horyuji
(Fortsetzung)

Tempel von Nara das Zentrum des Buddhismus im Lande wurde, von dem aus die neue Lehre in alle Teile Japans getragen wurde. Zu jener Zeit führte die Verbindungsstraße vom Kaiserhof zur Küste hier vorbei.

Die gesamte Anlage dieses Haupttempels der Shotoku-Sekte umfaßt 45 Bauten, die zwischen der Asuka- und der Momoyama-Zeit entstanden sind. 17 davon sind als ‘Bedeutender Nationalschatz’ klassifiziert. Der Tempel ist in die Komplexe To-in (auch Higashi-no-in, Ostteil) mit 14 Gebäuden sowie Sai-in (auch Nishi-no-in, Westteil) mit 31 Gebäuden gegliedert.

Den Haupteingang zum Sai-in und zum ganzen Tempelbezirk bildet das Große Südtor Nandaimon, ein mehrmals (zuletzt in der Muromachi-Zeit, 1438) erneuerter Bau. Von hier gelangt man, am Tempelbüro vorbei, zum Mittleren Tor Chumon aus dem Gründungsjahr. Das Tor, zu dessen beiden Seiten überdachte Korridore (Kairo) verlaufen, unterscheidet sich von anderen Torbauten durch seine von Säulen getragene Konstruktion. Zu beiden Seiten des von Säulen geteilten Eingangs zwei Wächterfiguren (Nio), die rechte in Rot als Symbol des Lichtes, die linke in Schwarz als Symbol der Finsternis. Beide entstanden 711 und wurden 1964 vollständig restauriert.
Die vom Mittleren Tor ausgehenden Korridore umziehen den inneren Tempelhof. In diesem steht rechts die Haupthalle Kondo, ein zweistöckiger Holzbau von 9,1 x 7,3 m Grundfläche und 17,8 m Höhe, entstanden in der Asuka-Zeit und angeblich das älteste erhaltene Holzgebäude der Welt. Die Innenwände der Halle trugen berühmte Fresken, die in Stil und Ausführung jenen in den Höhlen von Ajanta (Indien) vergleichbar waren; sie wurden aber 1949 durch Feuer zerstört. Fotografien der Fresken befinden sich in der Großen Schatzkammer. In der Halle stehen mehrere Statuen aus dem 7. Jh.; die bekannteste ist die bronzene Shaka-Trinitas, die 623 von Toribusshi gegossen wurde. Die Hauptfigur Shakyamuni ist flankiert von Yakuo-bosatsu und Yakujo-bosatsu. Rechts der Trinitas eine Statue des Yakushi-nyorai, von Yomei-tenno in Auftrag gegeben und 607 in Bronze gegossen. Links der Trinitas stehen eine Bronzestatue des Amida-nyorai (1232) sowie die Holzstatuen der Göttin Kichijo-ten und des Kriegsgottes Bishamonten, beide von 1078. Aus der späten Asuka-Periode stammen die hölzernen Statuen der vier Himmelswächter, die ältesten erhaltenen Darstellungen dieser Art.

Die im linken Teil des Tempelhofes stehende fünfstöckige Pagode aus dem Gründungsjahr des Tempels ist 32 m hoch; an den Ecken der Dächer sind Talismane gegen Feuersgefahr angebracht, im unteren Teil ist ein Zwischendach (Mokoshi) eingefügt. Im Erdgeschoß sind vier in Ton gearbeitete Szenen aus dem Leben Buddhas dargestellt: an der Ostseite ‘Gespräch zwischen Yumia und Monju’, an der Südseite ‘Das Paradies des Miroku’, an der Südseite ‘Einäscherung Buddhas’ und an der Nordseite ‘Eingang Buddhas ins Nirwana’.
An der Nordseite des Tempelhofes befindet sich die Vortragshalle Daikodo, deren ursprünglicher Bau 925 durch Blitzschlag zerstört und die 990 erneuert wurde. Im Inneren eine vergoldete Yakushi-Trinitas aus Holz (an den Seiten der Hauptfigur stehen Nikko-bosatsu und Sakko-bosatsu), ferner die Skulpturen der vier Himmelswächter.
Westlich der Vortragshalle die Sutrahalle Kyozo aus der Tempyo-Periode mit einer Holzstatue des koreanischen Priesters Kanroku, der 607 nach Nara kam. Der Glockenturm Shoro wurde in der Heian-Zeit neu erbaut; die Glocke soll aus dem 8. Jh. stammen.

Vor der den Hof östlich begrenzenden Galerie steht die der Seele des Shotoku-taishi geweihte Halle Shoryoin, das 1121 erneuerte ehemalige Priesterquartier. Sie birgt eine Statue des Shotoku-taishi, die den fünfundvierzigjährigen Regenten im Prunkgewand der T’ang-Zeit zeigt. Ihm zur Seite Skulpturen von Würdenträgern, u.a. des Priesters Eji.

Horyuji (Fortsetzung)

Jenseits des anschließenden Gebäudes Tsumamuro erreicht man das kleine Schatzhaus Kofuzo mit einigen buddhistischen Plastiken sowie den zweiteiligen Bau der Großen Schatzkammer Daihozoden, der 1941 anläßlich des 1320. Todestages von Shotoku-taishi errichtet wurde. Im Inneren hervorragende Kunstwerke aus mehreren Stilepochen. Besonders zu erwähnen sind die aus Korea stammende Kudara-Kannon, deren weiche Linien einen starken Kontrast zu den starren japanischen Plastiken jener Zeit bilden; eine Neunköpfige Kannon aus Holz und die Yumetagai-Kannon, die böse Träume in gute verwandelt (beide Plastiken aus der Hakuho-Zeit). Im Südbau befinden sich Stücke aus der Haupthalle, u.a. der 2,4 m hohe Miniaturschrein Tamamushi-no-zushi der Kaiserin Suiko. Seinen Namen verdankt er einer 'Tamamushi' genannten Insektenart (Chrysochroa elegans), mit deren vielfarbigen Flügeln Teile des Schreins ursprünglich beklebt waren (heute nicht mehr sichtbar). Der mit durchbrochenen Bronzebeschlägen verzierte Schrein zeigt an allen Seiten auf schwarzem Grund Malereien buddhistischen Inhalts (auf den vorderen Türen Himmelswächter, auf den Seitentüren Bosatsu-Darstellungen, auf der Rückseite Pagoden, Sterne und Phönix). Der Schrein ist ein gutes Beispiel für die Ornamentik und Malerei der Asuka-Zeit, desgleichen der Miniaturschrein der Tachibana (Mutter der Komyo), der eine Amida-Trinitas aus vergoldeter Bronze enthält.

Südöstlich der Schatzkammer bildet das Große Osttor Todaimon den Zugang zum Bezirk To-in, an dessen Stelle bis 622 der Ikaruga-Palast des Shotoku-taishi stand. Nach dem Tod des Regenten verfiel der Palast und wurde auf Befehl des Kaisers im Jahre 739 durch den Osttempel ersetzt, welcher der Familie des Shotoku geweiht wurde.

Nach Durchschreiten des Korridors (Kairo) erreicht man die Halle der Träume Yume-dono mit kunstvollem bronzenem Dachschmuck, das älteste japanische Bauwerk auf achteckigem Grundriß. An dieser Stelle soll Shotoku-taishi meditiert haben, sooft er beim Sutrenstudium auf schwerverständliche Stellen gestoßen war. Dann erschien ihm – so die Legende – ein von Osten kommender Weiser, um ihm die Stelle auszulegen. Das bedeutendste Kunstwerk in der Halle ist eine vergoldete Guze-Kannon (auch Nyoirin-Kannon) aus Holz, dem Shotoku ähnelnd und angeblich von ihm selbst geschaffen (zweifelsfrei nur der Schule des Tori-busshi zuzuordnen). Die Statue ist nur von 11. April bis 5. Mai und von 22. Oktober bis 3. November zu sehen. Sehenswert sind ferner eine Statue des Priesters Gyoshin Sozu (Trockenlack; Tempyo-Periode) und eine Tonfigur des Priesters Dosen (Heian-Zeit).

An der Nordseite der Umfriedung liegt die Gemäldehalle E-den mit Bildern aus dem Leben des Shotoku; rechts schließt sich die Halle Shariden ('Halle der Asche Buddhas') an. Wie diese stammt auch der links sichtbare Glockenturm aus der Kamakura-Zeit.

Nördlich jenseits der Gemäldehalle gelangt man zur Gebetshalle Dempodo, die früher Residenz der Kaiserinmutter Tachibana war und 739 in den Besitz des Tempels überging. Die in der Halle befindlichen Skulpturen entstammen der späten Nara-Zeit; in der Mitte eine Amida-Trinitas in Trockenlacktechnik, zu beiden Seiten zwei weitere Amida-Gruppen aus Holz; ferner Holzplastiken der Heian-Zeit.

Den nordöstlichen Teil des To-in bildet der Chuguji-Tempel, ein Nonnenkonvent, dem ursprünglich Mitglieder der kaiserlichen Familie vorstanden. Sehenswert ist hier eine 1,8 m hohe ausdrucksstarke Nyoirin-Kannon aus Holz, die von Shotoku stammen soll. Außerdem ist hier die Tenjukoku-Mandara zu sehen, ein Fragment der ältesten bekannten Stickerei Japans (7. Jh.). Das ursprünglich 4,8 m lange Kunstwerk wurde von der Witwe des Shotoku und ihren Hofdamen angefertigt und zeigt Szenen aus dem Leben während der Asuka-Zeit.

Nara-Becken (Fortsetzung)

Den östlichen Teil des Nara-Beckens erreicht man am besten mit der JR-Sakurai-Linie vom Hauptbahnhof Nara aus.

Tenri

10 km südlich liegt die Stadt Tenri (69 000 Einw.), Zentrum der 1838 gegründeten Tenri-kyo-Sekte und Standort eines Volkskunstmuseums. 1,5 km östlich des Bahnhofs steht der Isonokami-Schrein mit zweistöckigem Tor und sehenswerter Kulthalle. Hier wird ein Schwert aufbewahrt, das nach der Legende ein Geschenk der Gottheit Takemikazuchi-no-mikoto an den sagenumwobenen Urkaiser Jimmu war.

Miwa
Omiya-Schrein

Weiter südlich an der Bahnlinie liegt Miwa (Eisenbahn ab Nara, 40 Min.), Ausgangspunkt für den Omiya-Schrein (auch Miwa Myojin) am Fuß des 467 m hohen Berges Miwa. Der Schrein ist der Gottheit Omonoushi geweiht und gilt mit einem angeblichen Gründungsdatum im ersten vorchristlichen Jahrhundert als einer der ältesten im Lande. Mit dem nördlich gelegenen Isonokami-Schrein ist er durch eine alte Straße verbunden, die an frühzeitlichen Grabhügeln und alten Siedlungen vorbeiführt.

Hase-dera-Tempel

Die nächstfolgende Bahnstation ist Sakurai, von wo eine Autobuslinie (25 Min.) zum östlich gelegenen Hase-dera-Tempel verkehrt.

Der im Jahre 686 gegründete Tempel ist das Zentrum der Buzan-Schule der Shingon-Sekte. In der von Kaiser Shomu gegründeten und 1650 erneuerten Haupthalle steht eine 8 m hohe Holzstatue der Elfköpfigen Kannon. Dem Tempel vorgelagert sind eine No-Bühne und das Tempelschatz-Museum. Das Tempelgebiet ist ein beliebtes Ausflugsziel, besonders während der Blüte der Kirschen (April / Mai) und der Pfingstrosen. Von der Tempelterrasse schöner Blick auf die umliegenden Hänge.

**Muroji-Tempel

Von Sakurai führt die Osaka-Linie der Kintetsu-Privatbahn östlich zum Bahnhof Muro-guchi-Ono; rund 8 km südlich von diesem der Muroji-Tempel der Shingon-Sekte, 681 erbaut und 824 von Kobo-daishi erneuert. Zu der schönen Anlage gehört eine Pagode von 16,2 m Höhe. Der Tempel soll besonders für Frauen erbaut worden sein, da diesen der Zutritt zum heiligen Berg Koya-san lange Zeit verwehrt war. Daher wurde der Muroji auch als 'Koya-san der Frauen' bekannt.

In der Haupthalle Kondo befinden sich eine hölzerne Juichimen-Kannon sowie Sitzstatuen der Nyoirin-Kannon und des Shaka-nyorai, alle drei aus der frühen Heian-Zeit.

Tanzan-Schrein

Sakurai ist auch Ausgangspunkt einer Autobuslinie in den Südteil des Nara-Beckens. In 30 Minuten gelangt man zum Tanzan-Schrein am Fuß des Berges Tonomine. Im Jahre 701 von dem Priester Joe, dem ältesten Sohn des Fujiwara no Kamatari, gegründet, wurde er mehrmals (zuletzt 1850) erneuert. Nahe dem Eingang zum Schrein steht eine dreizehnstöckige Pagode, wohl die einzige ihrer Art in Japan. Der Schrein selbst (auch 'Nikko-Schrein von Kansai' genannt) ist im Inneren von betonter Schlichtheit.
Hinter der Pagode führt ein Weg zum Gipfel des Tonomine, wo sich das Grab des Kamatari befindet.

Kashihara

Westlich von Sakurai liegt die Stadt Kashihara (112 000 Einw.; Sakurai-Eisenbahnlinie bis Bahnhof Unebi) am Fuß des 199 m hohen Berges Unebi, wo der legendäre Jimmu-tenno seinen Palast errichtet haben soll und sich auch sein Grab befindet. Nahebei der ihm und seiner Gemahlin Himetatara-Isuzu-hime geweihte Kashihara-Schrein, der 1889 unter Verwendung von Holzteilen des Kaiserpalastes von Kyoto erbaut wurde. Dahinter das Grabmal der Kaiserin.
Nordöstlich nahe dem Schrein das Archäologische Museum (Yamato-rekishikan) mit Funden aus dem Nara-Becken, u.a. der späten Steinzeit zuzuordnen.

Nara-Becken (Fortsetzung), *Tachibana-Tempel

Vom unweit südlich des Museums gelegenen Bahnhof Kashihara-jingu (Yoshino-Linie der Kintetsu-Privatbahn) gelangt man mit dem Autobus (20 Min.) zum Tachibana-Tempel der Tendai-Sekte. Er wurde am mutmaßlichen Geburtsort des Shotoku-taishi errichtet; von der einst großen Anlage blieb nur die 1864 erneuerte Haupthalle (Kondo) erhalten. Sie enthält eine hölzerne Skulptur des Shotoku aus der Muromachi-Zeit.

Asuka-Tempel

Unweit nördlich steht der Asuka-Tempel (Angoin-Tempel; auch Autobus von Sakurai, 15 Min.), früher das Priesterquartier des 596 gegründeten und 718 nach Heijokyo (Nara) verlegten Hokoji-Klosters. Der Tempel birgt eine Bronzestatue des Shakyamuni, die 606 von Tori-busshi geschaffen wurde.

Okadera-Tempel

Von Kashihara-jingu besteht eine weitere Autobusverbindung zum rund 1 km östlich des Tachibana gelegenen Okadera-Tempel (alter Name Ryugaiji). Dieser war ursprünglich der Palast des Kaisers Tenchi und wurde 663 der Hosso-Sekte übereignet. Im Inneren eine heianzeitliche Tonfigur der Nyoirin-Kannon sowie eine sitzende Holzskulptur des Priesters Gien († 728) aus der Nara-Zeit.

Südlich des Okadera wurden bei Ausgrabungen zwei Hügelgräber freigelegt (Autobus von Kashihara-jingu, 15 Min.). Das Grab Ishibutai, vermutlich das des Soga-no-Umako, entstand im 7. Jh.; südwestlich von hier das Grab Takamatsuzuka (7. Jh.), in welchem chinesisch und koreanisch beeinflußte Beigaben gefunden wurden (Nachbildungen im nahen Museum Asuka-shiryokan).
Vom Bahnhof Asuka kann man mit der Kintetsu-Privatbahnlinie nach Nara zurückkehren (30 km).

Narita

Ausflugsziel

Japanische Entsprechung

成田

Lage
60 km östlich von Tokyo

Narita ist bekannt durch den nahegelegenen Shinshoji-Tempel, eines der bedeutendsten Pilgerziele in Japan, das alljährlich von über sieben Millionen Gläubigen besucht wird. Verkehrstechnische Bedeutung hat die Stadt seit der Eröffnung des internationalen Flughafens von Tokyo.

Anreise

Von Tokyo (Bahnhof Keisei-Ueno) Keisei-Linie (1 1/4 Std.).
Vom Tokyo International Airport JR-Autobus oder Chiba-Kotsu-Bus zum Bahnhof Narita (30 Min.).
Spezialzug 'Narita Express' (N'EX; von Yokohama kommend) von Tokyo zum Flughafen Narita.

Shinshoji-Tempel

Vom Bahnhof der JR gelangt man durch das bunte Einkaufsviertel Omotesando nach Norden zu dem rund 1 km entfernten Naritasan-Shinshoji-Tempel.
Die Gründung des dem Lichtgott Fudo geweihten Heiligtums geht auf das Jahr 939 zurück, als Taira Masakado eine Revolte im Gebiet der heutigen Präfakturen Chiba und Ibaraki anführte. Im Auftrag von Kaiser Sujaku wurde die Statue des Fudo vom Jingoii-Tempel bei Kyoto nach Kozugahara, westlich des heutigen Shinshoji, gebracht, um zum Sieg über die Rebellen beizutragen. Als der Aufstand 940 durch den Tod des Masakado sein Ende fand, wurde in Kozugahara für die Statue der Tempel errichtet, der 1705 an seinen jetzigen Standort übertragen wurde.
Die 20 ha große Tempelanlage umfaßt u.a. das Tor Niomon, die Halle der Drei Heiligen, die Buddha-Halle und die Haupthalle Hondo, die 1963–1968 in traditionellem Stil erbaut wurde, ferner einen Glockenturm und eine dreistöckige Pagode. Besonders zu Neujahr und zum Setsubun-Fest (Anfang Februar) wird der Tempel von zahlreichen Gläubigen besucht.

Tokyo International Airport in Narita

Naritasan-Park

An den Tempelbezirk schließt sich der 16,5 ha große Naritasan-Park an, der besonders in der Zeit der Kirsch- und Pflaumenblüte einen reizvollen Anblick bietet.

Museum

Im Park steht ein Historisches Museum mit Exponaten aus dem Tempelbesitz und archäologischen Funden von der Halbinsel Boso.

Kulturzentrum

Unweit östlich befindet sich das Internationale Kulturzentrum, wo einmal monatlich eine Veranstaltung mit Teezeremonie, Ikebana, Kalligraphie u.a. gezeigt wird.

Sogo-Reido

Vom Bahnhof der JR verkehren Autobusse zum Heiligtum Sogo-Reido (20 Min.), der Gedenkstätte für Kiuchi Sogo (auch Sakura Sogo, 1612–1653). Unter Mißachtung des Verbots, sich direkt an den Shogun zu wenden, überbrachte Sogo dem Tokugawa Ietsuna eine Petition der unter Mißernte und hohen Steuern leidenden Bauern. Obgleich seine Mission erfolgreich war, wurden er und seine fünfköpfige Familie zum Tode verurteilt und hingerichtet.

Szenen aus dem Leben des Sogo sind in der Gedenkhalle Sogo Goichidai-Kinenkan dargestellt; nahebei ein kleines Museum.

Flughafen Narita

Östlich außerhalb der Stadt liegt der Tokyo International Airport (Narita Airport). Verbindung nach Tokyo mit Autobus, dem Narita Express ('N'EX', Spezialzug; Weiterfahrt bis Yokohama) oder der Keisei-Bahnlinie. Nahebei das Luftfahrtmuseum (Koku Kagaku Hakubutsukan) mit historischem Fluggerät und einem Flugsimulator.

Shibayama

Südlich vom Flughafen liegt der altertümliche Ort Shibayama. Hier wurden einige alte Grabstätten freigelegt; die dort gefundenen 'Haniwa' (Tonfiguren) sind im örtlichen Museum ausgestellt.

In Sakura, südwestlich von Narita (Eisenbahn 15 Min., dann Autobus, 15 Min.), lohnt das am Standort der einstigen Sakura-Burg errichtete neue Historische Nationalmuseum (Kokuritsu Rekishi Minzoku Hakubutsukan) einen Besuch.

Narita (Fortsetzung), *Historisches Nationalmuseum

**Nationalmuseum F 2

国立博物館

Japanische Entsprechung

Das im → Ueno-Park gelegene Nationalmuseum, das größte Museum in Japan, beherbergt über 100000 Gegenstände japanischer, chinesischer und indischer Kunst, darunter über 100 Nationalschätze Japans. Sein Hauptgebäude umfaßt 25 Ausstellungsräume (20 Räume im allgemeinen zugänglich).

Lage
im Ueno-Park
Stadtbezirk Taito-ku

U-Bahn-Station
Ueno-eki (Ginza-Linie)

S-Bahn-Station
Ueno (Yamanote-Linie)

Öffnungszeiten
Di.–So. 9.00–16.30

Geschlossen
26. 12.–3. 1.

Das Museum wurde 1932–1938 als Ersatz für das Kaiserliche Museum errichtet, das beim Erdbeben von 1923 schwer beschädigt worden war, und dem Kaiserhaus geschenkt. Dieses übertrug 1947 alle Eigentumsrechte an Gebäude und Kunstschätzen dem Staat. Bis 1868 stand hier der Tempel Kanei-ji, das damals wichtigste buddhistische Heiligtum in Edo; im Jahre 1875 wurde der Tempel unweit außerhalb des Parks neu errichtet.

Rechts vom Hauptgebäude liegt der Museumsbau für ostasiatische Kunst (15 Ausstellungsräume), der im Oktober 1968 eröffnet wurde. Die Exponate werden periodisch ausgewechselt.

Räume 1, 2, und 3

Buddhistische Skulpturen aus der Asuka-Zeit (552–645) bis heute sowie aus China.

Nationalmuseum Tokyo

Nationalmuseum, Raum 4	Alte Textilien, besonders wertvolle aus der Asuka-Periode.
Raum 5	Metallarbeiten, insbesondere buddhistisches Kultgerät (6.–16. Jh.).
Raum 6	Historische Waffen und Kriegsgerät.
Raum 7	Schwertschmiedearbeiten aus mehreren Jahrhunderten.
Raum 8	Historische japanische Kleidung. Keramik aus Japan, China und Korea.
Räume 9 und 10	Japanische, koreanische und chinesische Töpferarbeiten.
Raum 11	Japanische Malerei von der Nara-Zeit (645–794) bis zur Kamakura-Zeit (1192–1333).
Raum 12	Japanische Malerei aus der Muromachi-Zeit (1392–1573), darunter Meisterwerke der Mönche Josetsu, Shubun und Sesshu.
Raum 13	Japanische Malerei der Momoyama-Zeit (1573–1603) und Tokugawa-Zeit (1603–1868), darunter Werke der Kano-, Tosa-, Sumiyoshi-, Korin- und Maruyama-Schule.
Raum 14	Farbholzdrucke aus der Tokugawa-Zeit.
Räume 15 und 16	Japanische und chinesische Meisterwerke der Lackkunst aus verschiedenen Jahrhunderten, darunter Beispiele für Schnitzlacke, Gold- und Silberlacke, Lacke mit Perlmutteinlagen und andere Lackarbeiten.
Räume 17 und 18	Japanische Malerei der Meiji-Zeit.
Räume 19 und 20	Kalligraphie; Beispiele von der Nara-Zeit bis zur Tokugawa-Zeit.
Hyokeikan	Ausgrabungsstücke aus Gräbern, Siedlungen u.a., die Zeugnis über Japans Vorgeschichte ablegen. Beachtenswert sind die Haniwa genannten Tonfiguren, welche den Gräbern beigelegt wurden.
Toyokan	Skulpturen, Malerei, Ausgrabungsfunde aus dem ostasiatischen Raum.
Horyuji Homotsukan	Gegenstände aus dem alten Horyuji-Tempel aus Nara. Die Schatzkammer ist donnerstags, jedoch nur bei günstiger Witterung, geöffnet.
Landschaftsgarten	Hinter dem Hauptgebäude breitet sich ein typischer japanischer Landschaftsgarten aus, der durch drei hierher überführte Pavillons den Charakter eines Freilichtmuseums erhielt: das Tein-Teehaus (Rokuso-an) aus dem 17. Jh., den Okyo-Pavillon (Okyo-kan), in dem Bilder mit Pflanzenmotiven des berühmten Landschaftsmalers Maruyama Okyo (1733–1795) zu sehen sind, sowie den Kujo-Pavillon, in dem Bilder von Künstlern aus der Kano-Schule gezeigt werden; außerdem noch ein Speicher aus der Kamakura-Zeit.

Nationalmuseum der Naturwissenschaften — F 2

Japanische Entsprechung: 国立科学博物館

Lage
im Ueno-Park
Stadtbezirk
Taito-ku

Nur einige Gehminuten vom Bahnhof Ueno entfernt liegt im Ostteil des → Ueno-Parks das Nationalmuseum der Naturwissenschaften. Es enthält u.a. Abteilungen für Weltraumforschung, Atomforschung, angewandte Chemie, Architektur, Elektrizität, Verkehr sowie ein Laboratorium und einen Arbeitsraum. Im Hof sind einige Walskelette zu sehen.

Der Besucher hat Gelegenheit, verschiedene Versuche selbst durchzuführen. Das Museum ist täglich (außer montags) von 9.00 bis 16.30 Uhr geöffnet.
Vor dem Museumsgebäude steht die Statue des japanischen Bakteriologen Hideyo Noguchi (1876–1928), der seit 1904 eine Professur am New Yorker Rockefeller-Institut innehatte.

Nationalmuseum der Naturwissenschaften (Fortsetzung), U-Bahn-Station Ueno-eki (Ginza-Linie)

Nationalmuseum für Westliche Kunst F 2

国立西洋美術館

Japanische Entsprechung

Drei Gehminuten vom Bahnhof Ueno liegt im ⟶ Ueno-Park das Nationalmuseum für Westliche Kunst. Der Stahlbetonbau wurde 1959 nach Plänen des berühmten Westschweizer Architekten Le Corbusier (eigentlich Edouard Jeanneret) errichtet. Den größten Teil der Bestände bildet die Sammlung westlicher Plastik und Malerei, welche von dem Industriellen Matsukata Kojiro zu Beginn des 20. Jh.s während seines Aufenthalts in Europa angelegt worden ist.
Gezeigt werden Werke des französischen Bildhauers Auguste Rodin (im Hof) sowie Gemälde der Impressionisten Paul Cézanne, Claude Monet, Edouard Manet und Edgar Degas.
Südlich gegenüber steht die städtische Festhalle (1961), wo Theateraufführungen und Konzerte veranstaltet werden.

Lage
im Ueno-Park
Stadtbezirk Taito-ku

U-Bahn-Station
Ueno-eki
(Ginza-Linie)

S-Bahn-Station
Ueno
(Yamanote-Linie)

Öffnungszeiten
Di.–So.
9.30–17.00

Nationalpark für Naturgeschichtliche Studien C/D 7

国立自然教育園

Japanische Entsprechung

Der Nationalpark für Naturgeschichtliche Studien – zu Fuß in zehn Minuten von der U-Bahn-Station Meguro in nordöstlicher Richtung zu erreichen – macht durch seine vielen Hartlaubgewächse einen etwas düsteren Eindruck. Es ist kein Volkspark, wie zum Beispiel der ⟶ Ueno-Park, auch kein Park der traditionellen japanischen Gartenbaukunst, wie etwa der ⟶ Shinjuku-Park. Er dient vielmehr der geistigen Sammlung. Hier wandeln viele Gruppen von Studenten mit ihren Lehrern umher, um an diesem Ort und im Gespräch innere Einkehr und Weisheit zu suchen.
Für den Besuch des Parks wird Eintritt verlangt; je nach Jahreszeit schließt er sehr früh.

Lage
im Stadtbezirk
Minato-ku

U-Bahn-Station
Meguro
(Yamanote-Linie)

Nihonbashi

⟶ Ginza

**Nikko Ausflugsziel

日光

Japanische Entsprechung

Das Städtchen Nikko (25 000 Einw.) liegt etwa 150 km nördlich von Tokyo; doch diese Entfernung sollte keinem, der an japanischer Kultur interessiert ist, zu weit sein. Nikko ist berühmt für seine Schreine, für seinen Nationalpark und seine großartige Landschaft, in der sich Seen mit bewaldeten

Lage
ca. 150 km nördlich von Tokyo

Allgemeines (Fortsetzung)

Hügeln, Flüssen und heißen Quellen abwechseln; zudem findet man hier den höchsten WasserfallJapans. Japan hat etwa 60000 wild lebende Affen; hier kann man etliche antreffen.

Man kann auch vom Japan Travel Bureau einen Tagesausflug nach Nikko organisieren lassen; das kommt zwar relativ teuer, doch ist dafür am Nachmittag noch eine Bustour in den Nikko-Nationalpark inbegriffen.

Anreise

Mit der Eisenbahn ab Bahnhof Ueno (Tohoku-Shinkansen-Linie) in ca. 45 Min. nach Utsunomiya und von dort (JR) in ca. 30 Min. nach Nikko; ab Bahnhof Asakusa (Tobu-Linie) in ca. 1 1/2 Std. nach Nikko.

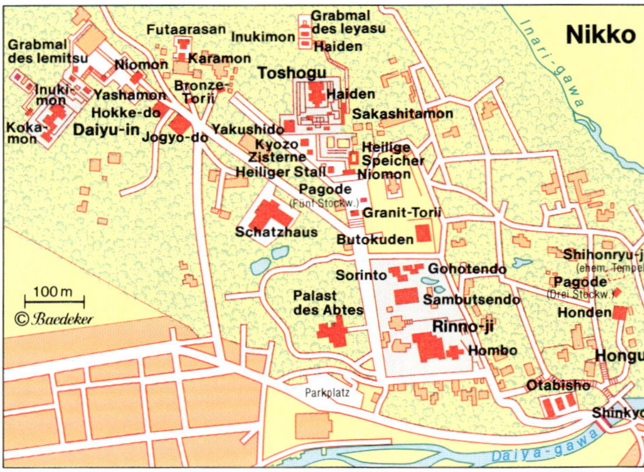

Tempel- und Schreingelände

*Shinkyo-Brücke

Von den nahe beieinanderliegenden Bahnhöfen der JR und der Tobu-Linie gelangt man zu Fuß in 15 Minuten zu der rot lackierten Heiligen Brücke Shinkyo (auch Mihashi), die den Daiya überspannt und zu dem von Zedern bestandenen Tempel- und Schreingelände führt.

Das Gehölz sowie die Alleen entlang der zum Schreingelände führenden Straßen wurden von 1625 bis 1651 von Matsudaira Masatsuna gepflanzt, der – weniger wohlhabend als andere zum Bau des Schreins beisteuernde Daimyo – damit seinen Beitrag zur Errichtung des Mausoleums für Ieyasu leistete. Etwa 13 000 dieser Bäume sind noch zu sehen.

Die 28 m lange und 7,2 m breite Heilige Brücke, eine Rekonstruktion des 1902 durch eine Flut zerstörten Originalbauwerkes von 1636, bezeichnet die Stelle, an der nach der Legende der Priester Shodo (735–817) den Fluß auf dem Rücken zweier riesiger Schlangen überschritt. Früher dem Shogun und seinem Gefolge vorbehalten, kann die Brücke heute gegen Zahlung einer Gebühr betreten werden.

Hongu-Schrein
Shihonryuji-Tempel

Über die daneben gelegene neue Brücke erreicht man den 784 von Shodo gegründeten Hongu-Schrein (auch Futaarasan-Hongu), eines der ältesten Heiligtümer von Nikko. Allerdings wurden die heute sichtbaren Gebäude erst im späten 17. Jahrhundert neu errichtet, desgleichen auch der hinter

Nikko liegt in einer lieblichen Landschaft ▶

Shihonryuji (Fortsetzung)

dem Schrein stehende Shihonryuji-Tempel, in dessen Haupthalle eine Statue der Tausendhändigen Kannon sowie die Standbilder von Godaison und dem Tempelgründer Shodo (letzteres angeblich ein Selbstbildnis) zu sehen sind.

*Rinnoji-Tempel

Folgt man dem von der Brücke nach links weiterführenden Weg, so gelangt man zur Pilgerstraße Omotesando, die auf den Toshogu-Schrein zuführt. An ihr liegt zunächst der Rinnoji-Tempel der Tendai-Sekte, vermutlich im Jahre 848 von dem Priester Ennin (794–864, postum Jikaku-daishi) nach dem Vorbild eines auf dem heiligen Berg Hiei befindlichen Tempels erbaut. Die Abtwohnung (Hombo) und der dazugehörige Garten sind nur nach Voranmeldung zugänglich. In der Haupthalle Sambutsu-do (Halle der drei Buddhas; 1648) die 8 m hohen vergoldeten Statuen von Amida-nyorai, der Tausendhändigen Kannon und der Bato-Kannon (diese mit einem Pferdekopf an der Stirn, Symbol für die Schutzgottheit der Tiere), ferner die Porträts der Tempeläbte Tenkai (1536–1643, postum Jigen-daishi) und Ryogen (912–985, postum Gansan-daishi). Nördlich davon auf einer Erhebung die 13 m hohe Bronzesäule Sorinto, die Tenkai 1643 zum Schutz gegen böse Geister errichten ließ. Rechts der Säule die Halle Gohotendo, den Gottheiten Daikokuten, Bishamonten und Benzaiten geweiht.

**Toshogu-Schrein

Die Pilgerstraße führt weiter zum Toshogu-Schrein, dem bedeutendsten Heiligtum von Nikko. Die 22 Gebäude der Anlage entstanden zu einer Zeit, da Architektur und Kunsthandwerk in höchster Blüte standen. Zum Bau wurden Künstler aus allen Landesteilen herbeigerufen, die einen Komplex von größter Pracht schufen.

An der Errichtung des Toshogu-Schreins waren insgesamt etwa 15 000 Handwerker beteiligt, die meisten aus Kyoto und Nara, wo die Baukunst zu höchster Blüte gelangt war. So entstand ein an Schmuck und Dekor überreicher Bautenkomplex, der noch einmal den ganzen Prunk der vorangegangenen Momoyama-Zeit in sich vereinte. Das Verfahren, Schrein-

Affen-Trias am Toshogu-Schrein

Toshogu-Schrein (Fortsetzung)

gebäude alle zwanzig Jahre zu erneuern, hat dazu geführt, daß an den Bauten fast unausgesetzt gearbeitet wird.
Tokugawa Ieyasu, 1616 verstorben, wurde zunächst auf dem Berg Kunozan bestattet. Seinem Letzten Willen gemäß fand er ein Jahr später in Nikko seine endgültige Ruhestätte. Im selben Jahr wurde ihm vom Kaiser postum der Titel 'Tosho-daigongen' ('Den Osten erleuchtende Inkarnation des Bodhisattva') verliehen. Erst 1634 begann sein Enkel Iemitsu mit dem Bau des Mausoleums, das in zwei Jahren fertiggestellt wurde. Bis zum Niedergang des Shogunats (1868) hatte stets ein kaiserlicher Prinz die Oberaufsicht über das Mausoleum, der jedoch in Edo (Tokyo) residerte und nur dreimal jährlich nach Nikko reiste.
Nur knapp entging der Schrein der Zerstörung, als während der Meiji-Restauration eine Gruppe von Anhängern der Tokugawa sich hier verschanzte. Der Vermittlung des Itagaki Taisuke war es zu verdanken, daß die Gebäude kampflos geräumt wurden.
Zunächst gelangt man zur Treppe der Tausend (Sennin-ishidan), dem äußersten früher für das Volk zugänglichen Punkt des Weges zum Schrein. Dahinter durchschreitet man ein 8,4 m hohes Torii aus Granit mit einer Schrifttafel des Kaisers Go-Mizunoo (1596–1680). Links folgt die fünfstökkige Pagode von 1818; oberhalb der weiterführenden Steintreppe das Haupttor Nio-mon (auch Omote-mon), der Eingang zum Hof mit den drei heiligen Speichergebäuden und dem Stall für die heiligen Pferde. Das obere der Speichergebäude ist an der Giebelseite mit einem polychromen geschnitzten Relief geschmückt, das zwei Elefanten zeigt und von Kano Tanyu (1602–1674) nach einer literarischen Vorlage gestaltet worden sein soll (Elefanten waren damals in Japan unbekannt). Am Pferdestall befinden sich geschnitzte Darstellungen von Affen, darunter die berühmte Dreiergruppe ('nichts Böses sehen, hören oder sagen'). Im Hof auch das Granitbecken des heiligen Brunnens; nordwestlich davon die Sutren-Bibliothek Kyozo. Längs des Weges stehen zahlreiche Stein- und Bronzelaternen, die von früheren Daimyo gestiftet worden sind.

Tor Yomei-mon am Toshogu-Schrein

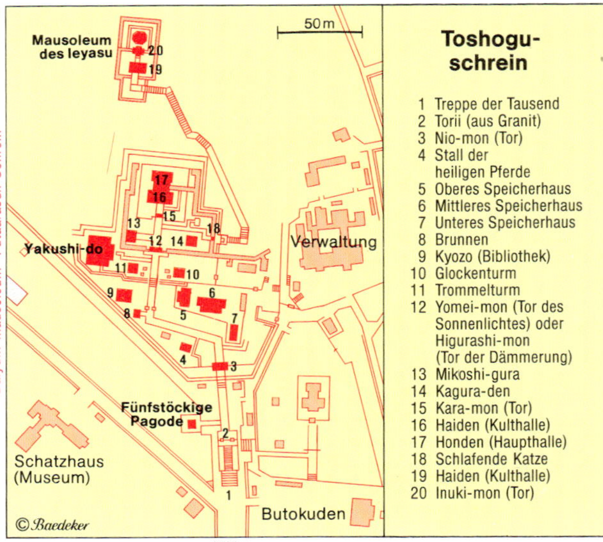

Nikko

Toshogu-Schrein (Fortsetzung)

Eine Treppe führt weiter zum mittleren Hof mit Glockenturm (rechts) und Trommelturm (links); eine der 1636 von Holland gestifteten Bronzelaternen trägt das kopfstehende Tokugawa-Wappen. Die Glocke ist ein Geschenk Koreas. Links vom Trommelturm die große Halle Yakushi-do, eine Rekonstruktion des 1961 abgebrannten Gebäudes.

Am Eingang zum inneren Hof das prunkvolle Tor des Sonnenlichtes, Yomei-mon, das früher nur unbewaffnete hochgestellte Samurai durchschreiten durften. Das Tor ist auch als 'Higurashi-mon' (Tor der Dämmerung) bekannt, womit ausgedrückt werden soll, daß der faszinierte Beschauer hier so lange verweilt, bis die Abenddämmerung einsetzt. Der von zwölf Säulen getragene zweistöckige Bau ist überreich mit Schnitzwerk, Lack und Vergoldung geschmückt; auf einer Tafel der Schreinname in der Handschrift des Kaisers Go-Mizunoo. Die beiden Drachen darstellenden Deckengemälde stammen von Kano Tanyu und Kano Yasunobu (17. Jh.). Im Inneren eine Säule mit absichtlich falsch angebrachten Basreliefs, wodurch die Vollkommenheit des Bauwerkes durchbrochen und der Neid böser Geister abgewehrt werden soll (Mayoke no hashira, 'Böses abwehrende Säule').

Jenseits des Tores liegt links die Halle Mikoshi-gura, wo die bei Festlichkeiten verwendeten Tragschreine aufbewahrt werden; rechts die Halle der Kulttänze, Kagura-den, sowie das Schreinbüro. Den Zugang zum eigentlichen Schrein bildet das Tor Kara-mon im chinesischen Stil, vorwiegend in Weiß und Gold gehalten und mit schönen Schnitzereien verziert. Die Umfriedung des Schreins (Tamagaki) besteht im unteren Teil aus Stein, im oberen aus bemaltem, metallbeschlagenem Schnitzwerk.

Innerhalb der Umfriedung steht die Kulthalle Haiden mit den von Tosa Mitsuoki (1617–1691) gemalten Porträts von 36 Dichtern, deren Werke in der Handschrift des Kaisers Go-Mizunoo enthalten sind. Die Seitengemächer waren einst für den Shogun und sein Gefolge sowie für den Abt des Rinnoji-Tempels bestimmt.

Wächterfigur

Toshogu-Schrein (Fortsetzung)

Durch das Ishi-no-ma ('Steinzimmer', so genannt wegen des Fußbodens) gelangt man zur Haupthalle Honden (16 m lang, 10 m breit, 14 m hoch), bestehend aus dem Opferraum Heiden, dem Inneren Raum Naijin und dem Innersten Raum Nainaijin. In letzterem steht, von überreichem Schmuck umgeben, der vergoldete Schrein (Gokuden), in welchem Tokugawa Ieyasu als Gottheit sowie Toyotomi Hideyoshi und Minamoto Yoritomo als Nebengötter verehrt werden. In der Galerie rechts der Haupthalle die Holzplastik einer schlafenden Katze (Nemuri-neko), die dem Meister Hidari Jingoro zugeschrieben wird. Dann erreicht man das schmuckvolle Tor Sakashita-mon. Früher durften selbst hochgestellte Samurai dieses Tor nicht durchschreiten. Über die nun folgende zweihundertstufige Steintreppe erreicht man das hinter dem Schrein gelegene Mausoleum des Ieyasu mit dem Tor Inuki-mon, vor welchem zwei bronzene Koma-inu (hunde- und löwenähnliche Wesen) sitzen. Im Inneren des Tores das Grabmal in Form einer kleinen Pagode, 1683 nach einem Erdbeben erneuert.

*Futaarasan-Schrein

Zwischen der fünfstöckigen Pagode am Schreineingang und dem Tor Omotemon zweigt links der Weg zum Futaarasan-Schrein ab. Der 784 von Shodo gegründete und 1619 erneuerte Schrein ist dem Götterpaar Onamuchi und Tagorihime sowie deren Sohn Ajisuki-takahikone geweiht, den Gottheiten des Berges Nantai (alter Name Futaarasan) westlich von Nikko. Er ist unterteilt in den Hauptschrein Honsha, die auf dem Berggipfel stehende Kultstätte Oku-miya und den Mittleren Schrein Chugushi am Chuzenji-See, der für Pilger errichtet wurde, die den Nantai nicht ersteigen können.
Der Schrein umfaßt eine Kulthalle, das chinesische Tor Kara-mon und die Haupthalle Honden, wo gegen Entrichtung einer angemessenen Spende von jungen Tänzerinnen der Kulttanz Kagura aufgeführt wird.

Hokke-do Jogyo-do

Südlich des Schreins stehen die zum Rinnoji-Tempel gehörenden Hallen Hokke-do und Jogyo-do, auch Futatsu-do (Zwillingshallen) genannt. Die

Hokke-do
Jogyo-do
(Fortsetzung)

im Jahre 848 nach dem Vorbild eines Gebäudes auf dem Berg Hiei errichteten Hallen beherbergen zahlreiche buddhistische Statuen aus dem Toshogu-Schrein, die dort im Zuge der Shinto-Renaissance der Meiji-Zeit entfernt wurden. Südlich von hier, am Hügel Daikoku, die gleichfalls zum Rinno-ji gehörende Halle Jigen-do, dem Vertrauten des Ieyasu und Oberpriester von Nikko, Tenkai (1536–1643), gewidmet. Auf dem Weg dorthin passiert man die Amida-Halle (links) sowie die Sutren-Halle (rechts) und einen Glockenturm; hinter der von einer Mauer umgebenen Kulthalle die Grabstätte des Tenkai.

**Daiyuinbyo

Unweit westlich liegt der Daiyuinbyo, das Mausoleum von Iemitsu, dem dritten Tokugawa-Shogun. Obgleich dieses Mausoleum nur 16 Jahre nach dem Toshogu-Schrein erbaut wurde, zeichnet sich hier bereits die Hinwendung zum schlichteren Stil der Edo-Zeit ab. Die Farbgebung beschränkt sich auf Schwarz und Gold.

Durch das erste Tor Nio-mon erreicht man das zweite Tor Nitem-mon, einen zweitstöckigen Bau mit Statuen der buddhistischen Götter Komokuten und Jikokuten (Außennischen) sowie des Wind- und des Donnergottes (Innennischen).
Im mittleren Hof ein Glockenturm und ein Trommelturm. Der Weg führt durch das dritte Tor Yasha-mon (auch Botam-mon, 'Päonientor') mit Darstellungen von vier buddhistischen Gottheiten, und das vierte Tor Karamon (chinesisches Tor) zum Innenhof. Hier stehen die Kulthalle und die durch den Verbindungsgang Ai-no-ma mit ihr verbundene Haupthalle Honden, in welcher sich eine Sitzstatue des Iemitsu befindet. Am Zugang zum innersten Hof steht das im Stil der Ming-Zeit erbaute Tor Koka-mon, gefolgt vom Tor Inuki-mon, hinter dem die innere Kulthalle und erhöht das bronzene Grabmal des Iemitsu zu finden sind.

Schatzhaus

Südöstlich des Mausoleums steht das Schatzhaus der Schreine mit zahlreichen Kunstwerken aus den einzelnen Heiligtümern.

*Takino-o

Die vom Futaarasan nach Westen führende Straße berührt den Schrein Takino-o mit dem Grab des Priesters Shodo; nahe beim Eingang der Wasserfall Shiraito-no-taki.

*Nikko-Nationalpark

Westlich der Stadt dehnt sich der 1407 km² große Nikko-Nationalpark aus. Mit mächtigen Bergen, uralten Wäldern, weiten Moorflächen, Seen und Wasserfällen gehört er zu den schönsten und meistbesuchten Regionen des Landes.
In einer früheren kaiserlichen Villa ist das Nikko-Museum (Autobus ab Bahnhof Nikko, 15 Min.) untergebracht, das Exponate zur Fauna und Flora des Nationalparks sowie regionales Kunsthandwerk zeigt.

Eine Anzahl von Wasserfällen befindet sich nördlich und nordwestlich von Nikko. Zu Fuß erreicht man in 1½ Stunden den Kirifuri-no-taki (im Sommer auch Autobus); guter Überblick von der Aussichtsplattform. Weiter nördlich, an den Hängen des Berges Maruyama, ein Wintersportgebiet (mehrere Lifte).
Westlich außerhalb der Stadt befindet sich der Jakko-Wasserfall (auch Nunobiki-Fall; Autobus bis Haltestelle Tanozawa, dann 40 Min. Fußweg).

*Chuzenji-See
*Kegon-Wasserfall

Eine Autobuslinie führt in das weiter westlich gelegene Gebiet des Nationalparks. Über Umagaeshi erreicht man den Chuzenji-See, an dessen östlichem Ufer, bei Chuzenji-onsen (ab Bahnhof Nikko 50 Min.), der Kegon-Wasserfall 100 m in die Tiefe stürzt (Bootsrundfahrten). Der vom 2484 m hohen Berg Nantai überragte See (Lift zur Aussichtsplattform) ist ein

Kegon-Wasserfall und Chuzenji-See

Chuzenji-See (Fortsetzung)

beliebtes Ferienziel; zur Zeit der herbstlichen Laubfärbung ist besonders das Südufer mit den Orten Teragasaki und Matsugasaki reizvoll. Am Ostufer steht der Chuzenji-Tempel (auch Tachiki-Kannon; Zweigheiligtum des Rinno-ji in Nikko); im Inneren eine Tausendhändige Kannon von dem Priester Shodo.

Nantai

Der Aufstieg auf den erloschenen Vulkan Nantai (Anfang Mai bis Mitte Oktober) beginnt beim Mittleren Schrein (Chugushi), der zum Futaarasan-Schrein gehört und dessen Kulthalle (Haiden) und Haupthalle (Honden) sehenswert sind. Die Region des Kraters (400 m Durchmesser) ist in etwa 4 Stunden zu erreichen; für den Anstieg wird eine kleine Gebühr erhoben. In Gipfelnähe steht der Innerste Schrein (Okumiya).

Senjogahara-Hochebene

Die Autobuslinie folgt von Chuzenji-onsen dem Nordufer des Sees nach Jigokuchaya; nahebei der Ryuzu-Wasserfall.

Yunoko-See

Über die Senjogahara-Hochebene mit ihrer reichen alpinen Flora erreicht man das am Yunoko-See gelegene Nikko-Yumoto-onsen, das als Sommerurlaubsort und Wintersportgebiet viel besucht wird. Der fischreiche See ist bei Anglern sehr geschätzt.

**Ozegahara

Über den Konsei-Paß (2024 m) gelangt man zu der Moorebene Ozegahara mit dem Ozenuma-See im äußersten Westen des Nationalparks.

Shiobara-onsen

Auch der nordöstlich gelegene Teil des Nikko-Nationalparks ist von Nikko unschwer zu erreichen. Ausgangspunkt ist das rund 25 km nördlich gelegene Thermalbad Shiobara-onsen, überragt vom Takahara (Süden) und der Nasu-Bergkette (Norden).

Nikko-Nationalpark (Forts.), Takahara

Von Oku-Shiobara führt eine 8 km lange Aufstiegsroute zu den zwei Gipfeln des Takahara, dem Keicho (1766 m) und dem Shaka (1795 m), von wo sich ein lohnender Blick auf die Bergwelt bietet.

Nasu-Vulkane

Am Fuß der Nasu-Vulkane liegt das Kurgebiet Nasu-onsenkyo mit den Badeorten Nasu-Yumoto, Kita, Benten, Omaru, Sandogoya, Takao und Itamuro.

In das Vulkangebiet führt die Nasu Plateau Toll Road; in Kakkodaira beginnt die relativ leichte Anstiegsroute (Seilbahn bis Tenguhana) auf den Chausu (auch Nasu; 1917 m). Von dessen Gipfel gelangt man auch zum 1903 m hohen Asahi.

Oshima (Ausflugsziel)

⟶ Izu

*Papiermuseum

Japanische Entsprechung

紙の博物館

Anschrift
1-1-8, Horifune, Stadtbezirk Kita-ku

S-Bahn-Station
Oji

Der Umgang mit Papier gilt in Japan als Kunstform, und auf dem Lande kann man bisweilen noch heute beobachten, wie es von Hand geschöpft wird.

Das Papiermuseum in Tokyo ist einzigartig auf der Welt. Es zeigt eine Fülle von Papiertypen und vor allem Drucken. Außerdem sind die Werkzeuge ausgestellt, die zur Herstellung und Verarbeitung von handgefertigtem Papier notwendig sind. Das Museum ist dienstags bis sonntags zwischen 9.30 und 16.30 Uhr geöffnet.

Parlamentsgebäude E 5

Japanische Entsprechung

国会議事堂

Lage
im Stadtviertel Marunouchi

U-Bahn-Station
Kokkai-gijido-mae (Chiyoda-, Marunouchi-Linie)

Das Parlamentsgebäude, im Regierungsviertel von ⟶ Marunouchi gelegen, heißt auf Japanisch Kokkai-gijido. Steht man davor, gewinnt man unwillkürlich diesen Eindruck: Eine fremde, vom Westen übernommene Regierungsform kann auch nur durch ein Gebäude repräsentiert werden, das der japanischen Bauweise in keiner Weise entspricht.

Der wuchtige Kastenbau aus grauem Granit – dem US-amerikanischen Kongreßgebäude nachempfunden – besitzt einen säulengetragenen Portikus und einen 65 m hohen Mittelturm, der ebenfalls säulenverziert ist und als Stufenpyramide endet. Der Pomp des 1936 fertiggestellten Gebäudes erinnert an Bauten der deutschen NS-Zeit.

Aber der Japaner lernt schnell, und ebenso wie er der Demokratie eine japanische Prägung gab, hat er auch versucht, westliche Bauweise mit japanischer Lebensart stilvoll zu verbinden.

Der rechte Flügel des Gebäudes ist dem Oberhaus vorbehalten, im linken tagt das Unterhaus. In der Eingangshalle stehen Bronzestatuen der 'Väter des japanischen Parlamentarismus': Prinz Ito, Okuma und Itagaki.

Parlamentsgebäude

Rathäuser

Altes Rathaus

F 5

都庁

Japanische Entsprechung

Nur einige Minuten südlich vom Hauptbahnhof entfernt steht das alte Rathaus von Tokyo, erbaut von dem japanischen Architekten Kenzo Tange. Es war bis 1991 Sitz der Stadtregierung von Tokyo.

Vor dem Gebäude befindet sich eine Bronzestatue des Feudalherrn Ota Dokan (1432–1486), der das Chiyoda-(Edo-)-Schloß, den heutigen ⟶ Kaiserpalast, erbaute und als der Gründer Tokyos betrachtet wird.

Lage
im Stadtviertel Marunouchi

S-Bahn-Station
Hauptbahnhof (Yamanote-Linie)

**Neues Rathaus

A–B 4

東京都庁

Japanische Entsprechung

Im westlichen Stadtteil Shinjuku-ku hat Kenzo Tange inmitten eines Wolkenkratzerkomplexes das höchst imposante neue Rathaus (New Tokyo Metropolitan Government Office) gebaut, das 1991 seiner Bestimmung übergeben wurde.

Mit seinen 243 m hohen Zwillingstürmen ist es – neben dem ⟶ Tokyo Tower – das derzeit höchste Gebäude der Metropole. Beide Türme besitzen im 45. Stock Aussichtsplattformen, die an Feiertagen kostenlos zugänglich sind (meist sehr großer Andrang).

Lage
im Stadtviertel Shinjuku-ku

U-Bahn-Station
Shinjuku (Marunouchi-Linie)

Neues Rathaus im Stadtteil Shinjuku

Rikugi-en-Park

*Rikugi-en-Park E 1

六義園

Japanische Entsprechung

Der prächtige Rikugi-en-Park, vom Bahnhof Komagome in südlicher Richtung zu Fuß in acht Minuten erreichbar, ist ein typisches Beispiel für die Landschaftsgärten des 17./18. Jh.s mit Anhöhe, Tsukiyama genannt, See und Insel. Er wurde im Auftrag von Yanagisawa Yoshiyasu (1658–1714) angelegt, gelangte durch Schenkung 1938 in den Besitz der Stadt Tokyo und wurde der Öffentlichkeit zugänglich gemacht. Außergewöhnlich ist, daß seine verschiedenen Landschaften alle in Bezug zu literarischen Themen stehen.

Ganz in der Nähe liegt der ⟶ Gokokuji-Tempel.

Lage
im Stadtbezirk
Bunkyo-ku

S-Bahn-Station
Komagome
(Yamanote-Linie)

Öffnungszeiten
Di.–So.
9.00–16.00

Roppongi D 6

六本木

Japanische Entsprechung

Das Nachtleben von Tokyo spielt sich zu einem großen Teil im Stadtviertel Roppongi ab. Groß und vielfältig ist das Angebot: Preiswerte Yakitori-Kneipen (meist erkennbar an den roten Laternen am Eingang) und Luxusrestaurants mit internationaler Küche, exorbitant teure Hostessenbars und zahlreiche Diskotheken, Nachtklubs und Live-Musik prägen die Szene.
Außerdem ist das Viertel Roppongi auch Standort einer Vielzahl ausländischer Botschaften.

Lage
im Stadtbezirk
Minato-ku

U-Bahn-Station
Roppongi
(Hibiya-Linie)

**Schwertermuseum B 4

刀剣博物館

Japanische Entsprechung

Welche Verehrung dem Schwert in Japan entgegengebracht wird, zeigt das reichhaltige Schwertermuseum. Es präsentiert Meisterstücke der japanischen Schwertschmiedekunst aus den verschiedenen Geschichtsepochen des Landes.
Der 'Weg des Schwertes' (Ken-do) hat ebenso wie die Teezeremonie seinen Ursprung im Zen-Buddhismus: Die Beherrschung dieser Kunst sollte zur Entspannung und Beherrschung des Körpers und zur Überwindung des selbstherrlichen Ego beitragen.

Der Schwertkampf wurde von den Samurai ursprünglich mit (im Unterschied zu heute) richtigen Schwertern ausgeführt: Durch eine leichte Rüstung lediglich an den empfindlichsten Körperstellen geschützt, versuchten sich die Kämpfenden mit dem zweihändig geführten Schwert zu treffen. Um 1750 ersetzte man das Schwert durch ungefährlichere Waffen (Bambusrohre), und aus der Schwertkunst (kenjut-su) entstand der 'Weg des Schwertes'.

Natürlich mußte nicht nur der Kämpfer eine Weihe erfahren haben, sondern auch sein Instrument, das Schwert. Der Schwerthersteller war also kein gewöhnlicher Schmied, sondern eine Art Zeremonienmeister. Seit Beginn der japanischen Schwertschmiedekunst – sie geht auf das 10. Jh. zurück, die Zeit, wo sich die Samurai als eigene Gruppe herausbildeten – genoß er höchstes Ansehen. Das Schwert, mit dem der Kaiser oder die Samurai sie-

Anschrift
4-25-10, Yoyogi,
Stadtbezirk
Shibuya-ku

S-Bahn-Station
Sangubashi
(Odakyu-Linie)

Öffnungszeiten
Di.–So.
9.00–16.00

Schwertermuseum

Sea Life Park

Schwertermuseum (Fortsetzung)

gen würden, durfte nicht von bösen Geistern infiziert sein. Da aber nur der Schwertschmiedemeister das richtige Wissen besaß, war er am Hof ein geachteter Mann.

Bereits der Akt des Schmiedens war ein Ritual. Der Schmied vermied den Kontakt mit der unreinen Außenwelt, legte eigens für die Zeremonie des Schmiedens bestimmte Gewänder an, und über der Esse hing ein Shinto-Strohseil zur Abwehr böser Geister.

Sea Life Park

außerhalb des Stadtplans

東京都葛西臨海水族園

Japanische Entsprechung

Im östlich vom Stadtzentrum gelegenen Viertel Edogawa-ku liegt der Park Kasai Rinkai Koen. In ihm wurde 1989 der Tokyo Sea Life Park eröffnet, der u.a. das größte Aquarium Japans besitzt; weitere Attraktionen sind ein Gehege mit Pinguinen und zahlreiche andere Arten von Seevögeln.

Anschrift
6-2-3, Rinkai-cho, Edogawa-ku

**Sengakuji-Tempel

D 7

泉 岳 寺

Japanische Entsprechung

Der Sengakuji-Tempel wurde 1612 von der Soto-Sekte des Zen-Buddhismus gegründet. Das heutige Tempelgebäude ist eine Rekonstruktion von 1953; das Haupttor (Sammon) stammt aus dem 19. Jahrhundert.

Lage
im Stadtviertel Takanawa

Sengakuji-Tempel mit den Gräbern der Siebenundvierzig Ronin

Noch heute betrauern vor allem Frauen das Los der 47 Samurai, die den Tod ihres Herrn rächten und deren Schicksal im 18. Jh. die Gemüter aller Japaner bewegte. Die Samurai liegen im Sengakuji-Tempel begraben, und an ihren Steindenkmälern in den wunderbaren Gartenanlagen des Tempelbezirks zünden noch heute Gläubige täglich Räucherkerzen zu ihrem Gedenken an.

Sengaku-ji, U-Bahn-Station Sengakuji (Toei-Asakusa-Linie)

S-Bahn-Station
Shinagawa (Yamanote-Linie)

Der Herr und Gebieter der Siebenundvierzig, Asano Naganori, Fürst von Ako (1665–1701), war am Hof des Shoguns von dem hohen Beamten Kira Yoshinaka beleidigt worden und zog sogleich das Schwert, um seine Ehre zu verteidigen, verletzte den Höfling aber nur leicht. Waffengewalt am Hof galt als schweres Verbrechen, das nur mit dem Tode zu sühnen war; so wurde der Daimyo dazu verurteilt, Seppuku (zeremoniellen Selbstmord) zu begehen.
Seine Samurai, numehr ohne Gebieter und ohne dessen Schutz, wurden zu 'Ronin' (= 'Männer der Wellen'), denen die Heimat genommen und deren Leben ziellos geworden war. Sie wollten auch in keines anderen Daimyo Dienste treten, sondern den Tod ihres Herrn rächen – gemäß dem strengen Ehrenkodex der Samurai eine Tat edelster Gefolgschaft.
Monatelang stellten sie sich gleichgültig, zeigten sich heruntergekommen und bereiteten insgeheim den Tag der Abrechnung vor: Kira sollte getötet und sein Kopf als Zeichen der Genugtuung auf das Grab ihres Herrn gelegt werden, das sich im Segakuji-Tempel befand.
So geschah es: Unter Führung von Oishi Yoshio Kuranosuke überfielen sie ein Jahr später den Wohnsitz des Kira, schlugen dem Höfling den Kopf ab, reinigten ihn und setzten ihn auf die Grabstele.
Diese Tat der Treue wurde hoch anerkannt, doch sie mußte – ebenso wie die ihres Herrn – mit dem Tode durch die eigene Hand geahndet werden. Mit der Genugtuung, ihrem Herrn auch nach dessen Tode treu gedient und seine Ehre wiederhergestellt zu haben, vollzogen sie das Urteil, nicht weit entfernt der Grabstätte des Asano.
Als Sinnbild der Treue leben ihre Heldentaten in dem Kabuki-Stück "Chushingura" fort.
Die Gräber der 47 Ronin befinden sich auf dem Tempelfriedhof, im Tempelmuseum ihre hölzernen Bildnisse sowie Erinnerungsstücke.

Senso-ji

→ Asakusa-Kannon-Tempel

Shinjuku (Stadtviertel) B/C 3/4

新 宿

Japanische Entsprechung

Den westlichen Teil Tokyos bildet das ca. 10 km vom Zentrum gelegene Subzentrum Shinjuku. Während der Edo-Zeit (1603–1867) eine Poststation (Naito-Shinjuku) an der Kashu-Straße, ist es heute einer der belebtesten Verkehrsknotenpunkte der Stadt: Die Station Shinjuku mit Untergrund- und Eisenbahnen zählt täglich mehr als 1,5 Mio. Pendler.

Lage
im Stadtbezirk Shinjuku-ku

U-Bahn-Station
Shinjuku (Marunouchi-Linie)

Im Osten des Bahnhofs liegt das zweitgrößte Einkaufszentrum der Stadt mit Kaufhäusern und einer unterirdischen Anlage. Vor allem aber gibt es in diesem Gebiet das bekannte Vergnügungsviertel Kabuki-cho mit Spielhöllen, Bars, Cafés, Musikkneipen, Diskotheken, Kinos, Theatern und Kunstgalerien.

S-Bahn-Station
Shinjuku (Chuo-, Yamanote-Linie)

◀ *Shinjuku mit dem Neuen Rathaus*

Shinjuku (Fortsetzung)

Und auch eine Reihe von Wolkenkratzern, die ansonsten in Japan noch selten zu finden sind: allen voran das 243 m hohe neue → Rathaus (1991), ferner das Hotel Keio Plaza Intercontinental (169 m hoch, 47 Stockwerke), das Shinjuku-Sumitomo Building (200 m hoch, 52 Stockwerke), das Shinjuku-Mitsui Building (212 m hoch, 55 Stockwerke) und andere. Von den Aussichtsplattformen der Hochhäuser genießt man eine herrliche Aussicht über die Stadt.
In Shinjuku liegen der ausgedehnte → Shinjuku-Park sowie die Waseda-Universität mit dem → Tsubouchi-Theatermuseum.

Shinjuku-Park C 4

Japanische Entsprechung

新宿御苑

Lage
im Stadtbezirk Shinjuku-ku

U-Bahn-Station
Shinjuku-gyoen-mae (Marunouchi-Linie)

Öffnungszeiten
Di.–So.
9.00–16.00

Geschlossen
29. 12.–3. 1.

Die japanische Gartenarchitektur mit ihrer für den Fremden vollkommen anderen Art der künstlerischen Gestaltung fasziniert immer wieder. Ein Park, der alles vereinigt, was man von japanischer Gartenkunst erwartet, ist der Shinjuku-Gyo-en-Nationalgarten. Er befindet sich nur fünf Gehminuten südöstlich vom U-Bahnhof Shinjuku entfernt.

Das Parkgelände umfaßt 58,5 ha und gehörte einstmals (zum größten Teil) der Daimyo-Familie Naito. Ende des 19. Jh.s ging es in den Besitz des Kaiserhauses über, das den Park nach dem Zweiten Weltkrieg dem Staat übereignete. Da der Park gleichzeitig ein Botanischer Garten – mit Pflanzen aus aller Welt – ist, gliedert er sich in zwei Teile, einen europäischen und einen japanischen. Bei der europäisch gestalteten Anlage nahm man sich den französischen Park sowie den englischen Landschaftsgarten zum Vorbild. In den japanischen Teil – mit schönem Pavillon im chinesischen Stil – pilgern im April die Freunde der Kirschblüte besonders gern: Dann stehen 1100 Bäume 34 verschiedener Arten in Blüte. Freunde der Chrysanthemen erwarten den November, wenn im Park Chrysanthemenschauen abgehalten werden.

**Tokyo Disneyland (Freizeitpark)

Japanische Entsprechung

東京ディズニーランド

Lage
15 km südöstlich von Tokyo;
1 Maihama
Urayasu-shi
Chiba-ken 272-01

Der 1983 eröffnete Freizeitpark Tokyo Disneyland mit 46 ha Fläche wurde nach der bewährten Gliederung seiner US-amerikanischen Vorbilder konzipiert: mit einer Hauptstraße ('Mainstreet'), an die sich die Themengebiete 'Abenteuer', 'Phantasie', 'Wildwest' und 'Zukunft' anschließen. Tokyo Disneyland ist dazu um den Themenbereich '3000 Jahre japanische Geschichte' bereichert.

Dem Besucher stehen etwa 30 Restaurants und Imbißstände zur Auswahl. Das Freilichttheater umfaßt 15 000 Sitzplätze. Die annähernd 40 Einzelattraktionen sollen jährlich um eine bis zwei erweitert werden.

Anreise

Mit der U-Bahn (Tozai-Linie) bis Station Urayasu und weiter mit Pendelbus; mit dem Autobus Direktverbindung vom Hauptbahnhof Tokyo sowie vom Internationalen Flughafen Narita; mit dem Auto über Schnellstraße Nr. 9.

World Bazaar

Hauptachse der Freizeitanlage ist der vollständig überdachte 'World Bazaar' (Weltbasar) im Stil der 'Mainstreet' US-amerikanischer Westernstädte um die letzte Jahrhundertwende. Hier befinden sich viele Restaurants, Läden, Boutiquen und Amüsierbetriebe.

Adventureland

'Adventureland' (Abenteuerland) bietet eine Bootsfahrt auf einem gewundenen Urwaldfluß mit Ufermotiven aus Afrika, Südamerika und Asien oder eine Fahrt in einer Western-Dampfeisenbahn durch urzeitliche Saurierwelten.
'Pirates of the Caribbean' (Karibikpiraten) lassen einen zwanzigminütigen Piratenüberfall auf einen Hafen in der Karibik, einschließlich Kanonenbeschuß, miterleben.

Westernland

'Westernland' zeigt den amerikanischen Wilden Westen zur Pionierzeit. Auf den 'Rivers of America' verkehren der Raddampfer "Mark Twain" und Indianerkanus. Sie umziehen 'Tom Sawyer Island' mit Joes Höhle, Tom Sawyers Baumhütte und Fort Sam Clemens.
Die 'Golden Horseshoe Revue' hält den Weltrekord als die am längsten ohne Unterbrechung (seit 1955) aufgeführte Show ihrer Art auf der Erde.

Fantasyland

'Fantasyland' führt durch die Märchenwelt Walt Disneys. Der Besucher begleitet Aschenputtel, Schneewittchen, Peter Pan oder Pinocchio. Höhepunkt ist die 'Mickey Mouse Revue'.
'It's a Small World' präsentiert Trachtenpuppen und Volkslieder aus 100 Nationen. 'Haunted Mansion' ist ein von 999 Gespenstern und Fabelwesen bevölkertes Geisterhaus.
Vom 'Fantasyland' verkehrt eine Schweizer Alpenseilbahn, mit schönem Blick über den Freizeitpark, nach

Tomorrowland

'Tommorrowland'. Zukunft und technischer Fortschritt begegnen hier dem Besucher in vielfältiger Weise.
Ein 'Space Mountain' bietet Gelegenheit zu einem Raumflug, und 'The Magic Carpet Round the World' zeigt einen 360°-Panoramablick auf die berühmtesten Plätze der Welt.

Tokyo National Museum

→ Nationalmuseum

Tokyo Tower

Tokyo Tower
im Shiba-Park

Tokyo Tower (Fernmeldeturm) E 6

東京タワー

Japanische Entsprechung

Auf einem Hügel im Shiba-Park, wo sich auch der → Zojoji-Tempel befindet, erhebt sich Tokyos höchstes Bauwerk: Der Tokyo Tower, der 1958 dem Pariser Eiffelturm nachgebaut wurde, ist 333 m hoch – 13 m höher als sein Pariser Vorbild. Bei klarem Wetter kann der Besucher sogar den → Fuji-san sehen; ein Blick über die Riesenstadt Tokyo ist ihm immer gewiß. Die Aussichtsterrassen befinden sich in 150 und 250 m Höhe.

Etwa 4 Mio. Besucher klettern oder fahren jährlich auf die 4000 t schwere Stahlkonstruktion, die zugleich ein Symbol für Japans Wiederaufbau nach dem Zweiten Weltkrieg ist und zu einem Wahrzeichen der Stadt wurde. Im Inneren der Turmbasis befinden sich ein Aquarium mit 8000 seltenen Fischarten, das erste Wachsfigurenkabinett Asiens sowie das Museum für Moderne Wissenschaft.
Sieben Fernsehstationen und eine Reihe von Rundfunktsendern nutzen die Höhe der Turmspitze, die auch als Sendemast für den Funkverkehr großer Konzerne untereinander dient.
Eine Fülle von Instrumenten mißt ständig den Grad der Luftverschmutzung über Tokyo. Eine Erdbebenwarte zeigt auch die geringste Bodenschwankung an.

Standort
im Shiba-Park, Stadtbezirk Minato-ku

U-Bahn-Station
Kamiyacho (Hibiya-Linie)

S-Bahn-Station
Hamamatsucho (Keihin-Tohoku-Linie; Yamanote-Linie)

Tsubouchi-Theatermuseum C 3

坪内博士記念演劇博物館

Japanische Entsprechung

Fünf Gehminuten nördlich vom U-Bahnhof Waseda liegt das Gelände der Waseda-Universität. Sie wurde 1882 von dem Politiker Okuma Shigenobu (1838 bis 1922) gegründet und ist eine der größten privaten Hochschulen des Landes.
Der Lehrbetrieb umfaßt insgesamt sieben Fakultäten.

Auf dem Campus steht das Tsubouchi-Theatermuseum, das 1928 zum Gedenken an den bekannten Dramatiker und Shakespeare-Übersetzer Tsubouchi Shoyo (1859–1935) eingerichtet wurde. Es ist das einzige Museum seiner Art in Japan und zeigt Gegenstände und Urkunden, welche die Geschichte und die Welt des fernöstlichen Theaters beleuchten – für Besucher der No- und Kabuki-Theater eine gute zusätzliche Information über eine dem Europäer sehr fremde Theaterwelt.

Anschrift
1-chome, Nishi-Waseda, Stadtbezirk Shinjuku-ku

U-Bahn-Station
Waseda (Tozai-Linie)

Öffnungszeiten
Mo.–Fr. 9.00–16.00, Sa. 9.00–14.00; So. geschlossen

*Tsukiji-Fischmarkt

築地中央卸売市場

Japanische Entsprechung

Der Tsukiji-Großmarkt ist Tokyos größter Umschlagplatz für Gemüse, Obst, Fleisch, Geflügel und Fisch.
In Japan wird viel Fisch gegessen, und unabhängig davon, ob es sich um Importware oder eigene Fänge, um tiefgekühlte oder frische Ware handelt – fast alles, was die Großstadt verbraucht, findet seinen Weg über den berühmten Tsukiji-Fischmarkt, wo zusammen mit Austern, Langusten, Krebsen, Tintenfischen und Krabben die ganze Gaumenherrlichkeit ausgebreitet ist.

Lage
im Stadtbezirk Chuo-ku, am Sumida-Fluß

U-Bahn-Station
Tsukiji (Hibiya-Linie)

Tsukiji-Fischmarkt

Tsukiji-Fischmarkt, S-Bahn-Station Shinbashi (Yamanote-Linie)

Der Großmarkt, der eine Gesamtfläche von 20 ha umfaßt, liegt 200 m südlich vom ⟶ Tsukiji-Honganji-Tempel. Der Verkauf beginnt täglich gegen vier Uhr morgens. Deshalb ist ein Besuch – in wasserfestem Schuhwerk und mit einigen Ersatzfilmen in der Tasche – zwischen 4.30 und 8.00 Uhr anzuraten. Sonntags und an einem Mittwoch pro Monat ist der Fischmarkt geschlossen.

Tsukiji-Honganji-Tempel F 5

Japanische Entsprechung

築地本願寺

Lage
Shin-ohashi-dori, Ginza, Stadtbezirk Chuo-ku

U-Bahn-Station
Tsukiji (Hibiya-Linie)

S-Bahn-Station
Yurakucho (Yamanote-Linie)

Südöstlich der Einkaufsmeile ⟶ Ginza (300 m östlich vom Theater Kabukiza) liegt ein im hinduistischen Stil errichteter Tempel: der Tsukiji-Honganji-Tempel der Jodo-Shinshu-Sekte, ein Zweigtempel des Nishi-Honganji-Tempels in ⟶ Kyoto. Er wurde 1630 gegründet, mehrmals durch Feuer zerstört (das letztemal beim Erdbeben von 1923) und 1935 in erdbebensicherer Bautechnik wiedererrichtet.
Erwähnenswert ist der Tsukiji-Honganji-Tempel, weil hier im Unterschied zu anderen buddhistischen Sekten auch Trauungen nach buddhistischem Ritus und sonntags buddhistische Gottesdienste in englischer Sprache abgehalten werden.

*Tsukuba Science City

Japanische Entsprechung

筑波研究学園都市

Am Fuße des 876 m hohen Berges Tsukuba liegt die neugegründete 'Wissenschaftsstadt' Tsukuba Science City, eines der größten und modernsten Wissenschaftszentren der Erde.

Tsukuba Science City, Lage
60 km nordöstlich von Tokyo

Mit der Eisenbahn ab Ueno Station (JR) in ca. 45 Min. nach Tsuchiura und von dort (Kanto-Tsukuba-Linie) bis Tsukuba Station

Anreise

Auf einem etwa 270 ha großen Gelände in freier Landschaft wächst seit etlichen Jahren eine von dem Architekten Fumihiko Maki entworfene Retortenstadt (derzeit über 25 000 Einw.) mit über 1650 Gebäuden (darunter futuristische Hochbauten), einem zentralen Achsenbereich und weiträumigen Fußgängerzonen.

Bemerkenswertes

Hier sind heute bereits rund ein Drittel aller nationalen japanischen Forschungsinstitute sowie eine Universität ('gläserner Kunstberg'; 26 Fachbereiche für die Forschung, sechs Fachbereiche für die akademische Lehre) mit mehr als 3000 Wissenschaftlern und etwa 10 000 Studierenden untergebracht; Wohnbereiche, Einkaufszentren, Schulen, Freizeiteinrichtungen und Unterhaltungsstätten stehen zur Verfügung.

Zur technisch-wissenschaftlichen Ausstattung dieser 'Denkfabrik', die voraussichtlich erst gegen Ende dieses Jahrtausends vollendet sein wird, gehören neben hochmodernen Laboratorien (Windkanäle, Elektronenmikroskope, Laser-Radargeräte u. v. a.) ein siebenstöckiges Stahlbetongebäude mit Erdbebensimulator, eine mehr als 6 km lange Straßenverkehrsteststrecke sowie ein 380 m langer Tunnel für Versuche zur Lärmminderung, Belüftung und Beleuchtung. Neben vielen anderen Forschungsprojekten sollen hier zukünftig auch die Möglichkeiten der fortschreitenden Fabrikautomatisierung durch Industrieroboter studiert werden.

*Ueno-Park F 2

上野公園

Japanische Entsprechung

Der 84 ha große Ueno-Park ist eines der beliebtesten Ziele im Stadtbereich. Er wird von Kieswegen durchzogen; Würstchenverkäufer preisen mit Lautsprechern ihre Ware an, und viele Kinos und Vergnügungszentren liegen ganz in der Nähe. Der größte Park Tokyos ist mit Zoo und Aquarium ein echter Volkspark, ebenso aber auch ein Kulturzentrum mit einer Reihe von Museen, einer Vielzahl von Tempeln, Schreinen und Pagoden und einigen bedeutenden öffentlichen Gebäuden. Der Haupteingang liegt am Südostrand des Areals, nahe beim Ueno-Bahnhof.

Lage
im Stadtbezirk Taito-ku

U-Bahn-Station
Ueno (Ginza-Linie)

S-Bahn-Station
Ueno (Yamanote-Linie)

Ursprünglich zur Residenz eines Daimyo gehörend, ging der Park im frühen 17. Jh. in den Besitz der Tokugawa-Shogune über. 1873 wurde er der Öffentlichkeit übergeben.

1868 war der von den Tokugawa als Haustempel errichtete Kaneiji letzte Bastion der shogunattreuen Truppen, der bei den Kämpfen bis auf eine fünfstöckige Pagode vollkommen zerstört wurde. Ein Denkmal erinnert an die Gefallenen, die für den Kaiser kämpften, eine Bronzestatue an Saigo Takamori (1827–1877), einen der führenden Männer der Meiji-Restauration. Als Führer der Truppen des Kaisers Meiji forderte Takamori den Krieg gegen Korea, geriet mit dieser Absicht aber in Opposition zur Zentralregierung. Er wurde Führer der 'Kagoshima-Rebellion' und verübte nach deren Niederschlagung – gemäß dem japanischen Ehrenkodex für Samurai – Seppuku (zeremoniellen Selbstmord); heute wird er jedoch als Nationalheld verehrt. Denk- und Mahnmal erreicht man über eine Steintreppe, die von Kirschbäumen (Blütezeit Anfang April) gesäumt ist.

Takamori-Gedenkstätte

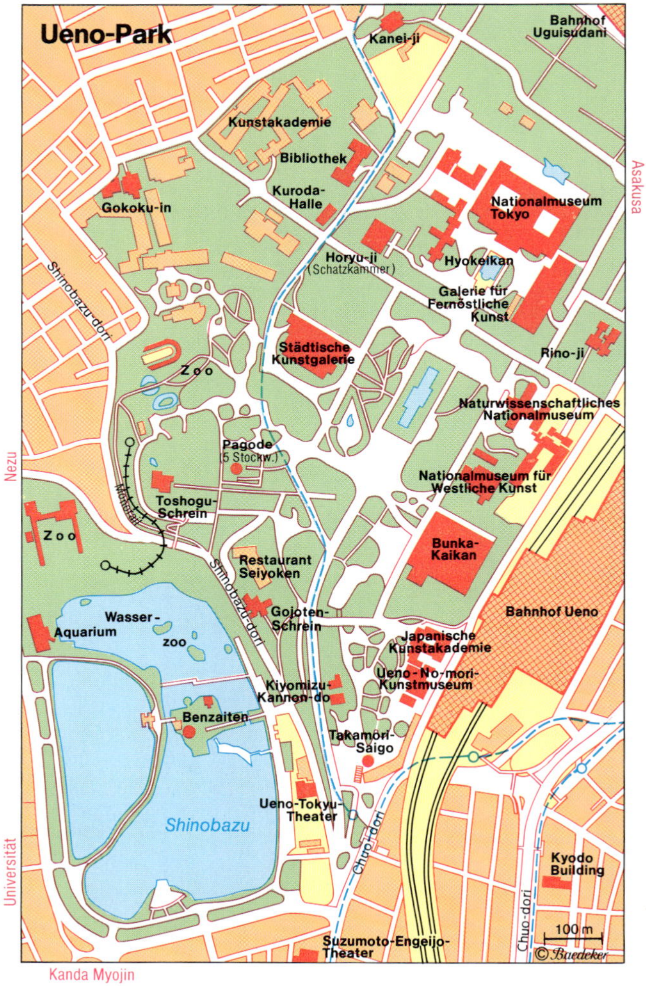

Kiyomizu-Tempel

Linker Hand liegt der Kiyomizu-Tempel, eine Nachbildung des gleichnamigen Tempels in ⟶ Kyoto; im Innern eine Statue der Tausendhändigen Kannon.

Kunstmuseum

Nordöstlich der Gedenkstätte steht das 1887 gegründete Ueno-no-Mori-Kunstmuseum, in dem wechselnde Ausstellungen stattfinden. Unmittelbar angrenzend die Gebäude der Japanischen Kunstakademie.

Konzerthalle

Die Konzerthalle Tokyo Bunko Kaikan wurde 1961, anläßlich des fünfhundertjährigen Stadtjubiläums, erbaut und besitzt einen großen sowie einen kleinen Saal (2230 bzw. 611 Plätze), in denen Konzerte und Opernaufführungen stattfinden.

Denkmal für Saigo Takamori

Shinobazu

Den Südteil des Parks nimmt der Shinobazu-Teich (2 km Umfang, Bootsverleih) ein, in welchem auf einer Landzunge der Benzaiten-Tempel steht. Der Teich ist berühmt für seine Lotosblüte im August.

Aquarium

Am Nordwestende des Teichs befindet sich das Aquarium, eines der größten seiner Art im Fernen Osten. Hier gibt es auch Amphibien und Reptilien.

Zoo

Am Nordrand des Teichs erstreckt sich der Zoo, dessen zwei Abteilungen durch eine Einschienenbahn miteinander verbunden sind. Im Jahr 1882 eröffnet, ist er der älteste zoologische Garten Japans; er zeigt (großenteils in Freigehegen) ungefähr 850 Tierarten.

Toshogu-Schrein

An der Einschienenbahn steht der 1627 zum Gedenken an Tokugawa Ieyasu erbaute und 1651 erneuerte Toshogu-Schrein, zu dem ein von 256 Stein- und Bronzelaternen gesäumter Weg führt. Besondere Beachtung verdienen der im Stil Gongen-zukuri erbaute Hauptschrein und die hierher gebrachte fünfstöckige Pagode von 1639, der einzige Überrest des zerstörten Kaneiji-Tempels (s. oben). Das vor dem Hauptschrein stehende Tor Kara-mon besitzt Schnitzwerke, die dem bekannten Bildhauer Hidari Jingoro (17. Jh.) zugeschrieben werden.

Städtische Kunstgalerie

Wenige Schritte östlich vom Zoo steht das Gebäude der Städtischen Kunstgalerie (Tokyo Metropolitan Art Gallery; 1926), wo wechselnde Kunstausstellungen stattfinden.

Nationalmuseum für Westliche Kunst

Nördlich der Konzerthalle (Bunka-kaikan; s. oben) erreicht man das ⟶ Nationalmuseum für Westliche Kunst.

Naturwissenschaftliches Nationalmuseum

Unmittelbar nordöstlich schließen sich an das Nationalmuseum für Westliche Kunst die Gebäude des ⟶ Naturwissenschaftlichen Nationalmuseums an.

Nationalmuseum

Im nördlichen Teil des Ueno-Parks steht das große Gebäude des ⟶ Nationalmuseums.

Horyuji

Westlich in einiger Entfernung von dem genannten Nationalmuseum lohnt die Schatzkammer des Horyuji-Tempels (Horyuji Homotsukan) mit ihrer Sammlung von Waffen, Möbeln u.a. einen Besuch. Dahinter liegt ein hübscher Garten mit drei alten Pavillons.

Westlich jenseits der Parkgrenze die Staatliche Kunsthochschule und die Ueno-Bibliothek, Teil der Parlamentsbibliothek und eine der größten Büchereien des Landes.

Kaneiji-Tempel

Ganz im Norden des Parks und östlich der Kunstakademie liegt der neue Kaneiji. Als Chorakuji-Tempel stand er in der Ortschaft Serada (Präfektur Gumma). Nach der Zerstörung des ursprünglichen Kaneiji (s. oben, Takamori-Gedenkstätte) wurde er 1875 als Ersatz für diesen hierher in den Ueno-Park übertragen.

Im Ueno-Park

Yasukuni-Schrein E 4

Japanische Entsprechung
靖国神社

Lage
Kudan Kita,
3-chome
Chiyoda-ku

U-Bahn-Station
Kudanshita
(Tozai-Linie)

Nordwestlich des Mizugami-Parks, im Stadtviertel Kudan Kita, liegt der Yasukuni-Schrein, ein im shintoistischen Stil 1869 vollendeter Bau, der den Kriegsgefallenen Japans geweiht ist.

Den Zugang zum äußeren Bezirk bilden zwei immense Torii: am Südeingang ein 12 m hohes Granit-Torii; am Eingang zum inneren Bezirk ein 22 m hohes Bronze-Torii (beide 1933 errichtet).

Am Weg zum Schrein steht eine Bronzestatue des Omura Masujiro (1825–1869), eines Staatsmanns der frühen Meiji-Zeit.

Ginkgo-Bäume und insbesondere Zierkirschen bilden den Pflanzenbewuchs auf dem Gelände, so wie bei den Soldaten, die in den Krieg zogen, der Abschiedsgruß üblich wurde: Auf Wiedersehen unter den Kirschbäumen am Kudan-Hügel.

Das Frühlingsfest des Schreins findet von 21. bis 23. April, das Herbstfest von 17. bis 19. Oktober statt.

Als Heiligtum des Staatsshintoismus ist der Yasukuni-Schrein immer wieder politisch umstritten. Hier sind heimlich die Urnen der vom Internationalen Militärgerichtshof 1948 als Hauptkriegsverbrecher zum Tode verurteilten und hingerichteten Männer beigesetzt worden. Durch die Beisetzung erlangten diese den Status von Kami, von gottähnlichen und verehrungswürdigen Wesen.

Yokohama

Ausflugsziel

横浜

Japanische Entsprechung

Lage
30 km südlich von Tokyo

Yokohama (eingedeutscht Jokohama), die zweitgrößte Stadt von Japan, liegt im östlichen Zentral-Honshu, unweit südlich von Tokyo, mit dem zusammen es den industriellen Ballungsraum Keihin (Tokyo–Kawasaki–Yokohama) bildet. Yokohama ist Hauptstadt der Präfektur Kanagawa, größter Handelshafen des Landes und für Schiffsreisende das wichtigste Tor nach Japan. Die bedeutende Industrie umfaßt Werften, Maschinen- und Automobilbau, Petrochemie u.a.

Anreise

Eisenbahn ab Tokyo Hauptbahnhof (Tokaido; Yokosuka-Linie) bis Yokohama (Bhf.); mit der S-Bahn ab Tokyo Hauptbahnhof (Keihin-Tohoku-Linie) bis Sakuragi-cho (Bhf.) oder Kannai (Bhf.)

Geschichte

Die Stadt Yokohama ist jung. Als die Schwarzen Schiffe des Kommodore Perry in die Bucht von Tokyo eingedrungen waren und er im Vertrag von Kanagawa (1854) die Öffnung Japans zum westlichen Ausland durchgesetzt hatte, entwickelte sich das kleine Fischerdorf innerhalb kürzester Zeit zu einer lebhaften Hafen- und Handelsstadt. Im Jahre 1859 ließen sich die ersten Ausländer hier nieder, unter anderen der erste Generalkonsul der Vereinigten Staaten von Amerika in Japan, Townsend Harris. Schon 1889 war die Einwohnerzahl der Stadt auf über 120 000 angewachsen. Bei dem Erdbeben von 1923 und im Zweiten Weltkrieg wurden weite Teile der Stadt zerstört. Yokohama beging 1989 sein hundertjähriges Jubiläum und den hundertdreißigsten Jahrestag der Hafenöffnung.

Sehenswertes

Südöstlich vom Hauptbahnhof liegt in Zentrumsnähe der Bahnhof Sakuragicho, von wo die wichtigsten Sehenswürdigkeiten der Stadt zu erreichen sind.

Iseyama-Schrein

Westlich vom Bahnhof (10 Min. Fußweg), im Norden des Stadtbezirks Naka-ku, steht der 1870 erbaute Iseyama-Schrein, zur Gruppe der Ise-Schreine gehörend und dem Schutzgott der Stadt geweiht. Er besitzt ein 10 m hohes Torii aus Zypressenholz.

Kamon-yama-Park

Nördlich schließt sich der wegen seiner Kirschblüte (Mitte April) bekannte Kamon-yama-Park an, in welchem eine Statue des Politikers Ii Naosuke (1815–1860) steht, der großen Anteil an der Öffnung Japans zur westlichen Welt hatte.

Nogeyama-Park

Südwestlich des Iseyama-Schreins (ca. 7 Min. Fußweg) liegt an einem Hang der aussichtsreiche Nogeyama-Park mit Zoo und Schwimmbad. Von hier in südöstlicher Richtung erreicht man die Einkaufsstraße Isezaki-cho, die wieder ins Zentrum von Naka-ku führt.

Präfekturmuseum

Südöstlich vom Bahnhof Sakuragicho (zu Fuß 5 Min.) gelangt man zum Präfekturmuseum, dessen repräsentativer Bau 1904 errichtet wurde; es umfaßt naturwissenschaftliche und historische Sammlungen. Weiter südöstlich ein 1917 entstandener Backsteinbau mit Glockenturm, heute Gedenkhalle für die Öffnung des Hafens. Daneben ein Denkmal für Okakura Tenshin, den bekanntesten Bildhauer der Stadt.

Hafen

Vom Yokohama-Park nordöstlich erreicht man den Hafen (mehrmals täglich Rundfahrten). Beim Osambashi-Pier steht das neunstöckige Silk Center mit der Yokohama International Tourist Association, dem Postamt, den

Im Hafen von Yokohama

Hafen (Fortsetzung)

Büros von Fluggesellschaften, dem Silk Hotel und dem Seidenmuseum. Am rechts anschließenden Hafenbecken erstreckt sich der Yamashita-Park (Schiffsverbindung von der Anlegestelle östlich des Bahnhofs Yokohama, 15 Min.; Blick auf den Hafen); im Hafen ist das ehemalige Transozeanschiff 'Hikawa Maru' verankert, das heute als Museum dient und auch Aquarien mit tropischen Fischen enthält. Südwestlich steht der 108 m hohe Marine Tower, zum hundertsten Jahrestag der Hafenöffnung errichtet; weiter Blick auf die Stadt (nachts besonders reizvoll).

Chinesenviertel

500 m westlich von hier liegt das Chinesenviertel (Chuka-gai) mit zahlreichen Restaurants, Ladengeschäften und Vergnügungsstätten.

Yamate-machi

Südlich, jenseits des Flusses Nakamura, verläuft die Einkaufsstraße Motomachi; hier beginnt das Ausländerviertel Yamate-machi (auch Bluff genannt), wo u.a. der Ausländerfriedhof liegt. Östlich von diesem der Park Minato-no-mieru-oka, der einen lohnenden Ausblick auf den Hafen bietet.

*Sankei-en

An der südöstlichen Peripherie der Stadt liegt der schöne Garten Sankei-en (Autobus vom Ostausgang des Bahnhofs 35 Min., dann 10 Min. zu Fuß). Hier befinden sich mehrere historische Bauwerke, die aus anderen Landesteilen stammen, so die 500 Jahre alte dreistöckige Pagode des Tomyoji-Tempels in Kamo (Kyoto), das Rinshun-kaku (ehemalige Villa der auf der Kii-Halbinsel ansässigen Tokugawa-Linie; 1649), der Teepavillon Choshu-kaku des Tokugawa Iemitsu, der Bauernhof Yanohara-ke (18. Jh.), der Tempel Tenzuiji Juto Sayado (vom Daitoku-ji in Kyoto; 1592) u.a. Im Südteil des Parks das 1933 errichtete Gebäude Hasseiden mit den Statuen der acht Weisen der Welt, Shakyamuni, Konfuzius, Sokrates, Christus, Shotoku-taishi, Kobo-daishi, Shinran und Nichiren.

Gumyo-ji-Tempel

Vom Hauptbahnhof gelangt man mit der Keihin-Kyuko-Privatbahnlinie oder Untergrundbahn nach Südwesten zum Gumyo-ji-Tempel der Shin-

Historisches Gebäude im Sankei-en

Im Chinesenviertel

Gumyo-ji (Fortsetzung)

gon-Sekte, dem ältesten der Stadt. Im Inneren eine aus dem 9. Jh. stammende Holzstatue der Elfköpfigen Kannon.

Archäologisches Museum

Östlich des Tempels (von der U-Bahn-Station Makita 20 Min. zu Fuß) das Archäologische Museum Santondai mit Ausgrabungsfunden aus der Umgebung.

Meeresmuseum

Nordöstlich des Bahnhofs Sakuragicho liegt der Nippon-maru Memorial Park mit dem außer Dienst gestellten Segelschulschiff 'Nippon-maru' und einem Meeresmuseum.

Hongakuji-Tempel

Unweit nordöstlich vom Hauptbahnhof steht im Stadtbezirk Kanagawa-ku der Hongakuji-Tempel der Soto-Sekte. Das Gebäude war im Jahre 1858 vorübergehend Residenz des Generalkonsuls der Vereinigten Staaten von Amerika, wo 1858 der japanisch-amerikanische Handelsvertrag unterzeichnet wurde.

Sojiji-Tempel

Mit der JR-Tohoku-Linie erreicht man vom Hauptbahnhof in nordöstlicher Richtung (Bahnhof Tsurumi) den Sojiji-Tempel der Soto-Sekte. Er wurde 1321 in der Präfektur Ishikawa erbaut und nach einem Brand im Jahre 1898 an seinem jetzigen Standort neu errichtet. Er ist einer der bedeutendsten Zen-Tempel Japans und Zentrum von etwa 15 000 Zweigtempeln.
Auf dem Tempelgelände sind mehrere schulische Einrichtungen untergebracht.

Yokohama Dreamland

Südwestlich außerhalb der Stadt, bei Matanocho, befindet sich der 66 ha große Vergnügungspark Yokohama Dreamland im Disneyland-Stil (JR-Odakyu-Linie bis Ofuna, Fujisawa, Totsuka oder Chogo, dann Autobusverbindungen). Die im Jahr 1963 eröffnete Anlage besitzt zahlreiche Unterhaltungseinrichtungen sowie ein Freilichttheater, eine Eisbahn und ein Hotel.

Yumenoshima-Park

außerhalb des Stadtplans

Japanische Entsprechung

夢の島公園

Lage
im Stadtbezirk Koto-ku

U-Bahn-Station
Minami-Sunamachi (Tozai-Linie)

Im Südosten des Stadtgebiets, zwischen den Flüssen Sumida und Arakawa, liegt inmitten eines großen, von Kanälen durchzogenen Gewerbegebiets der Yumenoshima-Park. Er umfaßt etliche Sportplätze und ein Schwimmbad.
Im Parkgelände befindet sich das restaurierte Fischerboot "Glücklicher Drache", dessen Besatzung in den fünfziger Jahren in den Gewässern um das Bikini-Atoll durch radioaktiven Niederschlag geschädigt wurde. Heute ist das Boot ein Mahnmal gegen die Kernwaffenversuche der Vereinigten Staaten von Amerika.
Die Hauptattraktion des Parks ist der Tropical Plant Dome, ein aus mehreren Kugelkalotten zusammengesetztes Gewächshaus mit tropischen Pflanzen.

Yushima Seido (Schrein)

F 3

Japanische Entsprechung

湯島聖堂

Lage
im Stadtbezirk Bunkyo-ku

Auf einer Anhöhe unweit des Bahnhofes erhebt sich der Konfuziusschrein Yushima Seido, der 1690 von dem fünften Shogun Tsunayoshi gegründet wurde und sich unter der Herrschaft der Tokugawa zu einem Zentrum des

Tropical Plant Dome im Yumenoshima-Park

Konfuzianismus entwickelte. Der Schrein wurde des öfteren durch Feuer zerstört (zum letztenmal bei der Erdbebenkatastrophe des Jahres 1923); die heutigen Bauten stammen aus dem Jahr 1935. Eindrucksvoll die Bronzeskulpturen des Konfuzius und anderer chinesischer Weiser in der Haupthalle.

Am letzten April-Sonntag findet alljährlich eine Feier zu Ehren von Konfuzius statt.

Yushima Seido (Fortsetzung), U-Bahn-Station Ochanomizu (Marunouchi-Linie)

S-Bahn-Station
Ochanomizu (Chuo-, Sobu-Linie)

*Zojoji-Tempel E 6

増上寺

Japanische Entsprechung

Von der U-Bahn-Station Shiba-koen führt ein schöner Fußweg durch den schattigen Shiba-Park zum Zojoji-Tempel. Der frühere Familientempel der Tokugawa gehört der Jodo-Sekte, mit deren Hilfe der Klan der Tokugawa sein Shogunat aufbaute. Unter ihrer despotischen Regierung kapselte sich Japan drei Jahrhunderte lang von der Außenwelt ab.
Durch das Erdbeben von 1923 und im Zweiten Weltkrieg wurden die Tempel- und Parkanlagen weitgehend zerstört. Allein das Eingangstor Sammon stammt noch aus der Zeit von 1605. Die 48 m lange und 35 m hohe Haupthalle Hondo des 1393 von dem Priester Shoso gegründeten Tempels ist eine Rekonstruktion von 1974.

Lage
im Shiba-Park
Stadtbezirk Minato-ku

U-Bahn-Station
Shiba-koen (Hibiya-Linie)

Zu den sehenswertesten Tempelschätzen gehören neben Bildern aus dem Leben des Priesters Honen eine schwarze Buddha-Statue und die Große Tempelglocke. In einer Umfriedung dahinter befindet sich eine Grabstätte der Tokugawa-Shogune (unzugänglich; die zweite in ⟶ Nikko).

Praktische Informationen von A bis Z

Adressen

Allgemeines

In der Abendzeitung "Asahi Evening News" fand sich folgendes Inserat eines Krankenhauses:
"Gebrauchen Sie den Westausgang der Station Ikebukuro. Bleiben Sie die nächsten 500 Meter auf der Hauptstraße, das sind sechs Minuten Fußweg. Wenn Sie dann zu einer Tankstelle kommen, biegen Sie in die kleine Straße rechts ein, die zwischen dem Krämerladen und einem Briefkasten liegt."
So oder ähnlich wird man oft den Weg zu Bekannten, einem Tempel oder Geschäft beschreiben, möglichst mit einer Handskizze. Anschriften im europäischen Sinne gibt es in Japan nicht.

Beispiel

12-18-A Shiroganedai 5-chome Minato-ku ist ein Haus oder eine Wohnung im Tokyoter Verwaltungsbezirk Minato. Dieser Bezirk ist wiederum in Unterbezirke gegliedert; Shiroganedai ist einer davon. Jeder Unterbezirk ist seinerseits in Blocks (chome) aufgeteilt. Und in einem solchen Block muß man nach dem Grundstück 12-18 suchen. Hausnummern gibt es nicht. Wo vorhanden, erfolgt die Numerierung nicht nach Standort, sondern nach Baujahr. Auf diesem Grundstück steht nicht nur ein Haus allein; es kommt darauf an, A zu finden. Somit fängt man an, alle Türen zu überprüfen, ob sie nicht den Namen des Bekannten tragen. Das alles ist auch für einheimische Briefträger und Taxifahrer schwer. Zu bekannten Sehenswürdigkeiten, Hotels u. a. finden Taxifahrer allerdings meist problemlos.

Ratschlag

Zunächst lasse man sich im Hotel die gesuchte Adresse auf Japanisch umschreiben. Die Angestellten am Empfang sind daran schon gewöhnt. Auf jeden Fall stecke man die Telefonnummer der Adresse ein, die man sucht. Weiß der Taxifahrer nicht weiter, dann telefoniert er von unterwegs und läßt sich den Weg erklären. Oft sind in der Nähe eines Blocks auch Schilder aufgestellt, auf denen alle in der Nähe wohnenden Familien, allerdings mit japanischen Schriftzeichen, genannt sind.
Verspäten sich Besucher, wird das nicht übel genommen. Auch für Japaner ist die Stadt Tokyo ein Dschungel.

Hilfsbereit sind auch die Beamten, die in den kleinen, 'Koban' genannten Polizeistationen (⟶ Polizei) Dienst tun und ihr Stadtviertel genau kennen. Bei Verständigungsproblemen telefonieren sie mit der Polizeizentrale, wo immer ein Dolmetscher bereit ist.

Andenken

⟶ Souvenirs

Anreise

Mit dem Flugzeug

Der Tokyo International Airport Narita (65 km östlich vom Tokyoter Stadtzentrum) ist eine der wichtigsten Luftverkehrsdrehscheiben im Fernen Osten.

◀ *Das Auge ißt mit: Japanische Speisen*

Boeing 747 ('Jumbo-Jet') der Japan Air Lines

Anreise, Flugzeug (Fortsetzung)

Von Europa nach Japan gibt es mehrere Hauptflugrouten: über Grönland und Alaska (Anchorage) nach Tokyo; über Moskau und Sibirien nach Tokyo; ferner die Südostasienroute (mit mehreren Zwischenlandungen) über Rom sowie den Nahen und Mittleren Osten.

Mit dem Schiff

Es gibt keine Passagierlinien von Europa nach Japan. Im ostasiatischen Raum operierende Frachter mit Passagierplätzen, Fährschiffe und Kreuzfahrtschiffe legen oft im Hafen von Yokohama an.

Kombination Eisenbahn/Flugzeug oder Schiff

Eine sehr reizvolle, aber zeitaufwendige Möglichkeit für eine Reise nach Tokyo ist die Kombination einer Fahrt mit der Transsibirischen Eisenbahn von Moskau nach Wladiwostok bzw. Nachodka und dem anschließenden Übersetzen per Schiff oder Flugzeug auf die japanische Hauptinsel Honshu.

Antiquitäten

Allgemeines

Die Japaner sind selbst begeisterte Sammler und haben die Preise im Lande hochgetrieben. Feilschen ist kaum möglich. Vor Fälschungen muß man sich nicht in acht nehmen.
Alter ist in Japan nicht unbedingt ein Wert. So sind neuere, dafür aber von einem bekannten Meister oder aus einer renommierten Schule stammende Stücke oft wesentlich teurer. Für ein Samurai-Schwert zahlt man leicht zwischen 50 000 und 100 000 DM. Gußeiserne Kessel, Holzkommoden mit Metallschlössern, tischartige Öfen mit einer Vertiefung für Holzkohle oder Rollenbilder können gleichfalls oft Tausende kosten. Echte, früher als Zierknöpfe benutzte Elfenbeinfiguren (Netsuke) sind kaum noch zu haben. Am besten hält man nach Holzschnitten aus dem 18. und 19. Jh. Ausschau.

In Tokyo gibt es kein Zentrum des Antiquitätenhandels. Man muß in die großen Kaufhäuser gehen, in denen auch ständig Kunstausstellungen stattfinden. Außerdem seien empfohlen:

Antiquitäten (Fortsetzung), Fachgeschäfte

Art Plaza Magatani
5-10-13, Toranomon, Minato-ku,
Tel. 3433-6321

Oriental Bazaar
9-13, Jingumae 5-chome,
Shibuya-ku (Omotesando),
Tel. 3400-3933

Asahi Art Center
Hibiya Park Building
1-8-1 Yuraku-cho, Chiyoda-ku,
Tel. 3271-6260

Apotheken (Yakyoku, Kusuriya)

Medikamente

In Japan sind viele Medikamente rezeptfrei erhältlich. Englischsprachige Beipackzettel sind in vielen Fällen obligatorisch.

Apotheke mit englischsprachigem Personal

American Pharmacy, Hibiya Park Building,
1-8-1, Yurakucho, Chiyoda-ku, Tel. 3271-4034

Öffnungszeiten

Die meisten Apotheken sind werktags von 9.00 bis 18.00 Uhr geöffnet.

Ärztliche Hilfe

Ärzte (Isha; deutschsprachig)

Dr. med. Annerose Akaike
Medical & Pediatric Clinic
OAG Building, 7-5-56, Akasaka, Monato-ku,
Tel. 3584-1727
Sprechstunden: Mo., Di., Do. und Fr. 9.00–16.00 Uhr, Mi. 9.00–12.00 Uhr

Krankenhäuser, Klinken (Byoin, Hospital; Auswahl)

International Catholic Hospital (Seibo Byoin)
2-5-1, Nakaochiai, Shinjuku-ku, Tel. 3951-1111

Tokyo Sanitarium Hospital (Eisei Byoin)
3-17-3, Amanuma, Suginami-ku, Tel. 3392-6151

Zahnkliniken (Auswahl)

Royal Dental Clinic
Komuro Building, 2nd Floor
4-10-11, Roppongi, Minato-ku, Tel. 3404-0819

Empire Dental Clinic
28, Daikyo-cho, Shinjuku-ku, Tel. 3356-2910

Impfungen

Für einen Japan-Aufenthalt braucht man sich im Regelfall nicht impfen zu lassen. Falls man sich aber in Tokyo plötzlich entschließt, noch andere Länder zu besuchen, in denen bestimmte Impfungen vorgeschrieben sind, kann folgendes Impfzentrum aufgesucht werden:

Hibiya Clinic
Hibiya Mitsui Building, 1st Floor
1-1-2, Yurakucho, Chiyoda-ku, Tel. 3502-2681
Sprechstunden: Mo.–Fr. 9.30–12.00 und 13.00–16.45, Sa. 9.30–12.00 Uhr

Ärztliche Hilfe, Massage

→ dort

Verständigungshilfen

Das "Tourist's Handbook", das in den Tourist Informationen Centers (→ Auskunft) kostenlos erhältlich ist, enthält in einem Abschnitt zweisprachig medizinische Begriffe, Fragen und Antworten, die bei der Verständigung mit dem Arzt von Nutzen sein können.

Einige die Verständigung erleichternde Ausdrücke:

Deutsch	Japanisch
Ärztliche Praxis, Klinik	Klinik
Arzt	Isha
Zahnarzt	Shi-ka, Ha-isha
Krankenhaus	Byoin
Ich bin krank	Byo-ki desu
Bitte kommen sie schnell	Hayaku kite kudasai
Ich bin Deutscher	Doitsujin desu
Ich spreche nur deutsch und englisch	Doitsugo to eigo shika hanasemasen

Sehr nützlich ist der im PMI-Verlag, Frankfurt/Main, erschienene "Med zinische Sprachführer" (278 S., DM 19.80) der in den zehn wichtigsten Weltsprachen (u.a. japanisch) vorformulierte Dialogbausteine für das Gespräch zwischen Arzt und Patient enthält.

Ausflüge

→ Besichtigungsprogramm

Auskunft

Japan National Tourist Organization (JNTO)

Japanische Fremdenverkehrszentrale
Biebergasse 6–10
D-60313 Frankfurt/Main
Tel. (069) 20353;
zuständig für Deutschland, Österreich und die Niederlande.

In der Schweiz

Office National du Tourisme Japonais
13, rue de Berne, CH-1201 Genève (Genf), Tel. (022) 318140

In Tokyo

Infolge der sprachlichen Isolation muß man sich in Japan immer wieder an sein Hotel oder an gute Bekannte um Rat wenden. Gibt es Schwierigkeiten mit dem Visum, so wende man sich an das

Tokyo Immigration Office
Otemachi-Godo Chosha ichi-go kan Building
(First Otemachi Common Government Office)
1-3-1, Otemachi, Chiyoda-ku, Tel. 3213-8111

Tourist Information Centers (TIC)

Für allgemeine Informationen, Buchuangen von Besichtigungsfahrten und Ausflüge wende man sich an die Tourist Information Centers (Informationsbüros in der Stadt und am Flughafen Narita).

Tourist Information Centers (Fortsetzung)

Tokyo Office
Kotani Building
6-6, Yurakucho 1-chome, Chiyoda-ku
Tel. 3502-1461
Geöffnet: Mo.–Fr. 9.00–17.00, Sa. 9.00–12.00 Uhr

New Tokyo International Airport Office (Flughafen Narita)
Airport Terminal Building
Narita, Chiba Pref.
Tel. (0476) 32-8711
Geöffnet: Mo.–Fr. 9.00–20.00, Sa. 9.00–12.00 Uhr

Japan Travel Bureau,
Foreign Tourist Department
1-13-1 Nihonbashi, Chuo-ku
Tel. 3276-7777

Reisebüros

⟶ dort

Fremdenführer

⟶ dort

Japan Travel-Phone

Speziell für ausländische Touristen gibt es den telefonischen Auskunftsdienst 'Japan Travel-Phone' in englischer Sprache. In den Stadtgebieten von Tokyo und Kyoto ist der Anruf gebührenpflichtig; man wählt
3503-4400 in Tokyo,
371-5649 in Kyoto.

Außerhalb dieser beiden Städte ist der Anruf gebührenfrei. Man erreicht den Anschluß über private Telefonapparate oder die gelben und grünen (nicht aber über die roten und pinkfarbenen) öffentlichen Fernsprecher. Man wirft eine 10-Yen-Münze ein bzw. verwendet die Telefonkarte und wählt
0120-222800 für Auskünfte über das östliche Japan,
0120-444800 für Auskünfte über das westliche Japan.
Nach Beendigung des Gesprächs wird die 10-Yen-Münze wieder ausgeworfen.

Teletourist Service

Informationen über laufende Veranstaltungen:
in Englisch Tel. 3503-2911
in Französisch Tel. 3503-2926

Ausstellungen

⟶ Kunstausstellungen
⟶ Museen

Autobusse

⟶ Verkehrsmittel

Autovermietung

⟶ Mietwagen

Bäder

Badehäuser

Das japanische Badehaus ist eine gesellschaftliche Institution. Hier trifft man sich, bespricht politische Ereignisse oder den neuesten Klatsch und vergißt die Last der Arbeit.
Vor der Benutzung des großen, mit sehr warmem Wasser gefüllten Gemeinschaftsbeckens hat man sich gründlich zu reinigen (Einseifen und Abspülen).
Wer hohe Wassertemperaturen nicht gewöhnt ist, sollte sich nur sehr vorsichtig in das Hauptbecken begeben. Wer Kreislaufbeschwerden hat, ist gut beraten, von einem japanischen Bad Abstand zu nehmen. Um seinen Organismus nicht allzu stark zu belasten, sollte man nicht länger als 20 Minuten im Hauptbecken verweilen.

Heiße Quellen

Eine der begehrtesten Formen von Urlaubsentspannung ist das Baden in heißen Quellen (Onsen), über die Japan zahlreich verfügt, möglichst romantisch abends unter freiem Sternenhimmel. Solche Quellen sind geschickt mit natürlichen Requisiten vom Felsen bis zum Farnkraut dekoriert. Badegäste nehmen sich die Freiheit, in leichtem Gewand vor- und nachher Schaufensterbummel zu machen oder so auch beim Abendessen zu erscheinen. Ungezwungene Atmosphäre herrscht vor. Onsen gibt es zwar nicht in dem Großstadtmoloch Tokyo, doch sind sie leicht im Rahmen eines Tagesausfluges zu erreichen, etwa in der Gegend von → Hakone.

Freibäder

Korakuen Pool, Tel. 3811-2111
Bahn: Suidobashi
Geöffnet: 31. 5.–31. 8.

Tokyo Kosei Nenkin Sports Center Pool, Tel. 3416-2611
Bahn: Odakyu-Linie, Seijogakuenmae
Geöffnet: 1. 7.–Mitte September

Toshimaen Pool, Tel. 3952-2226
Bahn: Seibu-Linie, Toshimaen
Geöffnet: 1. 6.–Mitte September

Hallenbäder

Yoyogi Stadium Pool (beheizt), Tel. 3468-1171
Bahn: Harajuku
Geöffnet: ganzjährig

Meiji Jingu Pool, Tel. 3403-3456
Bahn: Sendagaya
Geöffnet: Anfang Juni–Mitte September

Bahnhöfe, Bahnreisen

→ Eisenbahn

Besuchsprogramm

Orientierungshilfe

Einige Stadtteile von Tokyo sind für den Touristen oder Geschäftsmann wegen der Konzentration bestimmter Lebens- oder Wirtschaftsbereiche von besonderer Bedeutung: Geschäfte, Vergnügungen und Nachtleben aller Art findet man in den Vierteln Ikebukuro, Shinjuku und Shibuya. Die großen westlichen Hotels liegen im Bereich Akasaka. Marunouchi ist das Viertel der Banken und Konzerne. Betriebsames Haupteinkaufsviertel von Tokyo ist der Bereich der Ginza.

Besuchsprogramm (Fortsetzung), Hinweis

Die nachstehenden Empfehlungen sollen dem Reisenden, der zum ersten Mal nach Tokyo kommt und nur wenig Zeit zur Verfügung hat, als Leitfaden dienen, um den Aufenthalt in der Stadt möglichst eindrucksvoll zu gestalten. Die Verweiszeichen (→) beziehen sich – sofern nicht anders vermerkt – auf die Beschreibungen der 'Sehenswürdigkeiten von A bis Z' im Hauptteil dieses Reiseführers.

Stippvisite

Dem Reisenden mit sehr begrenzter Zeit sei bei einer ersten Stippvisite in Tokyo die Teilnahme an einer der Stadtbesichtigungsfahrten (→ Praktische Informationen, Stadtbesichtigung) dringend empfohlen. Diese führen nicht nur zu den wichtigsten Sehenswürdigkeiten der Stadt, sondern geben auch Einblick in einige der traditionellen Kunstgewerbe Japans. Abendtouren schließen zumeist ein japanisches Abendessen, eine Kabuki-Show sowie andere typische Vergnügungen ein.

Stadtrundgang

Wer sich etwas mehr Zeit zur Besichtigung der Stadt gönnen kann, der sollte seinen Rundgang beim → Kaiserpalast im Zentrum Tokyos beginnen. Einen Überblick über das parkartige Gelände, das der Öffentlichkeit nur zweimal im Jahr zugänglich ist, verschafft man sich am besten vom Dach des Palace-Hotels aus. Es lohnt sich, das Palastgelände zu Fuß zu umrunden und gelegentlich einen kleinen Abstecher in die angrenzenden Stadtgebiete zu machen.
Vom Nordtor des östlichen Gartens kann man sich nordwärts wenden und zu dem etwa 800 m entfernten Distrikt → Kanda gelangen, wo sich interessante Buchhandlungen und die Meiji-Universität befinden. Geht man vom östlichen Garten gegen den Uhrzeigersinn weiter, so kommt man zu dem direkt nördlich an den Palast anschließenden reizvollen Kitanomaru-Park, in dem sich das Nationalmuseum moderner Kunst, das Wissenschaftsmuseum und die Mehrzweckhalle Nippon Budokan (→ Praktische Informationen: Sport), ein bemerkenswertes Beispiel moderner japanischer Architektur, befinden.
Rund 800 m nördlich vom Kaiserpalast liegt der → Korakuen-Park, einer der wenigen klassischen Gärten im Stadtbereich. Nahe dem Park steht die Kodokan-Judo-Halle (→ Praktische Informationen: Sport).
Unweit nordwestlich des Kaiserpalastes befindet sich der → Yasukuni-Schrein, ein shintoistisches Mahnmal für die Kriegstoten.
An der Westseite des Kaiserpalastes verläuft der breite Graben, an dessen innerem Rand sich eine mächtige Mauer erhebt. Nahe der südwestlichen Ecke stehen das moderne Theater und etwas weiter südlich das → Parlamentsgebäude.
Eine große Zahl von Verwaltungsgebäuden findet man an der Südseite des Palastbezirkes; nahebei auch der → Hibiya-Park, an den sich wenige Schritte östlich der Bezirk → Ginza anschließt. Man erreicht ihn, indem man der an der Nordseite des Hibiya-Parkes entlangziehenden Straße nach Südosten folgt und die Eisenbahn unterquert. Ein Einkaufsbummel durch die → Ginza, das Hauptgeschäftsviertel der Stadt, ist ein Erlebnis, besonders an verkaufsoffenen Wochenenden, wenn die Straßen verkehrsfrei sind. Nach Einbruch der Dunkelheit bieten die vielen Leuchtreklamen ein faszinierendes Bild. Nur etwa 1500 m südlich der Ginza liegt der → Hamarikyu-Park, der 'Garten der Kaiserlichen Villa Hama'.
Die Chuo-dori, die Hauptstraße des Ginza-Bezirkes, führt nördlich über das Stadtviertel Kyobashi hinaus nach Nihonbashi, das einst wirtschaftliches Zentrum Tokyos war. Biegt man hier nach Westen ab, so gelangt man zu dem mächtigen Hauptbahnhof (→ Praktische Informationen: Eisenbahn), von dem die Shinkansen-Züge sowie viele der Nahverkehrszüge abfahren. Noch weiter westlich erreicht man das Stadtviertel → Marunouchi, ein weiteres bedeutendes Handelszentrum, und dahinter wieder das Areal des Kaiserpalastes.
Alle weiteren Sehenswürdigkeiten von Tokyo liegen außerhalb dieses Gebietes und sind daher am vorteilhaftesten mit dem Taxi oder der Bahn zu erreichen. Es sind dies vor allem der → Tokyo Tower, von dem man einen prächtigen Rundblick hat, ferner der → Meiji-Schrein im Inneren

Besuchsprogramm (Fortsetzung)

Garten im Stadtteil Shibuya-ku, der → Sengakuji-Tempel im Distrikt Minato-ku, mit den Gräbern der 47 Ronin, sowie das Einkaufs- und Vergnügungsviertel → Shinjuku mit seinen Wolkenkratzern und dem neuen → Rathaus.

Weitere Tagesprogramme

Wer etwas mehr Zeit zur Verfügung hat, der sollte sich an einem zweiten Tag zu dem schönen → Ueno-Park begeben, in dessen Umgebung die wichtigsten großen Museen der Stadt, das → Nationalmuseum, das → Nationalmuseum der Naturwissenschaften und das → Nationalmuseum für Westliche Kunst sowie der Zoo liegen. Östlich vom Ueno-Park erstreckt sich das Vergnügungsviertel Asakusa um den imposanten → Asakusa-Kannon-Tempel. Besuchenswert sind außerdem das → Schwertermuseum im Bezirk Shibuya-ku sowie das → Papiermuseum in Kita-ku.

Einen weiteren Besuchstag sollte man für den Vergnügungspark → Tokyo Disneyland und für die Wissenschaftstadt → Tsukuba Science City einplanen.

Ein- und mehrtägige Ausflüge

Bei längerem Aufenthalt empfehlen sich Ausflüge in die nähere und weitere Umgebung von Tokyo um so mehr, als selbst entlegene Ziele dank hervorragender Eisenbahnverbindungen verhältnismäßig schnell zu erreichen sind.

Ein beliebtes Ausflugs- und Ferienziel ist das Seebad → Kamakura (50 km südwestlich von Tokyo) mit dem 'Großen Buddha' und zahlreichen sehenswerten Tempeln.

Wer den → Fuji-san (80 km südwestlich von Tokyo) besteigen will, muß hierfür mindestens zwei Tage vorsehen.

Die Stadt → Nikko (150 km nördlich von Tokyo) ist wegen ihrer Schreine und der großartigen Landschaft höchst besuchenswert.

Die alte Kaiserstadt → Kyoto (600 km südwestlich von Tokyo) ist mit dem Shinkansen in nur drei Stunden von Tokyo aus zu erreichen. Nur gut 40 km südlich von Kyoto liegt → Nara, das als Wiege der japanischen Kultur gilt.

Botschaften

→ Diplomatische Vertretungen

Devisen

→ Geld

Diplomatische Vertretungen

Deutsche Botschaft

4-5-10, Minami Azabu, Minato-ku,
Tel. 3473-0151

Österreichische Botschaft

1-1-20, Moto Azabu, Minato-ku,
Tel. 3451-8281

Schweizerische Botschaft

5-9-12, Minami Azabu, Minato-ku,
Tel. 3473-0121

Dolmetscher

Agenturen

Japan Convention Services
Nippon Press Center Building
2-2-1, Uchisai-wai-cho, Chiyoda-ku, Tel. 3508-1211

Japan Guide Association
Shin Kokusai Building
4-1 Marunouchi 3-chome, Chiyoda-ku, Tel. 3213-2706

Tarif

Der Standardsatz für Dolmetscher, die bei Geschäftsverhandlungen einen ganzen Tag gebraucht werden, beträgt etwa 25000 Yen, für eine halben Tag etwa 18000 Yen.

Einkäufe

⟶ Shopping

Eisenbahn

Japan Rail (JR)

Yamanote-Linie

Die für den Touristen bestgeeignete Hauptlinie in Tokyo ist die Yamanote-Linie der JR. Ihre grün lackierten Züge befahren (im Uhrzeigersinn und entgegengesetzt) im Fünf-Minuten-Takt von den frühen Morgenstunden bis spät in die Nacht einen Kreis, der vom Hauptbahnhof ausgeht. Hauptbahn-

Bahnhof Harajuku

Eisenbahn, JR (Fortsetzung)

hof und Bahnhof Yurakucho (für den Bereich der Ginza) sind die zentrumsnächsten Stationen. Die Züge halten an insgesamt 29 Stationen, darunter an den wichtigsten Bahnhöfen Ueno und Shinjuku, die nicht nur in touristisch interessanten Stadtteilen liegen, sondern auch Ausgangspunkte diverser Überlandlinien sind.

Fahrscheine

Die Fahrscheine werden an Automaten bzw. Schaltern erworben. Etwaige Nachzahlungen sind am Ankunftsbahnhof zu entrichten.

Bahnhöfe

Hauptbahnhof

Lage: 9-1, Marunouchi, 1-chome, Chiyoda-ku.
Über dem Bahngelände ist das Kaufhaus Daimaru errichtet. Im Unterbau befinden sich viele Geschäfte und Restaurants. Die langen Ladenpassagen reichen fast bis zur Ginza.
Vom Hauptbahnhof fahren auch der Shinkansen und die Züge nach Kamakura ab.

Bahnhof Shinjuku

Lage: 38-1, Shinjuku, 3-chome, Shinjuku-ku.
Das Bahngelände ist vom Kaufhaus Odakyu überbaut.
Der Bahnhof Shinjuku ist Knotenpunkt einiger wichtiger Stadt- bzw. U-Bahn-Linien.

Bahnhof Ueno

Lage: Chuo-dori, Taito-ku.
Der Bahnhof Ueno ist Ausgangspunkt der JR-Linien nach Nord-Honshu.

Bahnhof Ikebukuro

Lage: 28, Ikebukuro, 1-chome, Toshima-ku.
Der Bahnhof Ikebukuro ist ein wichtiger Umsteigebahnhof für den Vorortverkehr. Auch hier gibt es zahlreiche Geschäfte und Restaurants.

Bahnreisen

Allgemeines

Viele Ausflugsziele sind von Tokyo aus per Bahn erreichbar. Die in Frage kommenden Abfahrtsbahnhöfe kann man an allen Stationen, bei den Tourist Information Centers und den Reisebüros sowie an den Hotelrezeptionen erfragen.

Japan Rail Pass

Für mehrere Bahnfahrten lohnt ein Japan Rail Pass, der nach Wunsch für 7, 14 oder 21 Tage ausgestellt wird. Der Paß kann allerdings nur außerhalb Japans durch den Kauf eines später in Japan einzulösenden Gutscheins (Voucher) erworben werden. Einen solchen erhält man beim Japanischen Reisebüro (Japan Travel Bureau; ⟶ Reisebüros), bei den Vertretungen der Fluggesellschaften Japan Air Lines und All Nippon Airways (beide ⟶ Fluggesellschaften) sowie beim Reisebüro Kintetsu International Express (⟶ Reisebüros).

Shinkansen

Wer als Tourist mit langen Beinen in einem der schnellsten Züge der Welt eine längere Strecke fahren möchte, tut gut daran, sich einen Platz in den sogenannten Green Cars (1. Klasse) zu kaufen; denn auch der Shinkansen ist auf japanische Maße zugeschnitten. Immerhin rast man von Tokyo nach Fukuoka – das sind 1176 Kilometer – in knapp sieben Stunden. Die Versorgung an Bord ist hervorragend. Snacks aller Arten, auch das japanische O-bento, werden unentwegt angeboten, und der Shinkansen fährt so erschütterungsfrei, daß man auch beruhigt schlafen kann; beruhigt auch, weil ein automatisches Warnsystem dafür sorgt, daß der Zug bei aufziehenden Taifunen oder bei einem Erdbeben hält oder eigens dafür gebaute Unterschlupfe ansteuert.

Superexpreß Shinkansen

Eisenbahn, Shinkansen (Fortsetzung)

Der Shinkansen ist Japans wichtigstes Beförderungsmittel, weil auf der Nord-Süd-Achse ansonsten nur eine einzige autobahnähnliche, meist verstopfte Schnellstraße besteht. Fahrkarten, die gleichzeitig Platzkarten sind, kauft man möglichst früh vor Antritt der Reise, was besonders während der japanischen Feiertage zu empfehlen ist. Dann sind Millionen von Touristen unterwegs, die gewöhnlich nur wenig regulären Urlaub kennen.

Die Shinkansen-Linie verbindet Tokyo mit Nagoya, Kyoto, Osaka, Kobe, Okayama, Hiroshima, Kitakyushu und Fukuoka. Zwei Zugtypen fahren auf der Linie: der "Hikari" (= Licht oder Blitz), der nur in den Hauptstädten hält und unterwegs eine Geschwindigkeit von fast 200 km/h erreicht, und der "Kodama" (= Echo), der wesentlich längere Zeit braucht, weil er auch an kleinen Stationen hält.

Karten läßt man am besten über sein Hotel oder das Japan Travel Bureau (⟶ Reisebüros) reservieren, wobei die Antwort fast sofort kommt – dank eines umfassenden Computersystems.

Elektrizität

Das elektrische Stromnetz führt 100–110 Volt Wechselspannung; die Frequenz beträgt 50 Hertz. In den großen Hotels gibt es Steckdosen für 110 und 220 Volt. Europa-Norm-Gerätestecker sind meist nicht verwendbar. Besondere Übergangsstecker sind im Elektrofachhandel erhältlich.

Wer ein Elektrogerät benutzt, das auf unterschiedliche Netzspannungen eingestellt werden kann (Fön, Trockenrasierer u.a.), darf nicht vergessen, dieses bei der Rückkehr wieder auf 220 Volt zurückzustellen, da sonst meist ein Totalschaden entsteht.

Erdbeben

Tokyo liegt in einer Zone, in der sehr häufig Erd- bzw. Seebeben registriert werden. Im Hoch- und Tiefbau müssen deshalb besondere Sicherheitsnormen beachtet werden. Überall in der Stadt sind Katastrophenschutzräume eingerichtet. Ein Erdbebenfrühwarnsystem ist installiert.

Essen und Trinken

Eßgewohnheiten

Allgemeines

In Japan ißt man mit Stäbchen (O-hashi). Der Europäer wird aber mit Erleichterung zur Kenntnis nehmen, daß es auf feine Tischsitten in den meisten Restaurants nicht ankommt. Die Suppe zum Beispiel, die nicht vor, sondern während des Essens oder erst zum Schluß gereicht wird, schlürfen die Japaner als Ausdruck hörbaren Wohlbehagens hinunter. Kennt sich der Fremde mit Stäbchen nicht so gut aus, dann nimmt ihm das niemand übel. Manche Restaurants decken auf Verlangen auch europäisches Besteck. Die japanischen Bezeichnungen dafür (foku = Gabel, naifu = Messer, spun = Löffel) stammen aus dem Englischen (fork, knife, spoon).

Eßstäbchen

Der Umgang mit Eßstäbchen (O-hashi) ist weit weniger kompliziert, als es zunächst den Anschein haben mag. Die japanischen Stäbchen sind fast immer aus Holz und an einem Ende zunächst noch zusammengehalten, damit man weiß, daß sie zuvor noch kein anderer benutzt hat. Man bricht sie auseinander und hält sie wie folgt in der rechten Hand: Das untere Stäbchen liegt in der Beuge zwischen Daumen und Zeigefinger sowie an der Kuppe des Ringfingers, während das obere mit Daumen, Zeigefinger und Mittelfinger gehalten wird und so geführt werden kann.

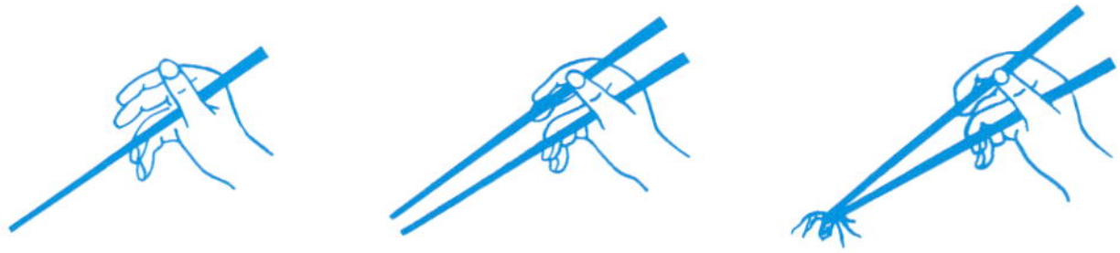

Mit den Eßstäbchen kann man bei Tisch Soßen bzw. Suppen rühren oder kleine Happen aus Schälchen nehmen. Man sollte die Stäbchen allerdings nicht in den Reis stecken, da dies nur bei einem zeremoniellen Totenmahl gebräuchlich ist.

Trinkgewohnheiten

Das Leitungswasser ist in Tokyo sauber und trinkbar, auch wenn ein Chlorgeschmack hervorsticht. Wer sich bei einem Ausflug aufs Land nicht ganz sicher fühlt, kann nach Tee fragen.

Trinkt man hingegen in geselliger Runde alkoholische Getränke, so muß man aus anderen Gründen aufpassen. Der Reiswein (Sake) hinterläßt bei manchen seiner Freunde Kopfschmerzen, und das wohl vor allem, weil davon immer größere Mengen genossen werden.

Japaner lieben den Whisky, weil er ihnen einen exotischen, sprich amerikanischen Anstrich verleiht. Er wird aber fast immer stark verwässert getrunken.

Ein einheimischer Schnaps, aus Restbeständen bei der Sake-Destillation gewonnen, ist Shochu, der nicht gerade wohlschmeckend ist. Westliche Kehlen gewöhnen sich eher an Awamori, der aus Reis bereitet wird.

Vor japanischen Weinen wird der Kenner zurückschrecken, nicht nur, weil sie teuer sind, sondern auch wegen ihres Geschmacks (mit Chemikalien versetzt).
Biere sind in Japan fast ausnahmslos gut, besonders die Marken "Kirin", "Sapporo" und "Suntory".
Wer nicht nur Wasser und Milch trinkt, muß auch wissen, was "Kampai!" heißt: "Prost!"

Trinkgewohnheiten (Fortsetzung)

Als Ausländer sollte man sich in der Öffentlichkeit nicht in alkoholisiertem Zustand zeigen, um nicht – wie die Asiaten sagen – das Gesicht zu verlieren.

Japanische Küche

Man wird rasch feststellen, daß die japanische Küche ein Fest fürs Auge ist. Alles ist farblich abgestimmt und sehr sauber zubereitet. Unter den vielen Gerichten seien die folgenden hervorgehoben:

Hauchdünne Fleischscheiben werden mit den Stäbchen in eine kochende Brühe getaucht, in der auch Gemüse schwimmt. Fleisch und Gemüse werden zusammen in Soßen getunkt.

Shabu-shabu

Buchweizennudeln mit verschiedenen Zugaben, garniert mit einer Fülle diverser Zutaten. Hat Ähnlichkeit mit Spaghetti, wird auch kalt gegessen.

Soba

Zusammen mit Pilzen, jungen Zwiebeln und anderem Gemüse werden dünne Fleischscheiben offen gebraten.

Sukiyaki

Auf Bällchen aus gesäuertem Reis werden verschiedene Fischsorten (roh) oder auch Tintenfisch, Garnelen u. a. vor dem Essen in Sojasoße getaucht. Dieses Gericht ißt man am besten mit den Fingern.

Sushi

Von den Portugiesen im 16. Jh. ins Land gebrachte Sitte, Fisch, Fleisch oder Gemüse in Scheiben zu schneiden und in einem Teigmantel in Öl zu sieden.

Tempura

In dünne Scheiben geschnittener Tintenfisch, Thunfisch sowie weitere Fischarten werden, bevor man sie roh verzehrt, in eine Soße getunkt, die man sich selbst zubereitet.

Sashimi

'Udon' heißt ein japanisches Nudelgericht. Die Nudeln werden zumeist in einer großen Schale mit Brühe serviert, die manchmal auch mit Fleisch, Fisch oder Gemüse angereichert ist.

Udon

Ein in schwimmendem Fett gebratenes paniertes Schweineschnitzel wird zusammen mit rohem, kleingehacktem Kohl gegessen.

Tonkatsu

Auf einem Bambusspieß sind kleine Stücke Hühnerfleisch, Leber und Gemüse aufgereiht. Der Spieß wird über einem offenen Feuer gegrillt. Als Zwischenmahlzeit hervorragend geeignet.

Yakitori

Alle diese Gerichte sind westlich angehaucht, und es gibt in Tokyo eine Unmenge westlicher Restaurants, die von Japanern unterhalten und von Japanern besucht werden – westliche Nahrung in jeder Form hat sich in Japan schon lange eingebürgert.
Wer original japanische Küche probieren möchte, sollte in japanischer Begleitung essen gehen. Für den kulinarischen Alleingang eignen sich Restaurants, die naturgetreue Nachbildungen ihrer Speisen im Schaufenster ausstellen.

Hinweis

⟶ dort

Restaurants

Feiertage (Gesetzliche Feiertage)

1. Januar	Neujahr
15. Januar	Tag der Volljährigkeit
11. Februar	Tag der Staatsgründung
20./21. März	Frühlingsanfang (Tag- und Nachtgleiche)
29. April	Tag des Grüns
3. Mai	Verfassungstag
5. Mai	Tag der Kinder
15. September	Tag der Alten
23./24. September	Herbstanfang (Tag- und Nachtgleiche)
10. Oktober	Tag der Gesundheit und des Sports
3. November	Tag der Kultur
23. November	Dankfest
23. Dezember	Geburtstag des Kaisers
Sonstige Feste	→ Veranstaltungskalender
Hinweis	Der 1. Mai (Tag der Arbeit) ist in Japan kein öffentlicher Feiertag. Trotzdem muß wegen großer Maidemonstrationen, beginnend an der Station Harakuju, mit starken Verkehrsbehinderungen gerechnet werden.

Fernsehen

→ Rundfunk und Fernsehen

Filmen

→ Fotografieren und Filmen

Filmtheater

→ Kinos

Flohmärkte

Allgemeines

Bei den Tourist Information Centers (→ Auskunft) sind aktuelle Listen besonders besuchenswerter Flohmärkte erhältlich. Den Rahmen für das Angebot zwischen Kitsch und Kunst bilden vielfach Tempel- und Schreinareale. Schon aus diesem Grund kann sich der Besuch eines Flohmarktes lohnen.

Flohmarkt

Fluggesellschaften

Japan Air Lines (JAL)

Reservierungszentrale

Daini Tekko Building
2-7-3, Marunouchi, Chiyoda-ku
J-100 Tokyo
Tel. 5259–3777 (internationale Flüge),
5489–2111 (nationale Flüge).

Büro Deutschland

Roßmarkt 15
D-60311 Frankfurt/Main
Tel. (0 69) 1 36 00

Büro Österreich

Kärntnerring 14
A-1010 Wien
Tel. (1) 5 35 51 25

Büro Schweiz

Pelikanstr. 37
CH-8001 Zürich
Tel. (01) 2 11 15 57

All Nippon Airways (ANA)

Zentrale

Kasumigaseki Building
3-2-5 Kasumigaseki, Chiyoda-ku
J-100 Tokyo
Tel. 32 72-12 12

Fluggesellschaften, All Nippon Airways (Fortsetzung)
Büro Deutschland

Roßmarkt 13
D-60311 Frankfurt/Main
Tel. (0 69) 27 97 60

Deutsche Lufthansa

Tokyo Club Building
3-2-6, Kasumigaseki, Chiyoda-ku
J-100 Tokyo
Tel. 3580–2121

Austrian Airlines

Kokusai Shin-akasaka Building, East Tower B 1
2-14-27, Akasaka, Minato-ku
J-100 Tokyo
Tel. 3582–2231.

Swissair

Hibiya Park Building
1-8-1, Yurakucho, Chiyoda-ku
J-100 Tokyo
Tel. 3212–1011.

Flughäfen

Großflughafen Narita (Tokyo International Airport)

Lage

Der internationale Flughafen von Tokyo liegt 65 km östlich vom Stadtzentrum.

Zubringerdienst der Eisenbahn

Keisei Railway Skyliner
Fahrtstrecke: Narita – Zentralbahnhof Ueno
Fahrtdauer: ca. 1 Std.
Der Zug, der alle 30 Minuten verkehrt, ist platzkartenpflichtig. Zwischen dem Flughafenterminal und dem Keisei-Bahnhof in Narita verkehren Zubringerbusse (zusätzliche Fahrzeit 1/2 Std.).

Japan Rail
Fahrtstrecke: Narita – Tokyo
Fahrtdauer: ca. 1 1/4 Std.
Täglich verkehren 24 JR-Züge zwischen Narita-Stadtbahnhof und Tokyo. Die Zubringerbusse vom Flughafen Narita zum JR-Bahnhof brauchen zusätzlich ca. 1/2 Std.

Narita Express (N'EX)
Fahrtstrecke: Narita – Tokyo – Yokohama
Fahrtdauer: ca. 1 Std. bis Tokyo (zusätzliche Fahrzeit bis Yokohama ca. 30 Min.).

Zubringerdienst der Fluggesellschaften

Diese Busse verkehren zwischen dem Flughafen Narita und dem Tokyo City Air Terminal im Abstand von 5 bis 20 Minuten. Die Fahrzeit beträgt normalerweise 1 1/2 Std.; es können aber auch 2 1/2 Std. werden.

Zum nationalen Flughafen Haneda besteht eine Hubschrauberverbindung (Flugzeit ca 30 Min.).

Narita Express

Flughäfen (Fortsetzung), Taxi-Zubringerdienst

Die bequemste, aber auch teuerste Verbindung zwischen dem Flughafen Narita und Tokyo ist das Taxi, das von Narita bis ins Zentrum von Tokyo in der verkehrsarmen Zeit etwa 1 Std. braucht. Zu den Hauptverkehrszeiten kann sich die Fahrtdauer ganz erheblich verlängern.

Ratschläge

Für den vergleichsweise langwierigen und umständlichen Transfer sollte man bei der Abreise etwa drei Stunden einplanen! Sein Gepäck gebe man so früh wie möglich im City Air Terminal auf. Bei letzten Einkäufen und einem vorgesehenen Rücktausch japanischer Währung ist zu bedenken, daß vor dem Abflug noch eine Flughafengebühr zu entrichten ist.

Flughafen Haneda (Tokyo National Airport)

Lage

Der Flughafen Haneda liegt am südlichen Stadtrand von Tokyo. Er dient ausschließlich dem Inlandsflugverkehr.

Zubringerdienste

Der Flughafen Haneda ist gut an das städtische Nahverkehrsnetz angeschlossen. Für den Bus-Transfer zum Flughafen Narita muß man etwa zwei Stunden einplanen; es gibt auch eine Hubschrauberverbindung (Flugzeit ca. 30 Min.).

Tokyo City Air Terminal

Lage

Nihonbashi, Hakozaki-cho, Chuo-ku

Einrichtungen

Informationsbüro, Buchungs- und Reservierungsbüros, Gepäckannahme (nur für den Abflug).

Auskunft

Tel. 3665–7156

Fotografieren und Filmen

Man kann seine Kamera auf nahezu alles richten, ohne irgendwo Ärger zu bekommen. Doch auch wenn sich Japaner in recht exotischem Kostüm präsentieren, sollte man, wenn es nicht gerade ein drangvolles Festival ist, durch ein paar Gesten oder mit einem "Sumimasen?" (= "Verzeihung, darf ich?") um Erlaubnis fragen, die meist gern erteilt wird. Schließlich fotografieren Japaner selbst sehr viel, und vor allem Japaner.

Japanische Fotoläden führen jede erdenkliche Technik.

Fremdenführer

Informationen über Fremdenführer, die deutsch sprechen, erteilt die Japan Guide Association.

Japan Guide Association
Shinkokusai Building
3-4-1, Marunouchi, Chiyoda-ku, Tel. 3213–2706.
Aber auch Hotels und Reiseagenturen vermitteln deutschsprachige Fremdenführer.

Gebühr

für einen Tag: ca. 20000 Yen
für einen halben Tag: ca. 15000 Yen

Fundbüros

Erfahrungsgemäß ist es in einer kosmopolitischen Stadt wie Tokyo schwierig, verlorengegangenen Besitz wiederzuerlangen. Erschwerend kommt hinzu, daß meist kein fremdsprachenkundiges Personal zur Verfügung steht.
Man wende sich an folgende Stellen:

Polizei

Central Lost and Found Office of the Metropolitan Police Board
1-9-11, Koraku, Bunkyo-ku, Tel. 3814–4151

Stadtverwaltung

Tokyo Metropolitan Government Lost and Found Section
Tokyo Kotsu Kaikan Building
2-10-1 Yurakucho, Tel. 3216–2953

Eisenbahn (JR)

Hauptbahnhof (Tokyo eki), Tel. 3231–1880

U-Bahn

U-Bahn-Station Ueno, Tel. 3834–5577

Privatbahnen und Autobusgesellschaften

Alle Fundsachen werden zunächst an den jeweiligen Endstationen aufbewahrt.
Zentrales Fundbüro, Tel. 3216–2953

Taxiunternehmen

Tokyo Taxi Kindaikan Center
Shinsei Kaikan Building
Shinanoma-chi, Shinjuku-ku, Tel. 3648–0300

Galerien

→ Kunstgalerien

Gaststätten

→ Restaurants

Geisha

Hinweis

Das Phänomen 'Geisha' ist ausführlich in der Einleitung (→ Zahlen und Fakten: Brauchtum, S. 31) dieses Reiseführers abgehandelt.

Geld

Hinweis

Tokyo ist von allen Weltstädten mit Abstand das teuerste Pflaster. Die Preise sind hier annähernd doppelt so hoch wie in Frankfurt am Main.

Währung

Die japanische Währung ist der Yen (¥). Es gibt Banknoten zu 500, 1000, 5000 und 10000 Yen, Münzen zu 1 Yen (Aluminium), 5 Yen (Messing, mit einem Loch), 10 Yen (Bronze), 50 Yen (Kupfer-Nickel, mit einem Loch), 100 Yen (Kupfer-Nickel) und 500 Yen (Kupfer-Nickel).

Wechselkurse (schwankend)

100 Yen	=	1,40 DM	1 DM	=	71 Yen
100 Yen	=	9,82 öS	1 öS	=	10 Yen
100 Yen	=	1,15 sfr	1 sfr	=	87 Yen

Ein- und Ausfuhr von Landeswährung und Devisen

Es bestehen keinerlei Beschränkungen bei der Einfuhr von Landeswährung und Devisen.
Pro Person dürfen bis zu 5 Mio. Yen ausgeführt werden. Devisen kann man in unbegrenzter Höhe exportieren.

Öffnungszeiten der Banken

Die meisten Banken sind zu folgenden Zeiten geöffnet:
Mo.–Fr. 9.00–15.00, Sa. 9.00–12.00 Uhr.

Deutsche Banken (Auswahl)

Bayerische Vereinsbank
Togin Building
1-4-2, Maronouchi, Chiyoda-ku, Tel. 3284–1341

Commerzbank
Nippon Press Center Building
2-2-1, Uchisaiwai-cho, Chiyoda-ku, Tel. 3502–4371

Deutsche Bank
Ark Mori Building
1-12-32, Akasaka, Minato-ku, Tel. 3588–1971

Dresdner Bank
Nihonbashi Muromachi Building
3-2-15, Nihonbashi Muromachi, Chuo-ku, Tel. 3241–3450

Westdeutsche Landesbank
Kokusai Building, Room 720
3-1-1, Marunouchi, Chiyoda-ku, Tel. 3216–0581

Schweizerische Banken (Auswahl)

Union Bank of Switzerland
Yurakucho Building
1-10-1, Yurakucho, Chiyoda-ku, Tel. 3214–7471

Swiss Bank Corporation
4-1-8 Toranomon, Minato-ku, Tel. 5473-5000

Geld, Geldwechsel in Hotels	In vielen Hotels gibt es Wechselstuben, in denen ausländische Währungen in japanische Währung umgetauscht werden können.
Kreditkarten	Gängige Kreditkarten (American Express, Diners Club, Visa, Mastercard u.a.) werden nur in den führenden Hotels sowie in großen Restaurants und Ladengeschäften akzeptiert.
Reiseschecks	Die Mitnahme von Travellerchecks und sonstigen Reiseschecks (bes. US-Dollar-Reiseschecks) ist zu empfehlen.
	Eurocheques sind in Japan praktisch unbekannt; sie können nur bei den Niederlassungen europäischer Banken eingelöst werden.

Geschäftszeiten

Behörden	Mo.–Fr. 9.00–17.00, Sa. 9.00–12.00 Uhr.
Wirtschafts-unternehmen	Mo.–Fr. 9.30–17.00, Sa. 9.30–12.00 Uhr.
Banken	Mo.–Fr. 9.00–15.00 Uhr.
Postämter	Mo.–Fr. 9.00–17.00, Sa. 9.00–12.30 Uhr.
Apotheken	Mo.–Sa. 9.00–18.00 Uhr.
Kaufhäuser	Tgl. 10.00–18.00 Uhr (im Ginza-Distrikt mitunter bis 19.00 Uhr; gewöhnlich 6 Tage pro Woche, Ruhetage wechselnd)
Kleinere Ladengeschäfte	Tgl. 10.00–12.00 Uhr, keine festen Ruhetage.
Restaurants	Abends meist bis gegen 22.00 Uhr (traditionelle japanische Restaurants nur bis gegen 21.00 Uhr) geöffnet.

Geschenke

⟶ Umgangsregeln

Getränke

⟶ Essen und Trinken

Gottesdienste

Katholische Kirche	St. Michael 187-17, 3-Chome, Nakameguro Meguro-ku Tel. 3712–0775. Gottesdienst: So. 10.30 Uhr.
Evangelische Kirche	Kreuzkirche (deutschsprachig) 6-5-26, Shinagawa-ku Kita-Sahinagawa 3441–0673. Gottesdienst: So. 10.30 Uhr.

Hotels

Hotels westlichen Stils

In allen größeren Städten und den wichtigsten Reiseorten gibt es Hotels des gehobenen internationalen Standards. Diese Häuser sind im Rahmen ihrer Kategorie sehr gut ausgestattet und zeichnen sich durch erstklassigen Service aus. In den meisten Fällen gehören Spezialitätenrestaurants und Geschäftsarkaden zum Hotel; selbst ein mit großer Sorgfalt gestalteter Landschaftsgarten ist oftmals vorhanden.
Die Zimmer sind vollklimatisiert und meist mit Fernsehgeräten ausgestattet. Die Preise entsprechen internationalem Niveau.

Business Hotels

Vergleichsweise preisgünstige Unterkunft namentlich für Einzelreisende bieten die Business Hotels. Sie liegen üblicherweise in Bahnhofsnähe und bieten weit mehr Einzel- als Doppelzimmer. Das Dienstleistungsangebot ist meist reduziert (z.B. kein Zimmerservice, kein Hausdiener), doch fast alle Business Hotels verfügen über ein Restaurant mit japanischer und westlicher Küche. Mit fremdsprachenkundigem Personal darf man nicht rechnen, da die Business Hotels ursprünglich für japanische Geschäftsreisende gedacht waren.

Kapselhotels

Eine japanische Erfindung sind die Kapselhotels. Es handelt sich hier um Gruppen vorgefertigter Container von ca. 1,10 m Breite, 2,20 m Länge und 1,20 m Höhe (nichts für Leute mit Hang zur Klaustrophobie!), die außer der Liegefläche nur Klimaanlage und Fernsehgerät beinhalten. Sie befinden sich meist in Bahnhofsnähe.

Ryokan

Die Ryokan sind Hotels in japanischem Stil. Von den Hotels nach europäischem Muster unterscheiden sie sich grundlegend; die Atmosphäre ist meist weitaus familiärer als in Hotels westlicher Art. Die Räume sind mit Strohmatten (Tatami) ausgelegt und durch Schiebewände unterteilt. Die Mahlzeiten werden im Zimmer serviert.
Folgende Besonderheiten sind beim Aufenthalt in einem Ryokan zu beachten: Die Straßenschuhe sind bei Betreten des Hauses gegen bereitstehende Pantoffeln auszutauschen; diese Pantoffeln müssen beim Betreten eines Tatami-Raumes ausgezogen werden; für den Gang zur Toilette gibt es wiederum besondere Pantoffeln.
Das Zimmermädchen geleitet den Gast aufs Zimmer, serviert den Begrüßungstee und vereinbart den Zeitpunkt für das Abendessen.
Der bequeme hauseigene Yukata, eine Art Hauskimono, ist innerhalb des Hauses und des Gartens die übliche Kleidung.

Bad

Das Bad (O-furo), ein heute fast ausnahmslos nach Geschlechtern getrenntes Gemeinschaftsbad, dient der Entspannung. Man seift sich außerhalb des Beckens ein, spült den Körper gründlich ab und begibt sich erst dann in das sehr heiße Wasser des Gemeinschaftsbeckens. Beim Verlassen des Beckens darf man das heiße Wasser nicht abfließen lassen!

Das Zimmermädchen wird den Gast während des nach dem Bad servierten Essens bedienen und entfernt sich dann auf Geheiß. Gegen Abend wird das Zimmer mit wenigen Handgriffen in ein Schlafzimmer umgewan-

Ryokan, Bad (Fortsetzung)

delt; die auf dem Boden hergerichteten Betten sind dank der weichen Matratzen sehr bequem.
Nicht vergessen sollte man einen Spaziergang im Garten des Ryokan, der oft auf kleinster Fläche ein Kunstwerk an Landschaftsgestaltung darstellt.
Aus Mangel an Fremdsprachenkenntnissen und Erfahrung mit ausländischen Gästen reagieren Inhaber und Angestellte von Ryokan oft sehr zurückhaltend auf Reservierungswünsche von Ausländern. Es ist daher zu empfehlen, Reservierungen durch ein japanisches Reisebüro vornehmen zu lassen. Die mehr als 2000 der Japan Ryokan Association angeschlossenen Betriebe bemühen sich verstärkt um eine Anpassung an die Bedürfnisse ausländischer Gäste; zum Teil geschieht dies allerdings auf Kosten des traditionellen japanischen Stils.

Die Ryokan der obersten Kategorien brauchen hinsichtlich des Komforts (allerdings auch hinsichtlich der Preise) keinen Vergleich mit Spitzenhotels westlichen Stils zu scheuen.

Welcome Inns

Die 'Welcome Inns' stellen keine geschlossene Hotelgruppe dar, vielmehr handelt es sich um ein Reservierungssystem, dem besonders preisgünstige Beherbergungsbetriebe (Hotels westlichen Stils, Business Hotels, Ryokan, Pensionen u.a.) angeschlossen sind und das von der Japan National Tourist Organization (JNTO) unterstützt wird. Buchungs- und Reservierungsstellen befinden sich bei den Tourist Information Centers (TIC; ⟶ Auskunft) in Tokyo (Flughafen Narita und Stadtzentrum) und Kyoto.

Die nachstehende Auswahlliste umfaßt auch größere Welcome Inns; diese sind mit 'WI' gekennzeichnet.

Kapselhotel

Hotel New Otani

Hotels in Tokyo (Auswahl)

Westlicher Stil:
Akasaka Prince Hotel, 1-2 Kio-cho, Chiyoda-ku, 761 Z.
Akasaka Tokyu Hotel, 2-14-3 Nagata-cho, Chiyoda-ku, 535 Z.
ANA Hotel Tokyo, 1-12-33 Akasaka, Minato-ku, 903 Z.
Asakusa View Hotel, 3-17-1 Nishi-Asakusa, Taito-ku, 342 Z.
The Capitol Tokyu Hotel, 2-10-3 Nagata-cho, Chiyoda-ku, 459 Z.
Century Hyatt Tokyo, 2-7-2 Nishi-Shinjuku, Shinjuku-ku, 757 Z.
Hotel Daiei, 1-15-8 Koishikawa, Bunkyo-ku, 82 Z.
Diamond Hotel, 25 Ichiban-cho, Chiyoda-ku, 159 Z.
Fairmont Hotel, 2-1-17 Kudan-Minami, Chiyoda-ku, 208 Z.
Gajoen Kanko Hotel, 1-8-1 Shimo-Meguro, Meguro-ku, 98 Z.
Ginza Dai-ichi Hotel, 8-13-1 Ginza, Chuo-ku, 793 Z.
Ginza Nikko Hotel, 8-4-21 Ginza, Chuo-ku, 112 Z.
Ginza Tokyu Hotel, 5-15-9 Ginza, Chuo-ku, 440 Z.
Hotel Grand Palace, 1-1-1 Iidabashi, Chiyoda-ku, 467 Z.
Haneda Tokyu Hotel, 2-8-6 Haneda-kuko, Ota-ku, 306 Z.
Hill-Top Hotel 1-1 Kanda Surugadai, Chiyoda-ku, 75 Z.
Holiday Inn Metropolitan Tokyo, 1-6-1 Nishi-Ikebukuro, Toshima-ku, 818 Z.
Holiday Inn Tokyo, 1-13-7 Hatchobori, Chuo-ku, 119 Z.
Imperial Hotel, 1-1-1 Uchisaiwai-cho, Chiyoda-ku, 1059 Z.
Keio Plaza InterContinental Hotel, 2-2-1 Nishi-Shinjuku, Shinjuku-ku, 1462 Z.
Hotel Kokusai Kanko, 1-8-3 Marunouchi, Chiyoda-ku, 95 Z.
Miyako Hotel Tokyo, 1-1-50 Shirokanedai, Minato-ku, 498 Z.
Hotel New Meguro, 1-3-18 Chuo-cho, Meguro-ku, 31 Z.
The New Otani, 4-1 Kioi-cho, Chiyoda-ku, 1722 Z.
Hotel Okura Tokyo, 2-10-4 Toranomon, Minato-ku, 885 Z.
Hotel Pacific Meridien Tokyo, 3-13-3 Takanawa, Minato-ku, 954 Z.

Tokyo (Fortsetzung)

Palace Hotel, 1-1-1 Marunouchi, Chiyoda-ku, 404 Z.
Royal Park Hotel, 2-1-1 Kakigara-cho, Nihonbashi, 450 Z.
Shiba Park Hotel, 1-5-10 Shiba-koen, Minato-ku, 399 Z.
Hotel Sunroute Tokyo, 2-3-1 Yoyogi, Shibuya-ku, 542 Z.
Hotel Takanawa, 2-1-17 Takanawa, Minato-ku, 132 Z.
Takanawa Prince Hotel, 3-13-1 Takanawa, Minato-ku, 416 Z.
Takanawa Tobu Hotel, 4-7-6 Takanawa, Minato-ku, 197 Z.
Hotel Tokyo, 2-17-8 Takanawa, Minato-ku, 48 Z.
Tokyo Hilton, 6-6-2 Nishi-Shinjuku, Shinjuku-ku, 807 Z.
Tokyo Hotel Urashima, 2-5-23 Harumi, Chuo-ku, 982 Z.
Tokyo Marunouchi Hotel, 1-6-3 Marunouchi, Chiyoda-ku, 210 Z.
Tokyo Prince Hotel, 3-3-1 Shiba-koen, Minato-ku, 484 Z.
Tokyo Station Hotel, 1-9-1 Marunouchi, Chiyoda-ku, 62 Z.
Hotel Tokyukanko, 2-21-6 Akasaka, Minato-ku, 373 Z.
Yaesu Fujiya Hotel, 2-9-1 Yaesu, Chuo-ku, 373 Z.
Hotel Suehiro (WI), 8-1-5 Nishi-Kamata, Ota-ku, 46 Z.
Asia Center of Japan (WI), 8-10-32 Akasaka, Minato-ku, 172 Z.
Sky Court Koiwa (WI), 6-11-4 Kita-Koiwa, Edogawa-ku, 105 Z.
Resort Hotel Yushima (WI), 2-15-13 Yushima, Bunkyo-ku, 70 Z.
Hotel Asakusa Mikawaya (WI), 2-7-11 Hanakawado, Taito-ku, 22 Z.
Ginza Capital Hotel (WI), 3-1-5 Tsukuji, Chuo-ku, 572 Z.
Hotel Gimmond Tokyo (WI), 1-6 Odenmacho, Nihonbashi, Chuo-ku, 220 Z.
Aoyama Shanpia Hotel (WI), 2-14-15 Shibuya, Shibuya-ku, 135 Z.
Akasaka Shanpia Hotel (WI), 7-6-13 Akasaka, Minato-ku, 232 Z.
Hotel I.B.A. Ikebukuro (WI), 3-10-7 Higashi-Ikebukuro, Toshima-ku, 60 Z.
Suigetsu Hotel (WI), 3-3-21 Ikenohata, Taito-ku, 139 Z.
Dai-ichi Inn Ikebukuro (WI), 1-42-8 Higashi-Ikebukuro, Toshima-ku, 139 Z.
Tsukuba Hotel (WI), 2-7-8 Moto-Asakusa, Taito-ku, 93 Z.

Ryokan:
Hotel Atamiso, 4-14-3 Ginza, Chuo-ku, 76 Z.
Fukudaya, 6 Kioicho, Chiyoda-ku, 11 Z.
Tokiwa Ryokan Shinkan, 7-27-9 Shinjuku, Shinjuku-ku, 50 Z.
Hotel Yaesu Rumeikan, 1-3-22 Yaesu, Chuo-ku, 21 Z.
Shimizu Bekkan (WI), 1-30-29 Hongo, Bunkyo-ku, 18 Z.
Ryokan Mikawaya Bekkan (WI), 1-31-11 Asakusa, Taito-ku, 12 Z.
Ryokan Seifuso (WI), 1-12-15 Fujimi, Chiyoda-ku, 16 Z.
Kikuya Ryokan (WI), 2-18-9 Nishi-Asakusa, Taito-ku, 9 Z.
Ryokan Sansuiso (WI), 2-9-5 Higashi Gotanda, Shinagawa-ku, 10 Z.
Sawanoya Ryokan (WI), 2-3-11 Yanaka, Taito-ku, 12 Z.
Ryokan Katsutaro (WI), 4-16-8 Ikenohata, Taito-ku, 7 Z.
Ryokan Kaneda (WI), 5-21-1 Minami-Koiwa, Edogawa-ku, 17 Z.
Sakura Ryokan (WI), 2-6-2 Iriya Taito-ku, 18 Z.
Ryokan Fuji (WI), 6-8-3 Higashi-Koiwa, Edogawa-ku, 10 Z.
Suzuki Ryokan (WI), 7-15-23 Yanaka, Taiuto-ku, 15 Z.
Ryokan Kangetsu (WI), 1-2-20 Chidori, Ota-ku, 58 Z.

Hotels in den beschriebenen Ausflugsorten (Auswahl)

Hakone

Westlicher Stil:
Fujiya Hotel, 359 Miyanoshita, 146 Z.
Hakone Kanko Hotel, 1245 Sengokuhara, 111 Z.
Hakone Prince Hotel, 144 Moto-Hakone, 96 Z.
Hotel Kagetsuen, 1244 Itari, Sengokuhara, 70 Z.
Hakone Highland Hotel, 940 Shinanoki, Sengokuhara, 60 Z.
Hotel de Yama, 80 Moto-Hakone, 93 Z.
Yumoto Fujiya Hotel, 256 Yumoto, 94 Z.

Ryokan:
Hakone Hotel Kowaki-en, 1297 Ninotaira, 237 Z.
Hakone Suimeiso, 702 Yumoto, 41 Z.

Hakone (Fortsetzung)

Ichinoyu, 90 Tonosawa, 22 Z.
Mikawaya Ryokan, 503 Kowakidani, 41 Z.
Naraya Ryokan, 162 Miyanoshita, 20 Z.
Hotel Okuyumoto, 211 Yumotochaya, 50 Z.
Senkyoro, 1284 Sengokubara, 41 Z.
Suizanso, 694 Yumoto, 25 Z.
Tenseien, 682 Yumoto, 105 Z.
Yoshiike Ryokan, 597 Yumoto, 67 Z.

Kamakura

Westlicher Stil:
Kamakura Park Hotel, 33-6 Sakanoshita, 41 Z.

Ryokan:
BB House Lady's Inn (WI; nur für Frauen), 2-22-31 Hase, 5 Z.

Kyoto

Westlicher Stil:
Hotel Fujita Kyoto, Nishizume, Nijo-Ohashi, Kamogawa, Nakagyo-ku, 189 Z.
Hotel Gimmond, Takakura Oike-dori, Nakagyo-ku, 142 Z.
Holiday Inn Kyoto, 36 Nishihiraki-cho, Takano Sakyo-ku, 270 Z.
International Hotel Kyoto, 284 Nijo-Aburanokoji, Nakagyo-ku, 286 Z.
Hotel Keihan Kyoto, 31 Nishi-Sannocho, Higashi-Kujo, Minami-ku, 308 Z.
Kyoto Brighton Hotel, 330 Shitei-cho, Nakadachiuri-sagaru, Shinmachi-dori, Kamigyo-ku, 183 Z.
Kyoto Century Hotel, 680 Higashi-shiokoji, Shichijo-sagaru, Shimogyo-ku, 243 Z.
Kyoto Dai-ni Tower Hotel, 570-1 Higashi-shiokoji, Shichijo-sagaru, Shimogyo-ku, 306 Z.
Kyoto Grand Hotel, Shiokoji-horikawa,k Shimogyo-ku, 506 Z.
Kyoto Palaceside Hotel, Shimodachiuri-agaru, Karasuma-dori, Kamigyo-ku, 120 Z.
Kyoto Park Hotel, 644-2 Sanjusangendo Mawari-machi, Higashiyama-ku, 268 Z.
Kyoto Royal Hotel, Sanjo-agaru, Kawaramachi, Nakagyo-ku, 331 Z.
Kyoto Tokyu Hotel, 580 Kakimoto-cho, Gojo-sangaru, Horikawadori, Shimogyo-ku, 433 Z.
Kyoto Tower Hotel, 721-1 Higashi-shiokoji, Karasumadori, Shichijo-sagaru, Shimogyo-ku, 158 Z.
Miyako Hotel, Sanjo Keage, Higashiyama-ku, 364 Z.
The Mount Hiei Hotel, Ipponsugi, Hieizan, Sakyo-ku, 74 Z.
Hotel New Hankyu Kyoto, 579 Higashi-shiokoji, Higashi-iru, Shimogyo-ku, 319 Z.
Hotel New Kyoto, Horikawa-Marutamachi, Kamigyo-ku, 301 Z.
New Miyako Hotel, 17 Nishi-Kujoincho, Minami-ku, 710 Z.
Hotel Sunflower Kyoto, 51 Higashi-Tennocho, Okazaki, Sakyo-ku, 77 Z.
Kyoto Traveller's Inn (WI), 91 Ensyoji-cho, Okazaki, Sakyo-ku, 8 Z.
Kyoto Daisan Tower Hotel (WI), Shichijosagaru, Shinmachi-dori, Shimogyo-ku, 118 Z.
Hotel Sunroute Kyoto (WI), Matsubarasagaru, Kawaramachi-dori, Shimogyo-ku, 145 Z.
Hotel Hokke Club Kyoto (WI), Karasuma-chuoguchi Shomen, Kyoto-eki, Shimogyo-ku, 134 Z.
Hotel Gimmond Kyoto (WI), Nishiru, Takakura, Oikedori, Nakagyo-ku, 140 Z.
Sanjo Karasuma Hotel Kyoto (WI), 80 Mikuracho, Sanjo-Karasuma-nishi-iru, Nakagyo-ku, 154 Z.
Hotel Oaks Kyoto-shijo (WI), Nishinotoin-nishiiru, Shijo, Shimogyo-ku, 138 Z.
Maruko Inn Kyoto (WI), Shijo-sagaru, Nishinotoin-dori, Shimogyo-ku, 108 Z.
Kyoto City Hotel (WI), 857 Kitafunabashi-cho, Imadegawa-agaru, Horikawa-dori, Kamigyo-ku, 80 Z.

Kyoto (Fortsetzung)

Kyoto Tower Restel (WI), 579-27 Higashi-shikojicho, Karasuma-nishi-iru, Kizuyabashi-dori, Shimogyo-ku, 46 Z.
Hotel Palace-side Kyoto (WI), Karasuma-dori-shimodachiuriagaru, Kamigyo-ku, 120 Z.
Kyoto Gion Hotel (WI), 555 Minamigawa, Gion-cho, Higashiyama-ku, 135 Z.
Kyoto Daigo Plaza Hotel (WI), 74-1 Naramachi, Rokuzijo, Uji-shi, 68 Z.

Ryokan:
Chikiriya, Takoyakushi-dori, Tominokoji-nishi-iru, Nakagyo-ku, 45 Z.
Gion Fukuzumi, Shinbashi-dori Yamato oji, Higashi-iru, Higashiyama-ku, 22 Z.
Gion Yoshiima, Shinmonzen, Hanamikoji, Nishi-iru, Higashiyama-ku, 15 Z.
Hatoya Zuihokaku, Nishinotoin-dori, Shiokojokado, Shimogyo-ku, 51 Z.
Hiiragiya Ryokan, Fuyacho-Aneyakoji-agaru, Nakagyo-ku, 33 Z.
Ikumatsu, Kiyamachi-dori, Oike-agaru, Nakagyo-ku, 24 Z.
Kaneiwaro Bekkan, Kiyamachi-dori, Matsubara-sagaru, Shimogyo-ku, 23 Z.
Hotel Rantei, 12 Usukinobamba-cho, Tenryuji Saga, Ukyo-ku, 21 Z.
Momijiya, 2 Umenohata-cho, Umegahata, Ukyou-ku, 16 Z.
Ryokan Nakahara, Sanjo Minami-iru, Higashinotoin-dori, Nakagyo-ku, 30 Z.
Hotel Sanoya, Higashinotoin-dori, Shichijosagaru, Shimogyo-ku, 43 Z.
Seikoro, Tonyamachi Gojo-sagaru, Higashiyama-ku, 23 Z.
Shokaro, Kiyamachi-dori, Shijo-sagaru, Shimogyo-ku, 24 Z.
Sumiya, Fuyacho-dori, Sanjo-sagaru, Nakagyo-ku, 19 Z.
Tawaraya Ryokan, Fuyacho-Aneyakoji-agaru, Nakagyo-ku, 19 Z.
Hotel Tozankaku, 431 Myohoin-Maekawa-cho
Tsuruki, Kiyamachi-Gojo-agaru, Shimogyo-ku, 16 Z.
Yachiyo, 34 Nanzenji-Fukuchi-cho, Sakyo-ku, 22 Z.
Ryokan Hiraiwa (WI), 314 Hayao-cho, Kaminoguchi-agaru, Ninomiyamachi-dori, Shimogyo-ku, 21 Z.
Ryokan Rakucho (WI), 67 Hangi-cho, Shimogamohigashi, Sakyo-ku, 8 Z.
Matsubaya Ryokan (WI), Higashinotoin Nishi, Kamijuzuyamachi-dori, Shimogyo-ku, 11 Z.
Ryokan Hinomoto (WI), 375 Kotake-cho, Matsubara-agaru, Kawaramachi, Shimogyo-ku, 6 Z.
Kyoka Ryokan (WI), Higashi-iru, Higashinotoin, Shimoyuzuyamachi-dori, Shimogyo-ku, 10 Z.
Ryokan Yuhara (WI), 188 Kagiyacho, Shomen-agaru, Kiyamachi-dori, Shimogyo-ku, 8 Z.
Murakamiya Ryokan (WI), 270 Sasayacho, Shichijo-agaru, Higashinotoin-dori, Shimogyo-ku, 8 Z.
Ryokan Mishima (WI), 3-Chome, Kamiumamachi, Higashijori Higashiru, Shibutani-dori, Higashiyama-ku. 9 Z.
Nashinoki Inn (WI), Futasujime Agaru, Imadegawateramachi Nishiru, Kamigyo-ku, 7 Z.
Izumiya Ryokan (WI), Nishi-Honganjimae Shichijo Agaru, Horikawa-dori, Shimogyo-ku, 18 Z.
Ryokan Oto (WI), Hitosujime-minamisagaru, Kamogawa-higashi, Shichijo, Higashiyama-ku, 12 Z.
Kitanoya Ryokan (WI), 524 Futasujigaru-higashiiru, Higashiyama-sanjo, Sakyo-ku, 8 Z.
Matsui Inn (WI), Rokkakusagaru, Yanaginobanba, Nakagyo-ku, 35 Z.
Hotel Matsui (WI), Takakurahigashiiru, Rokkakudori, Nakagyo-ku, 40 Z.
Ryokan Rikiya (WI), 462-23 Shimogawara-cho, Kodaiji, Higashiyama-ku, 10 Z.
Yukiyoshi Ryokan (WI), Higashijori-matsubara-nishiiru, Higashiyama-ku, 10 Z.
Heianbo (WI), 725 Nishiiru-Higashishikojicho, Shichijo-sagaru, Karasuma-dori, Shimogyo-ku, 20 Z.
Hatoya Zuihokaku (WI), Shikoji-sagaru, Nishinotoin-dori, Shimogyo-ku, 51 Z.

Nara

Westlicher Stil:
Hotel Fujita Nara, 47-1 Shimo-Sanjo-cho, 118 Z.
Nara Hotel, 1096 Takabatake-cho, 132 Z.
Nara Royal Hotel, 254 Hokkeji-cho, 127 Z.
Hotel Sunroute Nara, 1110 Bodai-cho, Takabatake, 95 Z.
Hotel Yamatosanso, 27 Kawakami-cho, 51 Z.
Business Tourist Hotel Rakuyho (WI), 908-5 Higashi-jurincho, 10 Z.
Hotel Sunroute Nara (WI), 1110 Takabate-cho, 95 Z.

Ryokan:
Heijo, 728 Kawakami-cho, 24 Z.
Kasuga Hotel, 40 Noborioji-cho, 42 Z.
Nara Park Hotel, 4-18-1 Horaicho, 35 Z.
Hotel New Iroha, 500 Sanjo-machi, 35 Z.
Uosa Ryokan, 15 Imamikado-cho, 63 Z.
Yoshidaya Bekkan Hotel Yamatoji, 1118 Bodai-cho, Takabatake, 41 Z.
Matsumae Ryokan (WI), 28 Higashiterabayashicho, 13 Z.
Ryokan Seikanso (WI), 29 Higashikitsujicho, 13 Z.
Tsubame Ryokan (WI), 243 Jogonji, Nishikitsujicho, 5 Z.
Ryokan Koto (WI), 28 Higashi-terabayashicho, 19 Z.
Nara Miyako Hotel (WI), 1-1 Aburasaka-chihocho, 10 Z.

Narita

Westlicher Stil:
Holiday Inn Tobu Narita, 320-1 Tokko, 250 Z.
Narita View Hotel, 700 Kosuge, 504 Z.
Hotel Nikko Narita, 500 Tokko, 528 Z.
Business Hotel Sky Court Narita (WI), 161 Shinden, Daeimachi, 100 Z.

Ryokan:
Ogiya Ryokan (WI), 474 Saiwai-cho, 21 Z.

Nikko

Westlicher Stil:
Nikko Kanaya Hotel, 1300 Kami-Hatsuichi-machi, 81 Z.
Nikko Lakeside Hotel, 2482 Chugushi, 100 B.
Nikko Prince Hotel, 2485 Shobugahama, Chugushi, 92 Z.

Ryokan:
Chuzenji Hotel, 2478 Chugushi, 115 Z.
Hotel Harumoto, 5-13 Yasukawacho, 22 Z.
Itaya Ryokan, 2549 Yumoto, 24 Z.
Kamaya Ryokan, 2548 Yumoto, 18 Z.
Konishi Ryokan Bekkan, 1115 Kami-hatsuishi-machi, 24 Z.
Namma Hotel, 2519 Yumoto, 88 Z.
Nikko Grand Hotel, 2549-7 Yumoto, 37 Z.
Nikko Green Hotel, 9-19 Honcho, 43 Z.
Aizuya Ryokan (WI), 928 Nakahatsuichimachi, 15 Z.
Taigetsu Kan (WI), 2478 Chugushi, 15 Z.

Yokohama

Westlicher Stil:
Hotel Aster, 87 Yamashita-cho, 72 Z.
Bund Hotel, 1-2-14 Shin-Yamashita, Naka-ku, 50 Z.
Hotel Empire, 700 Matano-cho, Totsuka-ku, 58 Z.
Hotel New Grand, 10 Yamashita-cho, Naka-ku, 202 Z.
Satellite Hotel Yokohama, 76 Yamashita-cho, Naka-ku, 102 Z.
Shin Yokohama Hotel, 3-8-17 Shin-Yokohama, Kohoku-ku, 50 Z.
The Hotel Yokohama, 6-1 Yamashita-cho, Naka-ku, 168 Z.
Hotel Yokohama Garden, 254 Yamashita-cho, Naka-ku, 50 Z.
Yokohama Tokyu Hotel, 1-1-12 Minami-Saiwai, Nishi-ku, 212 Z.

Ikebana

Allgemeine Informationen

→ Zahlen und Fakten: Kunst

Ikebana-Schulen

Ikebana, die von Europäern bewunderte Kunst des Blumensteckens, wird in mehreren Schulen gelehrt. Diese Schulen laden auch Fremde zu einem Informationsbesuch ein. Die vorherige Anmeldung, entweder durch die Rezeption des Hotels oder direkt bei einem der Institute, ist unerläßlich.

Ikenoo Ochanomizu, School, Tel. 3292–3071
Kursus: Mo., Mi. und Fr. 14.00–16.00 Uhr
Bahn und U-Bahn: Ochanomizu

Sogetsu School, Tel. 3408–1126
U-Bahn: Aoyama-Ichome
Kursus: Di. 10.00–12.00 und 13.30–15.00 Uhr

Ohara School, Tel. 3499–1200
U-Bahn: Omotesando
Kursus: Mo.–Fr. 10.00–12.00 Uhr

Information

→ Auskunft

Jugendunterkünfte

Tokyo International Youth Hostel

Central Plaza Building, 21-21, Kagurazaka, Shinjuku-ku, Tel. 235–1107, 138 B.

Yoyogi Youth Hostel

No. 14, OMYC, 3-1, Kamizono-cho, Yoyogi, Shibuya-ku, Tel. 467–9163, 150 B.

Asia Center of Japan

8-10-32, Akasaka, Minato-ku, Tel. 402–6111, 178 B.

English House

2-23-8, Nishi-Ikebukuro, Toshima-ku, Tel. 988–1473.

Okubo House

1-11-32, Hyakunincho, Shinjuku-ku, Tel. 361–2348.

Yoshida House

1-19-14, Toyo-cho, Koto-ku, Tel. 649–9544.

Kimi Hotel, Kimi Ryokan

1034, 2-chome, Ikebukuro, Toshima-ku, Tel. 971–3766.

Hotels → dort

Ryokan → dort

Karaoke

Eine japanische ‘Erfindung’, die inzwischen auch im Westen eine nicht geringe Verbreitung gefunden hat, ist das Karaoke (wörtlich ‘leeres Orchester’). In Bars singen die Gäste zu Instrumentalbegleitung vom Tonband bekannte japanische Volkskieder und Schlager, deren Text auf einem Bildschirm vorgegeben wird. Dem ausländischen Besucher kann es zu vorgerückter Stunde durchaus passieren, daß er zum Mitmachen aufgefordert wird; auch zu westlichen Schlagern gibt es die passende Begleitmusik.

Kartenvorverkauf

Karten für kulturelle Veranstaltungen erhält man bei:

Playguide Service
Kaufhaus Isetan (6. Stock)
14-1, Shinjuku-ku, Tel. 3352–4080

Sukiyabashi Ticket Guide
5-1-7 Ginza, Chuo-ku, Tel. 3571–4060

Akagiya Playguide
2-7-1, Nihonbashi, Chuo-ku, Tel. 3273–5481

Kyukokyudo Ticket Service
5-7-4, Ginza, Chuo-ku, Tel. 3571–0401

Kino

Die Japaner sind eine bedeutende filmschaffende Nation und begeisterte Kinogänger. Zum Glück für Touristen sind die meisten ausländischen Filme nur japanisch untertitelt und laufen im Originalton. Die letzte Vorstellung findet gegen 19.00 Uhr statt; ins Kino geht man meist tagsüber. Die Preise sind hoch und liegen oft bei 2000 bis 2500 Yen.

Film Service Center

Auch wenn man der Landessprache nicht mächtig ist, gewinnt der Betrachter japanischer Filme doch wertvolle Einblicke in den Alltag Nippons. Angeraten wird darum der Besuch des Film Service Center (3-7-6 Kyobashi 3-chome, Chuo-ku; Tel. 3561–0823). Hier werden viele klassische japanische Filme gezeigt, und die Preise sind bescheiden.

Über das Programm (wie über die Programme aller Kinos in der Stadtmitte) informieren die englischsprachigen Zeitungen (⟶ Zeitungen und Zeitschriften).

Kleidung

Regenkleidung

Regenzeug ist in jedem Fall und zu jeder Jahreszeit (außer im Winter) angebracht. Da Tokyo auf dem gleichen Breitengrad wie Las Vegas, Teheran oder Kreta liegt, hat es ein relativ warmes Klima, doch immerhin mehr als die doppelte Niederschlagsmenge der meisten Teile Europas. Am ärgsten ist die Taifunzeit, die etwa in die Monate August bis September fällt und nicht nur gefährliche Stürme, sondern auch unangenehme Feuchtigkeit mit sich bringt. Zusammen mit hohen Temperaturen ist dadurch der Sommer die schlechteste Reisezeit.

Warme Kleidung erfordert nur der kurze, doch nicht zu kalte Winter, der aber wegen des klaren Himmels für Reisen zu empfehlen ist.

Schuhwerk

Schuhe zieht man bei Besuchen, aber auch in Tempeln aus. Der Grund ist nicht in peinlicher Sauberkeit zu suchen, sondern es sind religiöse Motive; denn Schuhe sind aus Tierhaut, aus totem Tier gemacht und darum im spirituellen Sinne unrein. Für Japan nehme man darum möglichst Schuhe ohne Schnürsenkel mit, weil man sonst auf einer Gruppentour den ganzen Betrieb aufhält.
Wer Schuhgrößen ab 43 aufwärts trägt, kann nicht damit rechnen, in Japan neue Schuhe zu bekommen.

Kleidung (Fortsetzung), Bekleidungsgrößen

Damenoberbekleidung							
Japan	9	11	13	15	17	19	21
Großbritannien	32	34	36	38	40	42	44
Mitteleuropa	38	40	42	44	46	48	50
Herrenoberbekleidung							
Japan		S		M		L	LL
Großbritannien	34	36	38	40	42	44	46
Mitteleuropa	44	46	48	50	52	54	56
Oberhemden (Kragengröße)							
Japan	36	37	38	39	40	41	42
Großbritannien	14	14 1/2	15	15 1/2	16	16 1/2	17
Mitteleuropa	36	37	38	39	40	41	42
Damenschuhe							
Japan	23	23 1/2	24	24 1/2	25	25 1/2	26
Großbritannien	4 1/2	5	5 1/2	6	6 1/2	7	7 1/2
Mitteleuropa	36	37	38	38	38	39	40
Herrenschuhe							
Japan	24 1/2	25	26	27	27 1/2	28	29
Großbritannien	5	6	7	8	9	10	11
Mitteleuropa	39	40	41	42	43	44	45

Konzerte

→ Musik

Krankenhäuser

→ Ärztliche Hilfe

Küche

→ Essen und Trinken

Kulturinstitute (Auswahl)

OAG

Deutsche Gesellschaft für Natur- und Völkerkunde Ostasiens (OAG), 5-56, Akasaka, 7-chome, Minato-ku, Tel. 3582–7743.

Goethe-Institut

Doitsu Bunka Kaikan (OAG-Haus), 5-56, Akasaka, 7-chome, Minato-ku, Tel. 3584–3201.

DAAD

Deutscher Akademischer Austauschdienst (DAAD), Doitsu Bunka Kaikan (OAG-Haus), 5-56, Akasaka, 7-chome, Minato-ku, Tel. 3582–5962.

Japanisch-Deutsche Gesellschaft

Nippon Building, Raum 429, 6-2, Otemachi 2-chome, Chiyoda-ku, Tel. 3270–3770.

International House of Japan

11-16, Roppongi, 5-chome, Minato-ku, Tel. 3470–4611 (Mitglieds- oder Gastausweis erforderlich!)

Kunstgalerien

Dem durch die fremde Welt verwirrten Reisenden werden sich in den meisten Galerien bei der Suche nach japanischer Kunst vertraute Gefilde öffnen. Zum einen ist die Auswahl hier besser als in vielen sogenannten Museen, die unter der Sparsamkeit der Politik darben, zum anderen findet er hier sprachkundige Berater.

Idemitsu-Kunstmuseum
1-1, 3-chome, Marunouchi, Chiyoda-ku, Namiki-dori

Natenshi-Galerie
3-6-5, Kyobashi, Chuo-ku
Liefert an amerikanische und europäische Museen und Galerien. Skulpturen und Ölgemälde im 3. Stock; auf zeitgenössische Kunst spezialisiert.

Yoseido-Galerie
5-15 Ginza, 5-chome
Dies ist die einzige Galerie Tokyos, die nur mit modernen japanischen Lithographien, Stichen und Drucken handelt. Sie verfügt über ein Sortiment von rund 130 Künstlern, und die Preise sind angemessen.

Massage

Wer in Tokyo in bezug auf Massage thailändische Verhältnisse sucht, wird enttäuscht werden. Wer durch eine Massage vollständige Entspannung sucht, wird begeistert sein. Jedes Hotel wird einen Termin für eine Massage arrangieren, die von einer gelernten Masseurin ausgeführt wird. Dabei behält man den dünnen Kimono (Yukata) oder den Baumwollkimono an, den alle Hotels ihren Gästen zur Verfügung stellen.

Nach einer vollen Massage spürt man am nächsten Tag auf jeden Fall seine Knochen. Es gibt aber auch eine leichte Behandlung (Karuku).

Der Preis für eine Massage liegt im allgemeinen bei 5000 Yen. Man sollte sich zuvor erkundigen.

Mietwagen

Budget

Tokyo City Air Terminal,
42-1, Hakozaki Nihonbashi, Chou-ku, Tel. 3561-0543

Hertz

1-7-8 Moto Akasaka, Minato-ku, Tel. 3796-8002

Toyota

Toyota Rent-a-Lease, 2-3-18 Kudan Minami, Chiyoda-ku, Tel. 3263-6321

Museen

Museumsliste

Bridgestone-Museum (Bridgestone Museum of Arts)
Kyobashi, Chuo-ku (Nähe Hauptbahnhof)
Geöffnet: Di.–So. 10.00–17.30 Uhr
Das Museum ist von dem Autoreifenproduzenten Ishibashi (ishi=Stein, bashi=Brücke) gegründet worden, der seinen Namen ins Englische übertragen hat. Zu sehen ist eine Sammlung von Werken französischer Impressionisten.

Museumsliste (Fortsetzung)

Crafts Gallery of National Museum of Art
Takebashi
Geöffnet: Di.–So. 10.00–17.00 Uhr
Japanisches Kunsthandwerk (untergebracht in einem Gebäude der Meiji-Periode).

Drachenmuseum (Kite Museum)
Taimeiken Building (5. Stock), 1-12-10, Nihonbashi, Chuo-ku
Geöffnet: Mo.–Sa. 11.00–17.00 Uhr
Sammlung von Papierdrachen aus Japan
und anderen Ländern

Fernmeldemuseum (Communications Museum)
⟶ Sehenswürdigkeiten: Museum für Fernmeldewesen

Goto-Museum
3-9-25, Kaminoge, Setagaya-ku
Geöffnet: Di.–So. 9.30–16.30
Kunst und Kunstgewerbe aus Japan, China, Indien u.a.

Hara-Kunstmuseum (Hara Museum of Contemporary Art)
4-7-25, Kita-Shinagawa, Shinagawa-ku
Geöffnet: Di.–So. 11.00–17.00 Uhr
Bildende Kunst seit 1950 aus Japan, Europa und Amerika

Hatakeyama-Sammlung (Hatakeyama Collection)
2-20-12, Shiroganadai, Minato-ku
Geöffnet: 1. 4.–15. 6., 1. 7.–15. 9., 1. 10.–15. 12., 8. 1.–15. 3. jeweils Di.–So. 10.00–16.30 Uhr
Sumie-Bilder, Kunsthandwerk und Kunst, die mit der Teezeremonie in Verbindung stehen; Wechselausstellungen

Idemitsu-Galerie (Idemitsu Gallery)
1-1, 3-chome, Marunouchi, Chiyoda-ku
Geöffnet: Di.–So. 10.00–17.00 Uhr
Kunst und Kunsthandwerk aus dem alten Japan sowie aus anderen Teilen Ostasiens

Kurita-Museum
2-17-9, Nihonbashi, Hama-cho, Chuo-ku
Geöffnet: tgl. 10.00–17.00 Uhr
Imari- und Nabeshima-Porzellan

Matsuoka-Kunstmuseum
Matsuoka-Tamuracho Building (8. Stock), 5-22-10, Shinbashi, Minato-ku
Geöffnet: Di.–So. 10.00–17.00 Uhr
Japanische Malerei; ägyptische, griechische, römische und indische Plastiken

Meereskundliches Museum (Museum of Maritime Science)
3-1, Higashi Yashio, Shinagawa-ku
Geöffnet: tgl. 10.00–17.00 Uhr
Schiffe und nautische Technik

Meiji-Schrein
⟶ Sehenswürdigkeiten: Meiji-Schrein

Möbelmuseum
(Furniture Museum)
3-10, Harumi, JFC Building, Chuo-ku
Geöffnet: Do.–Di. 10.00–16.30 Uhr
Altes japanisches Mobiliar

Museumsliste
(Fortsetzung)

Nationalmuseum Moderner Kunst
(National Museum of Modern Art)
3, Kitanomaru-Park, Chiyoda-ku
Geöffnet: Do.–So. 10.00–17.00 Uhr
Zeitgenössische japanische Kunst des 20. Jahrhunderts

Nationalmuseum (National Museum)
⟶ Sehenswürdigkeiten: Nationalmuseum

Nationalmuseum für Westliche Kunst
(National Museum of Western Art)
⟶ Sehenswürdigkeiten: Nationalmuseum für Westliche Kunst

Naturwissenschaftliches Nationalmuseum
(National Science Museum)
⟶ Sehenswürdigkeiten: Nationalmuseum der Naturwissenschaften

Nezu-Museum (Nezu Institute of Fine Arts)
U-Bahn-Station Omotesando
Geöffnet: Di.–So. 9.30–16.30 Uhr
über 8000 Exponate aus dem alten Orient

Okura-Shukokan-Museum
Nähe U-Bahn-Station Toranomon
Geöffnet: Di.–So. 10.00–15.45 Uhr
Bildwerke, Keramik, Schwerter, buddhistische Kunst

Ota Memorial Museum of Art
1-10-10, Jingu-mae, Shibuya-ku
Geöffnet: Di.–So. 10.30–17.30 Uhr; vom 25. bis Ende jeden Monats geschlossen
Umfangreiche Sammlung von Ukiyo-e-Holzschnitten

Papiermuseum (Paper Museum)
⟶ Sehenswürdigkeiten: Papiermuseum

Pentax-Galerie
Kasumicho Corp., 3-21-20, Nishi-Azabu, Minato-ku
Geöffnet: Mo.–Sa. (außer So. u. Fei.) 10.00–17.00 Uhr

Riccar Art Museum (Ukiyo-e-Museum)
6-2-3, Ginza, Chuo-ku
Geöffnet: Di.–So. 11.00–18.00 Uhr
Holzschnitte und Kunst aus dem alten Japan

Schatzhaus des Meiji-Schreins
(Meiji Shrine Treasure House)
⟶ Sehenswürdigkeiten: Meiji-Schrein

Schwertermuseum (Japanese Sword Museum)
⟶ Sehenswürdigkeiten: Schwertermuseum

Städtische Kunstgalerie
Ueno-Park, Taito-ku
Geöffnet: Di.–So. 9.00–17.00 Uhr
Moderne japanische Malerei, Wechselausstellungen

Sumo-Museum (Museum of Sumo)
Kuramae Kokugikan
1-3-28, Yokoami, Sumida-ku
Geöffnet: Mo.–Fr. 9.30–16.30 Uhr
Rund 5000 Sumo-nishikie, Abbildungen bekannter Sumo-Ringer

Museumsliste (Fortsetzung)

Suntory-Museum (Suntory Museum of Art)
Suntory Building, 1-2-3, Moto-Akasaka, Minato-ku
Geöffnet: Di.–So. 10.00–17.00 Uhr
Kunst und Kunsthandwerk der Feudalperiode

Tabak- und Salzmuseum (Tobacco and Salt Museum)
1-16-8, Jinnan, Shibuya-ku
Geöffnet: Di.–So. 10.00–18.00 Uhr

Tenri-Museum
Tenrikyo-Kaikan Building, 1-9, Nishiko-cho
Geöffnet: Tgl. 9.00–17.00 Uhr

Tokyo Central Museum
Ginza Boeki Building (5. Stock), 2-7-18, Ginza, Chuo-ku
Geöffnet: Di.–So. 10.00–18.00 Uhr
Zeitgenössische Kunst und Kunstgewerbe

Transportmuseum
1-25, Kanda Sudacho, Chiyoda-ku
Geöffnet: Di.–So. 9.30–17.00 Uhr
Geschichte der japanischen Eisenbahnen und anderer Verkehrsmittel

Tsubouchi-Theatermuseum
→ Sehenswürdigkeiten: Tsubouchi-Theatermuseum

Volkskunstmuseum
(Japan Folk Crafts Museum)
Komaba-Park
Geöffnet: Di.–So. 10.00–17.00 Uhr
Exponate – auch frühe und primitive Kunst – aus allen Teilen Japans sowie aus Korea.

Wissenschaftsmuseum (Science Museum)
Kitanomaru-Park
Geöffnet: Di.–So. 9.30–16.30 Uhr
Exponate beginnend beim Ackerbau der Frühzeit und endend bei der Weltraumforschung; Spitzenprodukte japanischer Technik.

Yamatane-Museum (Yamatane Museum of Art)
7-12, Kabuto-cho, Nihonbashi, Chuo-ku
Geöffnet: Di.–So. 10.30–17.00 Uhr
Japanische Malkunst von 1868 bis heute.

Musik

Allgemeines

→ Zahlen und Fakten: Musik

Oper, Ballett, Konzert

Tokyo ist vor allem eine konzertbegeisterte Stadt. Gastspiele ausländischer Orchester erfreuen sich größter Beliebtheit und sind immer ausverkauft. Aber auch die Gastspielreisen großer Bühnen sind immer ein außergewöhnlicher Erfolg.

Konzertsäle

Die Veranstaltungen finden in folgenden Sälen statt:

NHK-Halle
2-2-1, Jinnan, Shibuya-ku, Tel. 3465-1111

Städtische Festhalle (Metropolitan Festival Hall)
5-45, Ueno-Koen, Taito-ku, Tel. 3828-2111

Musik, Konzertsäle (Fortsetzung)

Hibiya-Halle
1-3, Hibiya-Koen, Chiyoda-ku, Tel. 3591-6388

Yamaha-Halle
7-9-14, Ginza, Chuo-ku, Tel. 3572-3111

Kartenvorverkauf

→ dort

Nachtleben

Das Nachtleben in Tokyo ist äußerst rege, bricht aber in vielen Stadtvierteln kurz vor Mitternacht plötzlich ab. Dann werden die Bars geschlossen, und die japanischen Nachtschwärmer fahren heim. Züge und U-Bahnen sind überfüllt, und es wird schwer, ein Taxi zu bekommen. Bei 300000 Restaurants und einer Unzahl von Bars bedarf es keiner besonderen Empfehlungen. Der Besucher mag sich auf die Viertel Akasaka, Ginza und Roppongi konzentrieren, wo westliche Sitten nicht ungewohnt sind.

Musiklokale

Independent House, 6. Stock Toa Kaikan, Kabukicho 12, Shinjuku-ku

Ballantine, 4-Akasaka, Roppongi; Jazz

Gin-Paris, 9-11, Ginza 7-chome; französische Chansons

Nachtlokale

Crown, Ginza, Tel. 3572-5511
Geöffnet: ab 18.00; So. geschlossen
Englisch sprechende Hostessen

Club Charon, Social Akasaka Building (5. Stock)
Akasaka, Tel. 3586-4480
Geöffnet: ab 19.00; So. geschlossen
Kleiner Nachtclub mit Englisch sprechenden Hostessen; Klaviermusik

Cordon Bleu, Akasaka, Tel. 3582-7800
Geöffnet: ab 19.00; So. geschlossen
Theaterrestaurant (französiche Küche); Tänzerinnen 'oben ohne'

Club Casanova, Roppongi, Tel. 3584-4558
Geöffnet: ab 19.00; So. geschlossen
Amerikanische Shows, Rock'n-Roll-Musik

Club Morena, Roppongi, Tel. 3402-9337
Geöffnet: ab 19.30; So. geschlossen
Drei Night Clubs in einem Gebäude; der Morena Club ist der preiswerteste

People, Roppongi, Tel. 3470-0555
Roppingi Square Building
Mit Transvestitendarbietungen. Vor Mitternach Hostessenbar; nach Mitternacht treffen sich hier Homosexuelle.
Geöffnet: ab 18.30; So. geschlossen

International Club 88, Unakami Building (3. Stock)
3-11-6, Roppongi, Tel. 3402-5436
Geöffnet: ab 18.00; So. geschlossen
Striptease

L'Osier, Shiseido Parlor Building (7. Stock)
Ginza, Tel. 3572-2121
Geöffnet: ab 18.00; So. geschlossen
Einrichtung im italienischen Stil

Notdienste

Polizeitnotruf — Tel. 110

Feuerwehr, Ambulanz — Tel. 119

Polizei — → dort

Öffnungszeiten

→ Geschäftszeiten

Onsen

→ Bäder: Heiße Quellen

Pachinko

Wer in seiner Heimat das Flippern nicht lassen kann, sollte sich in Tokyo in eine Pachinko-Halle wagen. Stahlkugeln tanzen auf dünnen Stiften und bringen, wenn sie richtig fallen, mit Lämpchenflackern und Klingeln Gewinn: neue Stahlkugeln. Jeder dritte Japaner sitzt einige Stunden pro Woche vor dem beliebtesten Glück-Geschicklichkeitsspiel, wobei er die gewonnenen Kugeln am Ende gegen Olivenöl, Zigaretten oder Damen-

Pachinko-Halle

strümpfe eintauschen kann. Wer sich in die Automatenhallen begibt, wo zu jeder Tages- und Nachtzeit Hunderte von Pachinko-Besessenen hocken, wird freudig begrüßt und über die Tricks für Anfänger aufgeklärt – Sprache tut nicht not, der fremde Gast hat sich als wahrer Freund des Landes erwiesen, und billig ist der Spaß auch.

Pachinko (Fortsetzung)

Photographieren

→ Fotografieren und Filmen

Polizei

Polizeinotruf

Tel. 110

Sicherheit

Tokyo ist eine Stadt, in der sich der Ausländer – anders als z. B. in New York – sicher bewegen und zu jeder Tages- und Nachtzeit allein ausgehen kann. Anders auch als in anderen Weltstädten geht hier die Zahl der Verbrechen zurück, nimmt die Aufklärungsquote zu. Diebstähle und Vergewaltigungen stehen an erster Stelle der Kriminalstatistik.

Koban

Auffallend sind die kleinen Häuschen, 'Koban' genannt, an jeder größeren Straßenkreuzung: ein Wachthäuschen für die Polizeibeamten, das mit Telefon, Betten und Kochgelegenheit ausgestattet ist und von dem aus die Beamten rund um die Uhr ihr Revier betreuen. Von hier begeben sie sich – meist zu zweit – auf ihren Streifendienst. Da sie meist über Jahre im gleichen Bezirk eingesetzt sind, kennen sie in ihrem Revier jede Familie, jede Adresse.
Auch für Touristen ist diese Einrichtung äußerst hilfreich. Hat man z. B. die Orientierung verloren, so zögere man nicht, das nächste Koban anzusteuern, um den Polizisten um Rat zu fragen. Spricht er kein Englisch, so wird er mit der Polizeizentrale verbinden, wo immer ein Dolmetscher tätig ist.

Pornographie

Es gibt in Japan eine traditonelle erotische Freimütigkeit. Pornographie nach westlichen Maßstäben ist in zahlreichen Stücken japanischer Literatur und Kunst enthalten. Sie findet sich auch, oft in unvorstellbar brutaler Form, in den Comic-Heften, die von Schülern in der Bahn gelesen werden. Staatliche Sittlichkeitswächter sind allerdings streng bei allen Porno-Importen, worauf der Tourist selbst dann achten muß, wenn er, etwa als Geschenk, einen Kunstband mit Rubens über die Grenze schleusen will. Mit schwarzen Filzstiften machen sich Hunderte von Tugendkontrolleuren über die 'anstößigen' Stellen her. Doppelte Moral ist landesüblich.

Post

Hauptpostamt

Tokyo Chuo Yubinkyoku (Hauptpostamt), Eingang Richtung Kaiserpalast, Marunouchi-Ausgang des Hauptbahnhofs; geöffnet 9.00–19.00 (für Eilpost 0.00–24.00) Uhr.

Postämter

Postämter sind an einem roten Signet in Form des Buchstabens T mit doppeltem Querbalken erkennbar. Wegen der sprachlichen Schwierigkeiten und der speziellen Aufgaben der einzelnen Postämter ist es für ausländische Besucher ratsam, die Hauptpost aufzusuchen.

Postämter, Öffnungszeiten

Postämter sind werktags von 9.00 bis 17.00 Uhr geöffnet, samstags von 9.00 bis 12.30 Uhr.

Postwertzeichen

Postwertzeichen (Briefmarken) sind in allen Postämtern sowie in den meisten Hotels erhältlich. Blaue Briefkästen sind der Eilpost vorbehalten; in die roten Briefkästen kommen die Normalbriefe.

Telefon

→ dort

Telegramme

Telegramme in lateinischer Schrift werden in allen Post- und Telegrafenämtern entgegengenommen. Durchgehend geöffnet ist das Telegrafenamt, 1-8-1, Otemachi, Chiyoda-ku, Tel. 3211-5588.

Radio

→ Rundfunk und Fernsehen

Reisebüros

Die größeren Reisebüros haben für ausländische Kunden eigens Abteilungen (Foreign Tourist Departments) mit englischsprachigem Personal eingerichtet.

Reisebüros in Tokyo (Auswahl)

Japan Gray Line
Pelican Building
3-3-3, Nishi Shinbashi
Minato-ku, Tel. 3433-4801

Japan Travel Bureau
(Japanisches Reisebüro)
1-13-1, Nihonbashi
Chuo-ku, Tel. 3276-7777

Kinki Nippon Tourist
Tokyo Kintetsu Building
19-2, Kanda, Matsumaya-cho
Chiyoda-ku, Tel. 3255-7111

Japanische Reisebüros in Deutschland (Auswahl)

Japan Travel Bureau
Zeil 85
D-60313 Frankfurt am Main, Tel. (069) 290184

Kintetsu International Express
Friedensstraße 11
D-60311 Frankfurt am Main, Tel. (069) 234942

Reisedokumente

Personalpapiere

Touristen aus der Bundesrepublik Deutschland, aus Österreich und der Schweiz benötigen zur Einreise nur einen gültigen Reisepaß, falls der Aufenthalt in Japan nicht länger als sechs Monate dauert. Bei einem Aufenthalt von mehr als 90 Tagen bedarf es der polizeilichen Anmeldung. Für einen Aufenthalt in Japan bis zu zwölf Monaten erhält man ein kostenloses Visum. Damit ist jedoch keinerlei Arbeitserlaubnis verbunden; eine solche wird nach einem komplizierten System je nach Berufsart und nur unter Vorlage beglaubigter Bescheinigungen aus dem Heimatland erteilt.

Impfzeugnisse über Pocken- und Cholera-Impfung sind nur erforderlich, wenn man aus einem Infektionsgebiet kommt. Reisedokumente (Fortsetzung), Impfzeugnisse
Auskünfte über gegebenenfalls betrofene Gebiete erteilen die Japanischen Fremdenverkehrszentralen (⟶ Auskunft), Reisebüros sowie gegebenenfalls auch die in Deutschland, Österreich und der Schweiz ansässigen japanischen Botschaften und Konsulate.

⟶ Ärztliche Hilfe Impfzentrum

⟶ Geld Devisen

⟶ dort Zollbestimmungen

Reisezeit

⟶ Zahlen und Fakten: Allgemeines Klima

Tokyo liegt auf dem gleichen Breitengrad wie Kreta und Teheran, und es gibt vier unterschiedliche Jahrszeiten: Jahreszeiten
Die Winterzeit umfaßt die Monate Dezember bis Februar. Neben Schnee (sehr selten) und Frost bringt er oftmals wolkenlosen Himmel und Sonnenschein.
Das Frühjahr reicht von März bis Mai. Diese Jahreszeit ist für einen Tokyo-Aufenthalt günstig, da es schon mild und warm sein kann.
Im Sommer, d.h. in den Monaten Juni bis August, sollte man auf keinen Fall nach Tokyo reisen: Die Temperaturen sind hoch, die Luftfeuchtigkeit ist erdrückend, und oftmals gehen schwere Monsunregen und Gewitter nieder.
Die Herbstzeit fällt in die Monate September bis November, die günstigste Jahreszeit, Tokyo zu besuchen: Es ist warm, mild, angenehm. In diese Jahreszeit fällt aber leider auch die Reihe der von Süden kommenden Taifune.

⟶ dort Kleidung

Restaurants

Kaum eine Nation der Welt ist ohne kulinarische Präsenz in den Großstädten Japans. Französische, italienische, deutsche, cinesische, russische, indische, thailändische Restaurants reihen sich aneinander, nicht zu sprechen von den vielen japanischen Spezialitätenrestaurants. Man findet sie an der Straße, in den oberen Etagen der Hochhäuser und in den U-Bahn-Ebenen. Hotelrestaurants haben ein höheres Preisniveau.

Eine angenehme Einrichtung sind Oshibori, heißfeuchte Tücher, die zur Erfrischung des Gesichts und zur Reinigung der Hände gereicht werden. Die Eßstäbchen (Ohashi; vgl. ⟶ Essen und Trinken) hingegen mögen dem Europäer einige Schwierigkeiten bereiten; hier empfiehlt es sich – durchaus tischfein –, Schale oder Teller dicht an den Mund zu führen (Stäbchen eignen sich auch als Schieber); selbst Schlürfen ist nicht anstößig, bei Nudelsuppen gar nicht vermeidbar. Jedes Essen wird in einem bestimmten Geschirr serviert: Reis in einer Porzellanschale, Suppe in einer Lack- (auch Plastik-)schale mit Deckel, Fisch und Fleisch auf Porzellan- oder Keramiktellern.

In westlichen Restaurants wird man eine lesbare Speisekarte (englisch) und das gewohnte Eßbesteck vorfinden; bezahlt wird meist am Ausgang. In Schnellrestaurants und Kaufhaus-Cafeterias löst man beim Betreten Verzehrbons für die gewünschten Speisen. Speisenkarte

Plastikattrappen erleichtern die Speisenwahl

Speisenkarte (Fortsetzung)

Eine Besonderheit erleichtert dem sprachunkundigen Gast die Speisenwahl: Die meisten Restaurants zeigen in Schaukästen täuschend naturgetreue Plastikattrappen der verschiedenen Gerichte. Zum Bestellen genügt ein Fingerzeig.

Trinkgeld

Trinkgelder sind nicht obligatorisch; in besseren Restaurants werden 10–15% Bedienungsgeld auf die Rechnungssumme aufgeschlagen. Bei einer Rechnungssumme über 7500 Yen werden 6% Steuer aufgeschlagen.

Spezialitätenrestaurants

Sushi

In Sushi-Restaurants sitzt man vorwiegend an einer Theke, hinter der die nach und nach bestellten Reisklöße zubereitet werden; andernfalls kann eine Auswahl verschiedener Arten bestellt werden.

Tempura

Auch im Tempura-Restaurant sollte man an der Theke sitzen und sich die frisch zubereiteten Zutaten direkt aus dem Topf servieren lassen.

Yaki

In die Tische der Yaki- (Grill-) Restaurants sind Kochplatten oder Feuerstellen eingebaut, auf denen Gerichte wie Sukiyaki gegart werden. Andere dieser Restaurants haben neben dem Eingang eingebaute Holzkohlengrills, auf denen beispielsweise Yakitori zubereitet werden.
Viele dieser ungewöhnlich kleinen Restaurants sind trotz der für Europäer meist unbequemen Sitzvorrichtung ausgesprochen gemütlich, in jedem Fall erlebenswert. Daneben gibt es zahllose Gelegenheiten, im Vorbeigehen eine Nudelsuppe zu essen; auf Straßen, in Kaufhäusern, an Bahnhöfen ist dies ein unentbehrlicher Imbiß.

Restaurants in Kaufhäusern

Die Restaurants der Kaufhäuser (⟶ Shopping: Warenhäuser) bringen sehr gut zubereitete Speisen auf den Tisch. Sie sind zumeist von 11.00 bis

Bierhallen sind in Tokyo zahlreich

Restaurants in Kaufhäusern (Fortsetzung)

21.00 Uhr geöffnet und befinden sich entweder in den obersten Etagen oder aber in den Untergeschossen. Auf den Hochhausdächern sind häufig Biergärten eingerichtet.
Auch das Zurechtfinden birgt keine unüberbrückbaren Schwierigkeiten: In den gläsernen Schaukästen am Eingang wählt man sich eine Speise aus. Man merkt sich die Nummer (am besten schreibt man sie auf), geht zur Kassiererin, zeigt oder sagt ihr die Nummer und bezahlt. Danach sucht man sich einen Platz und wartet auf die Bedienung, der man den Bon in die Hand drückt. Sie bringt dann die ausgewählte Speise an den Tisch.

Restaurants in den Einkaufszentren

Die riesigen Einkaufszentren unter den Bahnhöfen bzw. in den U-Bahn-Stationen haben alle auch Restaurants, die täglich von 11.00 bis 21.00 Uhr geöffnet sind.

Kaffeehäuser

Mit unseren Cafés sind sie nicht zu vergleichen, obwohl dort auch immer Kaffee serviert wird. Ihre Spezialität ist des öfteren Musik vom Band, und sie verfolgen darin ganz bestimmte Richtungen, z.B. Klassisches, Jazz oder Pop.

Restaurants in Tokyo (Auswahl)

Akatombo
1-15-12, Toranomon
Minato-ku, Tel. 3501-0416
Westliche Küche

Benihana of New York
6-3-7, Ginza
Chuo-ku, Tel. 3571-9060
Spezialität: Teppanyaki

Eine typische Straßenkneipe

Restaurants
(Fortsetzung)

Chinzanso
2-10-8, Sekiguchi
Bunkyo-ku, Tel. 3943-1111
Japanische und
westliche Küche

Clark-Tei
Toho Seimei Building
2-15-1, Shibuya, Shibuya-ku,
Tel. 3406-4188
Spezialität: Tonkatsu

Furusato
3-4-1, Aobadei
Meguro-ku, Tel. 3463-2310
Japanische Küche

Ginza Happo-en
6-4-7, Ginza
Chuo-ku, Tel. 3571-4013
Japanische Küche

Happo-en
1-1-1, Shiroganedai
Minato-ku, Tel. 3443-3111
Japanische Küche

Hasejin Azabu-ten
3-3, Azabudai
Minato-ku, Tel. 3582-7811
Spezialität: Sukiyaki

Restaurants (Fortsetzung)

Ima-Asa
Shimbashi-ekimae Building 2-20-15, Shimbashi
Minato-ku, Tel. 3572-5286
Spezialität: Sukiyaki

Inagiku
2-6, Kayabacho, Nihonbashi
Chuo-ku, Tel. 3669-5501
Spezialität: Tempura

Isshin
4-21-29 Minami Aoyama,
Minato-ku, Tel. 3401-4611
Japanische Küche

Kinsen
Kintetsu Building (5. Stock)
4-4-10, Ginza
Chuo-ku, Tel. 3561-8708
Japanische Küche

Kokeshiya
3-14-6, Nishi-Ogi-Minami
Suginami-ku, Tel. 3334-5111
Westliche Küche

Kurawanka
Daian Building
3-36-6, Shinjuku
Shinjuku-ku, Tel. 3352-5111
Japanische Küche

Mikasa Kaikan
5-5-17, Ginza
Chuo-ku, Tel. 3571-8181
Japanische, chinesische und westliche Küche

Isolde
3-2-1, NIshi-azabu
Minatoku, Tel. 3478-1055
Französische Küche

Restaurant Stockholm
Sweden Center Building
6-11-9, Roppongi
Minato-ku, Tel. 3403-9046
Schwedische Küche

Seryna Honten
3-12-2, Roppongi
Minato-ku, Tel. 3402-1051
Japanische Küche

Suehiro
Ginza 4-chome Store
Kintetsu Building, 7.–8. floor
4-4-10, Ginza
Chuo-ku, Tel. 3562-0591
Spezialität: Steaks

Restaurants (Fortsetzung)

Ten-ichi
6-6-5, Ginza
Chuo-ku, Tel. 3571-1949
Spezialität: Tempura

Totenko
1-4-33, Ikenohata
Taito-ku, Tel. 3828-5111
Chinesische Küche

Ueno Seiyoken
4-58, Ueno Park
Taito-ku, Tel. 3821-2181
Westliche Küche

Yaesu-Chinzanso
1-8-3, Marunouchi
Chiyoda-ku, Tel. 3215-2131
Japanische und westliche Küche

Rundfunk und Fernsehen

Rundfunk

Mit Radiogeräten europäischer Norm kann man in Japan wegen unterschiedlicher Frequenzen eine Reihe von UKW-Programmen nicht empfangen.
Über Mittelwelle ist der US-amerikanische Militärsender FEN (Far East Network) zu empfangen, der zu jeder vollen Stunde Nachrichten ausstrahlt.

Deutsche Welle

Die Deutsche Welle kann auf der Kurzwelle empfangen werden. Zwischen 20.00 und 21.50 Uhr Tokyoter Ortszeit bringt der Sender Nachrichten.
Die Sendefrequenzen werden häufig geändert. Man erfrage sie vor einer Japanreise bei der Deutschen Welle (Abteilung Hörerpost, Postfach 100444, D-50444 Köln, Tel. 0221/3890).

Fernsehen

Das staatliche japanische Fernsehen unterhält zwei Programme, deren eines allgemein unterhaltend-informativen, deren zweites edukativen Charakter hat. Die Finanzierung erfolgt aus Steuermitteln und aus Werbeeinnahmen.

Ferner gibt es fünf private Fernsehanstalten mit unterschiedlichen Programmen, die allein aus Werbeeinnahmen finanziert werden.

Ryokan

→ Hotels

Shopping

Souvenirs

Kimonos, Stoffe, Perlen

Ein Einkaufsbummel in Tokyo führt zunächst auf die Ginza, an der nahezu alle großen Kaufhäuser liegen. Hier findet man auch zumeist jemanden, der Englisch spricht und beim Kauf vermitteln kann. Es empfiehlt sich, Ausschau zu halten nach Kimonos, Stoffen, prächtig bedruckten Papieren, natürlich nach Perlen und Keramik, für die Japan berühmt ist.

Holzschnitte

Empfehlenswert sind Holzschnitte, die auf den ursprünglichen Blöcken der großen Meister des Landes heute noch nachgedruckt werden, in vorzüglicher Qualität und zu annehmbaren Preisen – um 5000 Yen und auch wesentlich höher. Weil die Kaufhäuser auch die Funktion von Galerien haben und regelmäßig Ausstellungen veranstalten, wird man dort gut bedient. Vor dem Kauf sollte man allerdings in einer der englischsprachigen Tageszeitungen nachschlagen, welches Kaufhaus gerade geschlossen hat. Alle haben zwar am Wochenende geöffnet, nicht aber jeden Wochentag.

Bücher

⟶ Sehenswürdigkeiten: Kanda

Elektronik

Wer nach Transistorgeräten, Lautsprechern oder anderen Produkten von Japans weltberühmter Unterhaltungselektronik sucht: ⟶ Sehenswürdigkeiten: Akihabara. Beim Kauf von netzbetriebenen Geräten achte man darauf, daß sie sich auf die in Europa übliche Spannung von 220 Volt einstellen lassen.

Tax Free Shops

Von Schmuck bis zu Fernsehgeräten, von Kameras bis Uhren kann der Tourist die normalerweise im Endpreis enthaltenen Verbrauchssteuern sparen, wenn er in die als ‘tax free shops’ gekennzeichneten Läden geht – oft auch im Hotel, meist in den bevorzugten Einkaufsvierteln wie Ginza, Shibuya oder Shinjuku. Erforderlich dafür ist der Paß, in den der Verkäufer einen ‘record of purchase’ (Zollerklärung) heftet, den er vorher ausfüllt. Das gilt bei der Ausreise als Nachweis dafür, daß die gekauften Gegenstände nicht in Japan selbst gebraucht werden.

Shopping Arcades

In den großen Hotels der Spitzenklasse gibt es exklusive Einkaufspassagen.

Spezialgeschäfte

Deutsche Literatur

Buchhandlung E. Mecklenburg & Co.
Sanshin Building
(in den Arkaden im Untergeschoß)
1-4-1, Yurakucho, Chiyoda-ku,
Geöffnet: Mo.–Sa. 9.30–18.00 Uhr
Bücher, Kalender, Schallplatten und Kassetten

Enderle Book Co., Ltd.
Ichiko Building
1-5, Yotsuya, Shinyuku-ku
Geöffnet: Mo.–Fr. 9.00–18.00, Sa. 9.00–17.00 Uhr

Goethe Book Dealers
2-4-1, Marunouchi, Chiyoda-ku
Geöffnet: Mo.–Sa. 9.15–17.15 Uhr

Englische Literatur

Kinokuniya
Nähe des Hauptbahnhofs, Shinjuku-ku
Geöffnet: Mo.–So. 10.00–19.00 Uhr; geschlossen: 1. und 3. Mi. im Monat

Jena
Nähe U-Bahn-Station Ginza
Geöffnet: Mo.–Sa. 10.30–19.50, So. 12.30–18.45 Uhr; geschlossen: Fei.

Straßenkarten, Zeitschriften

In allen großen Warenhäusern (s. unten)

Seide

Kawamura Silk
8-9-17, Ginza, Chuo-ku,
Tel. 3572-0181

Schuhe

Washington Shoe Store
5-7-7, Ginza, Chuo-ku
Herrenschuhe bis Größe 45

Damenkleidung

Hanae Mori Boutique
Arkaden der Hotels Imperial und Okura
Das Geschäft führt für den Export bestimmte Kleidung, deshalb große Größen.
Elegant und teuer.

Kimonos

In den großen Warenhäusern (s. unten)

Antiquitäten

→ dort

Kunstgewerbe

Komingu Kottokan (Tokyo Folk Craft & Antique Hall)
9-5, Minami Ikebukuro 3-chome, Toshima-ku, Tel. 3980-8228
Kunstgewerbezentrum mit etwa 30 Ladengeschäften

Oriental Bazaar
5-9-13, Jingu-mae, Shibuya-ku, Tel. 3400-3933
Antiquitäten, Porzellan, Textilien, Lackwaren u.a.

Japan Traditional Craft Center
Plaza 246, 3-1-1 Minami Aoyama, Minato-ku, Tel. 3403-2460
Kunsthandwerk

Tokyu Hands
12-18 Udagawa-cho, Shibuya-ku, Tel. 5489-5111
Traditionelles Kunsthandwerk

Warenhäuser

Tokyos Kaufhäuser sind sehens- und besuchenswert. Sowohl ihr Warenangebot als auch ihr Service sind überwältigend. Ausländer sind hier eine vertraute Erscheinung, man versteht und spricht Englisch, so daß Sprachprobleme als Einkaufshindernis wegfallen.
Vom Souvenir bis zu moderner und alter Kunst (→ Antiquitäten, Kunstgalerien) findet man alles unter einem Dach; zwischen den Einkäufen kann man hier essen, sich erholen, eine Kunstausstellung ansehen.
Neben Gegenständen des japanischen Lebensstils werden westliche Konsumgüter angeboten.
Viele Kaufhäuser befinden sich im Bezirk Shinjuku und auf der Ginza. Wer seinen obligatorischen Ginza-Bummel absolviert, kann diesen sogleich mit einem Besuch eines Warenhausgiganten verbinden.

Die Warenhäuser sind am Wochenende immer geöffnet, haben aber dafür in der Woche einen Ruhetag. Im Zweifelsfall gibt jede englischsprachige Zeitung (der Hotelportier sowieso) darüber Auskunft.

Auf der Ginza

Mitsukoshi, Tel. 3562-1111
Ruhetag: Mo.

Hankyu, Tel. 3575-2231
Ruhetag: Do.

Matsuya, Tel. 3567-1211
Ruhetag: Do.

Weitere Kaufhäuser

Daimaru, Tokyo Station Building (Hauptbahnhof)
Tel. 3212-8011
Ruhetag: Mi.

Mitsukoshi, Nihonbashi, Tel. 3241-3311
Ruhetag: Mo.

Shopping, Warenhäuser

Takashimaya, Nihonbashi, Tel. 3211-4111
Ruhetag: Mi.

In Shinjuku

Mitsukoshi, Tel. 3354-1111
Ruhetag: Mo.

Keio, Tel. 3342-2111
Ruhetag: Do.

Odakyu, Tel. 3342-1111
Ruhetag: Di.

Einkaufszentren

Akihabara

⟶ Sehenswürdigkeiten: Akihabara

Ameya-Yokocho-Gasse

Bezirk: Taito-ku
S-Bahn-Station: Okachimachi oder Ueno (Keihin-Tohoku-Linie, Yamanote-Linie)
Zwischen Ueno- und Okachimachi-Bahnhof gelegene Marktstraße, eine der geschäftigsten in Tokyo.
Angebot: Lebensmittel, Sport- und Importwaren, Kleidung, Lederwaren.

Ginza

⟶ Sehenswürdigkeiten

Harajuku

Bezirk: Shibuya-ku
S-Bahn-Station: Harajuku (Yamanote-Linie)
U-Bahn-Station: Meiji-Jingu-Mae (Chiyoda-Linie)
Jeans, Lederwaren, Accessoires, Pariser Haute Couture.

Ikebukuro

⟶ Sehenswürdigkeiten: Ikebukuro

Kanda

⟶ Sehenswürdigkeiten: Kanda

Shinjuku

⟶ Sehenswürdigkeiten: Shinjuku

Souvenirs

⟶ Shopping

Sport

Allgemeines

⟶ Zahlen und Fakten: Brauchtum

Aikido

International Aikido Federation
Auskunft: Tel. 3203-9236
Bahnstation: Shinjuku
Öffnungszeiten der Zuschauertribüne:
Mo.–So. 6.30–7.30, 8.00–900,
17.30–18.30, 19.00–20.00 Uhr.

Judo- und Kendo-Sporthallen

Kodokan Judo Hall
U-Bahn-Station: Korakuen (Marunouchi-Linie)
Geöffnet: Mo.–Sa. 15.30–20.00 Uhr

Sport, Judo und Kendo (Fortsetzung)

Nippon Budokan Hall
U-Bahn-Station: Kudanshita
Geöffnet: Mo.–Sa. 18.00–19.00 Uhr

Karate

Nippon Karate Kyokai
(Japan Karate Association)
Auskunft: Tel. 3462-1415
Bahnstation: Ebisu
Öffnungszeiten der Zuschauertribüne:
Mo.–Sa. 10.30–11.30, 16.00–17.00, 18.00–20.00 Uhr.

Kyudo

All Japan Kyudo Federation
Kishi Memorial Hall
1-1-1, Jinnan, Shibuya-ku, Tel. 3467-3111

Pferderennen

Tokyo Race Course
Fuchu (ca. 35 km westlich vom Stadtzentrum)

Oi Race Course
Samezumachi (12 km südlich vom Stadtzentrum)

Schwimmen

→ Bäder

Sommerski

Sommerskipiste Sayama
Länge: 400 m (2 Sessellifte)
Kunstschneepiste in der größten Skihalle der Erde

Sumo

Sumo Hall (mit Sumo-Museum)
1-3-28, Yokoami, Sumida-ku 8
Bahnstation: Ryogoku
Geöffnet: Mo.–Fr. 9.30–16.30 Uhr

Sprache

Allgemeines

→ Zahlen und Fakten: Sprache

Verständigung

Die Kenntnis westlicher Fremdsprachen ist in Japan noch sehr wenig verbreitet; außerdem bildet die dem Europäer völlig fremde Schrift eine Verständigungsbarriere, deren Bedeutung man nicht unterschätzen darf. Fremdenführer und das Personal der größeren Hotels sprechen in der Regel zumindest englisch; öfter besteht auch die Möglichkeit, sprachenkundige Studenten als Fremdenführer zu gewinnen. Wer sich auf seine Englischkenntnisse verläßt, sollte sich um einfachen Satzbau und deutliche, akzentfreie Sprechweise bemühen; das Englisch der Japaner kann schwer verständlich sein.

Der Durchschnittsjapaner, vor allem die ältere Generation, ist in der Regel wenig sprachenkundig; dies gilt auch für Taxifahrer und das Personal öffentlicher Verkehrsmittel.

Aussprache

Die Aussprache der nach dem Hebonshiki transkribierten Silben folgt in den Konsonanten der englischen, in den Vokalen der italienischen Sprache. Einige Besonderheiten sind dabei zu beachten:
Vokale werden stets kurz ausgesprochen, sofern sie nicht durch ein Längenzeichen markiert sind. Bei den Konsonanten führt eine Verdoppelung (anders als im Deutschen) nicht zur Verkürzung des vorangegangenen Vokals, sondern diese Laute werden mit leichter phonetischer Trennung zweimal ausgesprochen.
Das e wird fast wie ä ausgesprochen und keinesfalls verschluckt; kurzes i und u ist zwischen Konsonanten und am Wortende oft nahezu unhörbar

Aussprache (Fortsetzung)

('miruku' wird ähnlich ausgesprochen wie das englische 'milk'). Das s ist immer stimmlos (wie in 'Tasse'); w wird ähnlich ausgesprochen wie cdas englische w in 'winter', ähnliches gilt für f (Unterlippe und obere Schneidezähne berühren sich nicht); r ist ein Zwischenlaut zwischen r und l; ng wird stets getrennt ausgesprochen (wie in 'angenehm'), y im Anlaut wird verschluckt.

Wichtige Ausdrücke und Redewendungen

Die Kenntnis einiger elementarer Redewendungen und Vokabeln ist von großem Nutzen und wird von den Einheimischen dankbar begrüßt.

deutsch	japanisch
Guten Morgen	ohayo gozaimasu
Guten Tag	konnichiwa
Guten Abend	kombanwa
Gute Nacht	oyasuminasai
Ich bin Deutscher	watakushiwa doitsu-jin desu
Ich bin Österreicher	watakushiwa osutoria-jin desu
Ich bin Schweizer	watakushiwa suisu-jin desu
Es freut mich, Sie kennenzulernen	hajime mashite
Wie heißen Sie?	onamae wa nanto osshaimasuka?
Ich heiße ...	... to moshimasu
Danke schön	arigato gozaimasu
Bitte schön	do itashi mashite
Entschuldigen Sie	shitsurei
Ja	hai
Nein	iie
Auf wiedersehen	sayonara
Gestern	kino
Heute	kyo
Heute morgen	kesa
Heute abend	komban
Morgen	asa
Wo ist ...?	... wa dokodesuka?
Wo ist das Postamt?	yubinkyoku wa dokudesuka?
Wo ist die Bank?	ginko wa dokudesuka?
Wo ist der Bahnhof?	eki wa dokudesuka?
Wo ist das Kaufhaus?	depato wa dokudesuka?
Wo ist der Taxistand?	takushi noriba wa dokudesuka?
Wo ist die Gepäckaufbewahrung?	nimotsu azukarijo wa dokudesuka?
Wo ist die Jugendherberge?	yusu hosuteru wa dokodesuka?
Wo ist die Toilette?	toire wa dokudesuka?
Bitte zeigen Sie mir dieses	kore wo misete kudasai
Was kostet das?	ikura desuka?
Das ist zu teuer	takasugimasu
Bitte zeigen Sie mir etwas Billigeres	mo sukoshi yasui no wo
Ich nehme dieses	kore wo kudasai
Negativfarbfilm	purinto yo kara firumu
Diafarbfilm	suraido yo kara firumu
Tonbandgerät	tepu-rekoda
Kamera	kamera
Uhr	tokei
Volkskunstprodukte	mingeihin
Andenken	miyagehin
Puppe	ningyo
Spielzeug	omocha
Zigaretten	tabako

Sprache, Ausdrücke, Redewendungen (Fortsetzung)

Restaurant	resutoran
Klare Suppe	konsome
Dicke Suppe	potaju
Speisesalz	shio
Pfeffer	kosho
Kuchen	keki
Kaffee	kohi
Schwarzer Tee	kocha
Bier	biru
Milch	miruku
Brot	pan
Speisekarte	menyu
Schönheitssalon	bi-yoin
Friseursalon	rihatsuten
Fremdenverkersbüro	kanko annaijo
Hotel	hoteru
Rechnung	kanjo
Arzt	isha
Flughafen	hikojo
U-Bahn	chikatetsu
Gepäckträger	akabo
Fahrkartenschalter	kippu-uriba
Norden	kita
Osten	higashi
Süden	minami
Westen	nishi
Links	hidari
Rechts	migi
Häuserblock	cho, chome
Stadtviertel	machi
Stadtbezirk	ku
Stadt	shi
Dorf	mura
Landkreis	gun
Präfektur	ken

Grundzahlen

0	zero	8	hachi
1	ichi	9	kyu
2	ni	10	ju
3	san	100	hyaku
4	shi, yon	1000	sen
5	go	10000	ichi-man
6	roku	31520	san-man ni-sen
7	nana, shichi		go-hyaku ni-ju

Hinweis

Wer sich eingehender mit der japanischen Sprache befassen möchte, sei auf die Wörterbücher und Sprachführer des Langenscheidt-Verlags, München, hingewiesen.

Stadtbesichtigung

Auf eigene Faust

⟶ Besuchsprogramm

Mit dem Autobus

Kleine Stadtrundfahrt (vormittags und nachmittags), Große Stadtrundfahrt (ganztags; mit Besuch einiger bedeutender Sehenswürdigkeiten, mitunter auch Besuch von Kimono- oder Ikebana-Shows und Künstlerateliers),

Im Stadtteil Akihabara ▶

ビデオ テレビ
パソコン オーディオ
タカラダ
1F 3F 4F 5F
エルアコン
79,800
2F
冷蔵庫
89,800
コンポ・ミニコン
DUTY FREE & DISCOUNT
WATCH·CAMERA
海外旅行者用商品
パソコン・プラザ・タカラダ
Laox
SHARP
石丸電気駅前店
ステレオ
CD
ラジオ会館
パソコン ビデオ テレビ オーディオ
Laox

Stadtbesichtigung (Fortsetzung)

Dynamic Tokyo (u.a. Besichtigung von Asakusa-Kannon-Tempel und Meiji-Schrein, Besuch einer Perlenzucht), Shogun's Choice (u.a. Besuch einer Teezeremonie und einer Kabuki-Theater-Vorführung, Aufenthalt in der Ginza), Country & Crafts (Besuch einer Bonsai-Zucht und einer Puppenmanufaktur), Tokyo bei Nacht (Tokyo by Night; mit japanischem Abendessen, Kabuki-Theater, Night-Club-Besuch und Geisha-Party).
Veranstalter:
Japan Travel Bureau, Tel. 3276-7777
Japan Gray Line, Tel. 3433-4801

Japan Guide Association

Eine andere Möglichkeit der individuellen Betreuung findet sich über die Japan Guide Association, Tel. 3213-2706. Sie beschafft auch → Dolmetscher. Gruppen sollen bis zu vier Personen groß sein, die Unkosten liegen bei etwa 17000 Yen pro Tag (in englischer Sprache), sonst höher.

Sumida-Flußfahrten

Täglich kann man Schiffsausflüge auf Tokyos größtem Fluß, dem Sumida, unternehmen. Zwar besitzt er nicht mehr ganz den Charme der Seine, wie ihm einstmals nachgesagt wurde, doch ist diese Fahrt dennoch eindrucksvoll: Man sieht weitaus mehr von der Stadt, als jede U-Bahn-Strecke es vermitteln kann.
Ein Tip: Man sollte auf jeden Fall von der Innenstadt aus bis nach → Asakusa fahren, einem Stadtviertel, das ohnehin nicht versäumt werden darf. Das Hotel gibt Auskunft, wo und zu welchen Zeiten die Fahrten beginnen.

Home Visit System

Der organisierte Besuch bei einer japanischen Familie (Home Visit System) soll interessierten Ausländern ermöglichen, einen tieferen Einblick in das japanische Familienleben zu gewinnen. Diese ein- bis zweistündigen Besuche sind kostenlos (bis auf besondere Ausgaben, z.B. ein kleines Gastgeschenk, → Umgangsregeln), und finden bei Familien statt, die sich freiwillig dazu angeboten haben. Eventuelle Transport- und Dolmetscherkosten werden vom Besucher übernommen.
Beim Betreten der Wohnung bzw. des Hauses werden die Straßenschuhe gegen bereitgestellte Hausschuhe ausgetauscht; diese wiederum müssen vor dem Betreten von mit Tatami (Strohmatten) ausgelegten Räumen ausgezogen werden. Während des Besuches wird gewöhnlich nur japanischer Tee mit Gebäck gereicht.
Die Anmeldung ist spätestens einen Tag vorher erforderlich. Auskünfte: Tourist Information Center (→ Auskunft: TIC).

Industrie-Besichtigung

Mit Tee, Tempeln und Samurais hätte Japan kaum seinen Weltruf gewonnen. Japan ist für die meisten ausländischen Besucher ein moderner Industriestaat, dessen Fernseher, Autos, Kameras oder Computer fünf Kontinente versorgen. Auch der Tourist kann beobachten, wie diese Wunderwerke einer ausgeklügelten Technologie hergestellt werden. Das Japan Travel Bureau veranstaltet Tagestouren zu verschiedenen Fabriken unterschiedlichster Produktionszweige. Eine Tour kostet rund 10000 Yen, findet wöchentlich dienstags, donnerstags und freitags statt und schließt ein Mittagessen und Gespräche mit Managern ein.

Straßenverkehr

→ Verkehrsvorschriften

Taxi

Allgemeines

Taxis gibt es in Tokyo in ausreichender Anzahl, und ihre Benutzung ist relativ preiswert. Sie stehen vor den Bahnhöfen und Hotels. Ein fahrendes Taxi hält man einfach durch Winken an. Die meisten Taxifahrer verstehen kein

Taxistand in der City

Taxi (Fortsetzung)

Englisch, deshalb ist es wichtig, ihnen nicht nur die Adresse, sondern auch einen Plan des Fahrtziels zu zeigen. Sie erwarten kein Trinkgeld.

Das Öffnen und Schließen der Taxitür erfolgt automatisch. Die öffentlichen Verkehrsmittel stellen gegen Mitternacht ihren Betrieb ein. Dann wird es auch schwierig, ein Taxi zu bekommen. Auf der Ginza und überall stehen Riesenschlangen, und man suche nach einem Taxi-Wartestand, weil das Heranwinken um diese Zeit nichts mehr nützt.

Fahren Taxis an einem vorbei, erkennt man am roten Licht hinter der Windschutzscheibe, daß sie frei, und am grünen, daß sie besetzt sind. Halten sie nicht, muß man mitunter zwei Finger hochhalten, um zu verdeutlichen, daß man auch den doppelten Fahrpreis bezahlen will. Nachts ist der Fahrpreis höher.

Teezeremonie

Allgemeines

→ Zahlen und Fakten: Brauchtum

Das strenge Ritual der Teezeremonie wird in zahlreichen Schulen gelehrt. Diese Schulen bieten auch Fremden Gelegenheit zu einem Informationsbesuch. Voranmeldungen sind entweder über die Rezeption des Hotels oder direkt bei den nachfolgend erwähnten Instituten möglich.

Veranstaltungsorte

Imperial Hotel's Tokoan,
Tel. 3504-1111
U-Bahn: Hibiya
Tgl. (außer So., Fei.) 10.00–12.00
und 13.00–16.00 Uhr

Teezeremonie (Fortsetzung)

Hotel Okura's Shoshoan, Tel. 3582-0111
U-Bahn: Toranomon
Tgl. 11.00–12.00 und 13.00–16.30 Uhr

Hotel New Otani's Seiseian, Tel. 3265-1111
U-Bahn: Akasaka-Mitsuke
Bahn: Yotsuya
Do., Fr., Sa. 11.00–12.00 und 13.00–16.00 Uhr

Tea Room of Suntory Museum of Art, Tel. 3470-1073
U-Bahn: Akasaka Mitsuke
Di.–So. 13.30–16.00 Uhr

Tea Room of the Yamatane Museum of Art, Tel. 3669-3211
U-Bahn: Kayabacho
Di.–So. 11.00–17.00 Uhr

Telefon

Allgemeines

Die meisten Städte in Japan besitzen ein Selbstwählsystem. Die öffentlichen Telefone sind durch unterschiedliche Farben gekennzeichnet.

Rote Telefone: Orts- und Ferngespräche; Einwurf bis zu 6 Münzen à 10 Yen.

Gelbe Telefone: Vorwiegend Ferngespräche; Einwurf bis zu 10 Münzen à 10 Yen sowie bis zu 9 Münzen à 100 Yen.

Grüne Telefone: Ferngespräche; Einwurf wie gelbe Telefone oder Telefonkarte.

Graue Telefone: Allmählich setzen sich die grauen Fernsprechapparate (Digitaltechnik) durch, die – je nach Typ – Orts- und Inlandsferngespräche bzw. auch internationale Gespräche ermöglichen. Meist können sie mit Münzen wie auch mit Telefonkarten benutzt werden.

Nicht verbrauchte 10-Yen-Münzen (nicht aber 100-Yen-Münzen!) werden nach Beendigung des Gesprächs zurückgegeben.

Telefonkarten

Wie in Europa gewinnen auch in Japan die Telefonkarten an Bedeutung. Sie können nur an grünen Telefonen verwendet werden; Verkauf bei den NTT-Büros oder an Automaten. Es gibt vier Typen von Telefonkarten (50, 105, 320 und 540 Einheiten); der Verkaufspreis beträgt etwa 10 Yen pro 3-Minuten-Einheit.

Auslandsgespräche

Auch Auslandstelefonate sind seit einiger Zeit nahezu weltweit im Selbstwählverfahren möglich. Hier macht sich ein lebhafter Wettbewerb zwischen einigen Privatfirmen bemerkbar; man wählt zunächst die Kennung der betreffenden Telekommunikationsgesellschaft, dann die Ländernetzkennzahl, schließlich Ortsnetzkennzahl (ohne vorangestellte Null) und die Rufnummer. Die Kennungen der Telefongesellschaften sind:

KDD (Kokusai Denshin Denwa)	001
ITJ (International Telecom Japan)	0041
IDC (International Digital Communications)	0061

Es soll aus Japan über die ITJ ein Teilnehmer in Stuttgart mit der Rufnummer 1234567 angerufen werden. Die komplette Durchwahl müßte so aussehen:

Auslands-telefonate, Wählbeispiel

0041/49/711/1234567

Ein Ferngespräch nach Deutschland kostet pro Minute etwa 420 Yen (Standardtarif) bzw. 260 Yen (Billigtarif, zwischen 23 und 8 Uhr japanischer Zeit).

Deutschland-direkt-Dienst

Unter der Rufnummer 0039491 kann man kostenfrei den Deutschland-direkt-Dienst in Frankfurt/Main erreichen. Der dortige Operator stellt die Verbindung mit dem gewünschten deutschen Gesprächsteilnehmer her, wenn dieser bereit ist, die Kosten für das Telefonat zu übernehmen.

Theater

Allgemeines

→ Zahlen und Fakten: Theater

No

Ginza No-Theater (Ginza Nogakudo Hall)
5-15, Ginza 6-chome, Chuo-ku, Tel. 3571-0197

Kanze No-Theater (Kanze Nohgakudo Hall)
16-4, Shoto 1-chome, Shibuya-ku, Tel. 3469-5241

Kita No-Theater (Kita Nogakudo Hall)
6-9, Kami-Osaki 4-chome, Shinagawa-ku, Tel. 3491-7773

Bunraku

Nationaltheater
4-1, Hayabusacho, Chiyoda-ku, Tel. 3265-7411
U-Bahn: Nagatacho

Kabuki

Nationaltheater
(s. oben)

Kabukiza-Theater
4-12-15, Ginza-Higashi, Chuo-ku, Tel. 3541-3131
U-Bahn: Higashi-Ginza

Thermalbäder

→ Bäder

Toiletten

Hier heißt es oft, sich dem Brauch des Landes anzupassen. Was man hier vorfindet, ist oft kein einladender Sitzplatz, sondern ein in den Boden eingelassenes Becken. Reisenden mit Südeuropa-Erfahrung wird die japanische Form der Erleichterung recht vertraut vorkommen.

Bei Bedarf frage man den Kellner nach otearai oder to-ire, wenn das nicht weiterhilft, nach benjo. Auf der Straße wird man vergebens nach benjos suchen. Darum entweiche man ins nächste Hotel oder Café.

Trinkgeld

Blitzschnelle Prozentrechnungen sind in Japan nicht nötig – Trinkgelder werden nicht angenommen, weil der Kunde für Ware oder Dienstleistung, ob im Geschäft oder im Restaurant, ja schon bezahlt hat. Ausnahmen sind die westlichen Hotels, wo die Pagen für aufs Zimmer getragene Koffer rund 200 Yen erhalten, und Taxifahrer, die viel Gepäck befördern. Im Ryokan ist es üblich, der Bedienerin am Anfang oder Ende des Aufenthaltes ein Trinkgeld zu geben. Es gilt in jedem Falle als taktlos, Geld offen zu überreichen.

Uhrzeit

In Japan gilt während des ganzen Jahres die Japanische Normalzeit (JNZ = MEZ + 8 Stunden). Es gibt keine Sommerzeit.

Umgangsregeln

Allgemeines

Japan war über viele Jahrhunderte fremdenfeindlich. Fischer, die bei einem Unwetter zu lange auf See geblieben waren, wurden schnell verdächtigt, Kontakt zu anderen Seefahrern aufgenommen zu haben, und mußten mit Bestrafung rechnen. Deshalb haben es heute noch Fischerfamilien an der Küste schwer, ihre Kinder landeinwärts zu verheiraten.

Der Reisende wird von solcher Fremdenfeindlichkeit nicht mehr viel spüren. Die 'fremden Teufel' sind gutgelitten und werden mit äußerster Höflichkeit behandelt. Aber hinter dieser Höflichkeit steckt bei vielen Japanern noch immer Argwohn – oder Unsicherheit – genug, um letzte Schranken nicht fallenzulassen. Wer von einem Japaner nach Hause eingeladen wird, hat es weit gebracht.

Im Umgang mit Japanern sollte man beachten, daß trotz zunehmender westlicher Gepflogenheiten der aus jahrhundertealter Tradition gewachsenen Etikette noch immer große Bedeutung zukommt.

Höflichkeit

Die japanische Höflichkeit ist sprichwörtlich; der Japaner wird beispielsweise einem Gesprächspartner nie direkt widersprechen, sondern vielmehr eine konziliante Umschreibung suchen. Ungeduld und das Zeigen von Ärger oder Mißbilligung gelten als Gesichtsverlust; Lächeln und äußere Ausgeglichenheit bestimmen die Kommunikation.

Begrüßung

Bei der Begrüßung ist der Handschlag nicht gebräuchlich; man verneigt sich voreinander.

Geschenke

In Japan freut man sich sehr über Geschenke; anders als in westlichen Ländern werden Gescheke aber niemals in Gegenwart des Gebers ausgepackt. Allzu Wertvolles kann einen Gastgeber in Verlegenheit bringen oder zu großen Gefälligkeiten verpflichten.
Sehr begehrt sind Artikel aus dem deutschsprachingen Raum, besonders Lederwaren, Glas (auch Bierseidel mit entsprechender Beschriftung), Kristall und Porzellan, Schallplatten (bes. klassische Musik) und nicht zuletzt gute Weine. Eine anspruchsvolle Originalverpackung erhöht den Wert eines Präsents.

Kleidung

Großer Wert wird auf korrekte Kleidung gelegt, auch wenn hier westliche Einflüsse ständig zunehmen. Männer sollten keine Shorts oder grellfarbige Hemden tragen.

Verhalten in Wohnräumen

Beim Betreten eines japanischen Wohnhauses oder eines Tempels werden die Straßenschuhe gegen Pantoffeln ausgetauscht; mit Binsenmatten (Tatami) ausgelegte Räume betritt man nur in Strümpfen.
Der Stuhl ist erst spät nach Japan gekommen, und man sitzt noch immer bei vielen Gelegenheiten – im Ryokan, daheim oder im Restaurant – auf dem Fußboden. Die typische Sitzhaltung heißt Suwaru und schnürt Westlern das Blut ab. Nach dem Wagnis eines Restaurantbesuchs sieht man auch in Tokyo Gajin (Ausländer) oft mit verkrampften Gliedern auf die Straße treten, wo sie lange Zeit ihre Beine schlenkern, bis sie wieder gehen können. Das Sitzen mit gekreuzten Beinen wird allerdings auch in japanischen Schulen als Züchtigungsmittel gebraucht. Die für Gäste bereitgelegten kleinen Kissen stellen keine wesentliche Erleichterung dar.

Alkoholgenuß

Trinkfestigkeit gilt in Japan als positives Persönlichkeitsmerkmal. Als Ausländer hüte man sich aber davor, zuviel Alkohol zu trinken, da man sonst – wie die Asiaten sich ausdrücken – das Gesicht verlieren würde.

Unterkunft

→ Hotels
→ Jugendunterkünfte
→ Ryokan

Veranstaltungskalender

Januar

1.–3. Januar: Neujahr. Wenn das Wetter gut ist, strahlt ein selten blauer Himmel über Tokyo. Die Betriebe sind geschlossen, ebenso die Behörden, und die Luftverschmutzung läßt spürbar nach. Die Bevölkerung pilgert zu den festlich geschmückten Tempeln und Schreinen; besonders beliebt sind der Meiji-Schrein und der Asakusa-Kannon-Tempel. Am Yasukuni-Schrein in Kudan, Chiyoda-ku, kann man No-Theater, Koto-Musik und Tänze erleben.

2. Januar: Neujahrsbesuch im Kaiserpalast. Der Palastgarten ist für die Bevölkerung von 9.00 bis 15.00 Uhr geöffnet. Der Kaiser grüßt mehrere Male vom Fenster seines Palastes.

6. Januar: Dezome Shiki. Die Neujahrsparade der Feuerwehr von Tokyo findet im Stadtteil Harumi statt. Fesselnde Einlagen: die akrobatischen Kunststücke auf den Leitern.

15., 16. Januar: Antiquitätenmarkt auf den Straßen von Setagaya-ku.

Februar

3. Februar: Setsubun, das 'Bohnen-Werf-Fest'. Am letzten Tag des Jahres nach dem alten japanischen Mondkalender wirft man Bohnen, um die Teufel zu vertreiben. Veranstaltet wird dieses alte Volksfest an allen Tempelplätzen und bei den Schreinen. Besonders besuchenswert sind an diesem Tag der Sensoji-Tempel in Asakusa, der Zojoji-Tempel in Shiba (nahe dem Tokyo Tower) und der Hie-Schrein in Akasaka (U-Bahn: Akasaka).

25. Februar: Beginn des Pflaumenfestes (Ume Matsuri), das bis zum 15. März geht, am Yushima-Tenjin-Schrein in Bunkyo-ku (U-Bahn: Yushima). Die Pflaumenblüte ist wirklich schön; an jedem Samstag und Sonntag finden Teezeremonien im Freien statt (Nodate).

März

3. März: Mädchentag. Früher wurde nur der männliche Nachkomme geehrt, nach dem Krieg fand man auch Mädchen würdig, einen eigenen Festtag zu erhalten. Puppen werden in vollem Schmuck gezeigt.

März (Fortsetzung)

3., 4. März: Daruma Ichi. Der Daruma-Markt findet im Jindaiji-Tempel in Chofu statt (Eisenbahn: Chofu). Tausende von Daruma-Figuren sind aufgestellt, und es werden traditionelle japanische Tänze aufgeführt, japanische Musik gespielt.

2. Sonntag im März: Hi-watari. Das Fest wird in Kotsu Anzen Kito-cho am Berg Takao gefeiert. Priester der Bergtempel schreiten barfuß über die glimmenden Hölzer eines Feuers, das für die Seelen der Verstorbenen angezündet worden ist (Bon-Feuer).

18. März: Kinryu-no-mai. Drachentanz im Asakusa-Kannon-Tempel (U-Bahn: Asakusa) um 14.00 und um 16.00 Uhr. Gleichzeitig findet eine Parade statt.

26. März: Sakura Matsuri. Beginn des Kirschblütenfestes im Ueno-Park (Dauer: bis ca. 15. April).

April

8. April: Hana Matsuri. Blumenfest an allen Tempeln anläßlich des Geburtstages des Buddha. Ein weißer Elefant aus Pappmaché wird in einer Parade mitgeführt, alle Buddha-Statuen mit Blumen bekränzt. Besonders erlebenswert die Feier am Sensoji-Tempel in Asakusa.

12. April: Shirasagi-no-mai. Tanz des weißen Reihers am Asakusa-Kannon-Tempel, jeweils 11.00 und 13.00 Uhr.

9.–16. April: Kamakura Matsuri. Fest am Tsurugaoka-Hachiman-Schrein in Kamakura mit einer Parade in historischen Kostümen, einer 'Mikoshi'-Parade von tragbaren Schreinen sowie einem 'Yabusame', einem Bogenschießen von galoppierenden Pferden aus (am letzten Tag).

21.–23. April: Frühlingsfest des Yasukuni-Schreins.

Frühlingsfest am Meiji-Schrein mit Vorführungen klassischer japanischer Tänze, Bugaku und Noh. Am letzten Tag dann japanisches Bogenschießen (Kyudo). Das Fest dauert bis zum 3. Mai.
In dieser Zeit herrscht in Tokyo die 'Goldene Woche'. Behörden und viele Betriebe schließen, und Tokyo ist leer wie sonst nie.

Mai

3. Mai: Yokohama minato Matsuri. Hafenfest im Gedenken an die Öffnung des Hafens von Yokohama für ausländische Schiffe. Start einer internationalen Parade vom Yamashita-koen (Park) um 11.00 Uhr, die gegen 14.00 Uhr am Maita-koen (Park) endet.

5. Mai: Tag der Kinder (eigentlich der Knaben). Glückliche Eltern hängen bunt flatternde Stoffkarpfen aus.

14., 15. Mai: Kanda-Fest des Myojin-Schreins in Kanda, dem Universitäts- und Buchladenviertel Tokyos. Riesige Sänften – Erinnerungen an die Feudalzeit – werden durch die Straßen getragen.

ca. 15.–17. Mai: Sanja Matsuri. Es ist eines der größten und prächtigsten Volksfeste Tokyos. Im Tempelgelände von Asakusa (nahe Asakusa Station an der Ginza-U-Bahn) werden Schüttelschreine mit großem Geschrei (Mikoshi-Prozession) umhergetragen und Löwentänze aufgeführt. Es findet eine große Parade von Geishas und Binzasaramai-Tänzern statt.

20., 21. Mai: Minato Matsuri. In Yokosuka auf der Halbinsel Miura wird eine großer Umzug mit Blasmusik und Volksfesten veranstaltet. Außerdem findet eine Prozession tragbarer Schreine (Mikoshi) statt.

Juni

10.–16. Juni: Sanno Matsuri. Prozession um den Hie-Schrein in Akasaka-Mitsuke mit Tänzen und Teezeremonien im Freien (alle 2 Jahre).

Juli

9., 10. Juli: Hozuki-ichi. Kirschenmarkt auf dem Gelände des Asakusa-Kannon-Tempels in Asakusa. Verkauft werden vor allem Kirschsträucher, die mit Früchten und Windrädchen geschmückt sind.

13.–16. Juli: Bon Matsuri. Gedenkfest für die Seelen der Toten, die nach buddhistischer Vorstellung zu dieser Zeit die Erde besuchen. Auf den Friedhöfen und auch zu Hause werden ihnen zu Ehren kleine Lichter angezündet. Es finden Bon-odori- und klassische Tanzvorführungen statt, und am Yasukuni-Schrein sind rund 6000 Laternen aufgehängt.

17. Juli: Edo-shumi Horyo Taikai. Beginn des Sommerabendfestes, das bis zum 15. August gefeiert wird, und zwar an den Ufern des Shinobazu-Teiches sowie auf dem Gelände der Pagode im Ueno-Park.

28. Juli: Hanabi Taikai. Abendliches Feuerwerk am Edo-Fluß (nahe Shibsamata-Platz; 19.00–21.00 Uhr).

August

Anfang August: Feuerwerk in Keio Tamagawa am Tamagawa-Fluß (auch von Booten aus zu beobachten).

13.–15. 8.: Fest der Schüttelschreine in Fukagawa.

September

16. September: Yabusame. Fest am Tsurugaoka-Hachiman-Schrein in Kamakura. Veranstaltungen von japanischem Bogenschießen, wobei die Reiter in historische Kostüme gekleidet sind und von galoppierenden Pferden aus schießen.

Oktober

1.–20. Oktober: Fest zur Gründung der Stadt Tokyo, zum ersten Mal begangen 1956, als die Stadt 500 Jahre alt wurde. Zu den sehenswertesten Veranstaltungen dieser Tage gehören das Hafenfest von Tokyo, ein Miss-Tokyo-Wettbewerb, eine Parade von Festzugswagen, eine Laternenprozession sowie verschiedene Ausstellungen.

11., 12. Oktober: Oeshiki-Fest des Hommonji-Tempels. Zur Erinnerung an den buddhistischen Mönch Nichiren gehen die Gläubigen in der Nacht zum 12. Oktober mit großen Laternen, die mit Papierblumen geschmückt sind, zum Tempel.

17.–19. Oktober: Herbstfest im Yasukuni-Schrein mit Vorführungen klassischer Tänze und No-Spiele sowie Bogenschießen.

18. Oktober: Kiryu-no-mai. Drachtentanz am Asakusa-Kannon-Tempel.

31. Oktober: Herbstfest am Meiji-Schrein, das bis zum 3. November dauert, ein Erntedankfest auf Japanisch. Zum Programm gehören Vorführungen von klassischen Tänzen, klassische Musik-Darbietungen, No- und Bugaku-Spiel, japanisches Bogenschießen und Aikido.

November

3. November: Daimyo Gyoretsu. Prozession in historischen Kostümen der Edo-Zeit im Stadtgebiet von Hakone-Yumoto.
Shirasagi-no-mai: Tanz des weißen Reihers am Asakusa-Kannon-Tempel in Asakusa.
Fest zu Ehren des Geburtstages des Meiji-Tenno am Meiji-Schrein.

15. November: Shichi-go-san. Tag der Kinder, die sieben, fünf oder drei Jahre alt sind. Sonntäglich angezogen besuchen Eltern und Kinder die Schreine.

Tori-no-ichi. Hahnmärkte am Otori-Schrein in Asakusa. Sie finden jeweils am Tag des Hahnes statt, entsprechend dem asiatischen Tierkreiszeichenkalender. Besonders charakteristisch: der Verkauf von 'Kumade' (Bärentatzen), Bambusharken, die mit verschiedenem Schmuck behängt sind.

14. Dezember: Gishi Sai. Fest der 47 Ronin am Sengakuji-Tempel in Minato-ku.

17.–19. Dezember: Hagoita Ichi. Markt am Asakusa-Kannon-Tempel in Asakusa. Charakteristisch der Verkauf von 'Battle-dores' zu Neujahr.

23. Dezember: Geburtstag des Kaisers.

31. Dezember: Omisoka. Der große letzte Tag des Jahres. Die Tempelglocken lassen 108 Schläge ertönen: 107 für die Sünden des Jahres, einen für das neue Jahr. Besuchenswert an diesem Tag der Zojoji-Tempel in Shiba sowie der Asakusa-Kannon-Tempel.

Veranstaltungsprogramme

Gastspiele

Frühzeitige Information über kulturelle Veranstaltungen, wie Konzerte und Gastspiele ausländischer Künstler, erteilt der International Musical Arts Service 2-21-2, Nishi-Asabu, Minato-ku, Tel. 3400-3386.

Tokyo-Führer

In den Hotels liegen meist zwei kostenfreie Stadtzeitungen aus, der "Tour Companion" und der "Weekender", aus denen alle in Tokyo stattfindenden Veranstaltungen hervorgehen; außerdem wird auf Einkaufsmöglichkeiten hingewiesen und zumeist auch eine genaue Wegbeschreibung beigegeben.
Ferner gibt es die monatlich erscheinenden Stadtillustrierten "Tokyo Journal" und "Tokyo Today" sowie das vierteljährlich erscheinende "Joyful Tokyo".

Kyoto, Osaka

Monatlich erscheinen ferner der "Kyoto Visitor's Guide" und der "Osaka Visitor's Guide".

Verkehrsmittel (Öffentlicher Nahverkehr)

U-Bahn

Streckenplan der U-Bahn s. hintere Umschlaginnens.

Das schnellste und billigste Verkehrsmittel in Tokyo ist die U- Bahn. Zwölf Linien bilden ein recht engmaschiges Streckennetz.

Betriebszeit

Die U-Bahn verkehrt zwischen 5.00 und 24.00 Uhr.

U-Bahn-Stationen

Die Eingänge zu den U-Bahn-Stationen sind verschieden gekennzeichnet. Ein stilisiertes Rad zeigt eine öffentliche Linie an, ein stilisiertes S eine Privatlinie. Große Stationen haben verschiedene Eingänge, die u. U. weit auseinanderliegen können.
Der Name jeder Station ist auch in lateinischer Schrift angegeben. Darunter stehen zwei weitere Namen: rechts derjenige der vorhergehenden Station, links derjenige der folgenden Station.
Es ist möglich, daß ein Eingang nur zu einer bestimmten Richtung einer Linie führt. Man informiere sich daher vor dem Betreten einer U-Bahn-Station genau über den Streckenverlauf.

Farbleitsystem

Die farbliche Unterscheidung der einzelnen Linien auf den Streckenplänen entspricht der Farbgebung des rollenden Materials. Zur besseren Orientierung hat man in den U-Bahn-Stationen Farbmarkierungen bzw. -linien angebracht.

Fahrscheine

Fahrscheine gibt es an Automaten, die auch Wechselgeld herausgeben. Vielerorts sind Wechselautomaten aufgebaut, die auch 1000-Yen-Scheine

U-Bahn-Station Omote-sando

wechseln können. Der jeweils gültige Fahrpreis ist aus den Tarifplänen ersichtlich, die bei den Fahrscheinautomaten aushängen. Im Zweifelsfall erkundige man sich bei der Stationsaufsicht.
Neben den regulären Einzelfahrscheinen gibt es 11-Fahrten-Tickets, ferner kombinierte Tagestickets (für U-Bahn, Straßenbahn, Autobus und innerstädtische Eisenbahnverbindungen) sowie Monatskarten.

U-Bahn, Fahrscheine (Fortsetzung)

Autobusse

Allgemeines

Tokyo verfügt über ein sehr engmaschines Busliniennetz. Es bedarf jedoch großer Aufmerksamkeit, wenn man sich beispielsweise als Tourist auf dem verwirrenden Netzplan respektive Fahrplan orientieren will.

Fahrscheine

Fahrscheine werden am Automaten gekauft und müssen beim Aussteigen abgegeben werden. Eventuelle fällige Nachgebühren sind dann zu entrichten.

Verkehrsvorschriften

Linksverkehr!

Ausländer benötigen zum Führen eines Fahrzeuges in Japan einen japanischen Führerschein.

Das Autofahren in Tokyo ist so abenteuerlich (permanentes Verkehrschaos, enge Straßen, kompliziertes Parken), daß man sich als Tourist, der sich nur kurze Zeit in der Stadt aufhält, auf das Taxifahren beschränken, gegebenenfalls noch die U-Bahn benutzen sollte.

◀ *Eingang zur U-Bahn*

Verkehrsvorschriften (Fortsetzung)

Wer trotz dieser gutgemeinten Ratschläge dennoch das Abenteuer wagt, dem seien kurz einige Regeln mitgeteilt:

Geschwindigkeitsbegrenzung

Die Geschwindigkeitsbegrenzung auf Schnellstraßen liegt bei 60–80 km/h (ausgeschildert), im Stadtgebiet bei 40 km/h, auf anderen Straßen teilweise nur bei 25 km/h.

Parken

Man parke seinen Leihwagen nie im Park- oder Halteverbot; in Tokyo werden täglich 60000 Parksünder abgeschleppt, und allein herauszufinden, wo das Gefährt gelandet ist, kann einen halben Tag kosten. Teuer wird es auch.

Parkmöglichkeiten bieten die Kaufhäuser, doch sind deren Hoch- oder Tiefgaragen häufig überfüllt.

Auskunft

Auskünfte über Verkehrsfragen erteilt die Japan Automobile Federation, 3-5-8, Shiba Park, Minato-ku, Tel. 3436-2881.

Mietwagen

→ dort

Visitenkarten

Visitenkarten (Meishi) sind in Japan eine Lebensnotwendigkeit. Ein gegenseitiges Bekanntmachen beginnt mit dem Austausch von Visitenkarten. Nicht nur Geschäftsleute sollten darum mit einer entsprechend hohen Anzahl dieser Kärtchen ausgerüstet sein, sondern auch Touristen, die ein Zusammentreffen mit Japanern in Betracht ziehen.

Es gibt Firmen in Tokyo, die Visitenkarten in der entsprechenden Landessprache und auf Japanisch in wenigen Stunden drucken. Für Geschäftsreisende bietet auch die Fluggesellschaft Japan Air einen entsprechenden Service an.

Vorverkaufsstellen

→ Kartenvorverkauf

Wahrsager

Die Wahrsager sind eine Institution in Tokyo. Sie kommen vorzugsweise abends zum Vorschein und schlagen in den Einkaufszentren ihre Stände auf. Sich aus der Hand lesen und Horoskope stellen zu lassen, ist sehr beliebt.

Die Wahrsager beherrschen Japans Alltag: Sie werden in allen privaten und beruflichen Fragen bemüht, und in besonders schwierigen Fällen kommen sie auch nach Hause und hängen Zaubersprüche auf, um – zum Beispiel – die widerspenstige Tochter wieder auf den rechten Weg zu führen.

Astrologie und Wahrsagerei haben eine amtliche Komponente in Japan, wie folgendes Beispiel verdeutlicht: Bei den Wahlen zum Parlament 1980 ließ sich die Regierung den richtigen Tag – sprich Glückstag – gegen ein hohes Honorar vorhersagen. Tatsächlich feierte sie an diesem Tag dann einen überragenden Wahlsieg.

Warenhäuser

→ Shopping

Zeit

→ Uhrzeit

Zeitungen und Zeitschriften

Englischsprachige japanische Zeitschriften

In englischer Sprache erscheinen täglich:
Japan Times
Asahi Evening News
Mainichi Daily News
The Daily Yomiuri
Shipping and Trade News

In englischer Sprache erscheinen wöchentlich:
Tokyo Weekender
Tour Companion
Diese Blätter liegen in den großen Hotels und auch den großen Supermärkten kostenlos aus. Sie enthalten alle aktuellen Informationen über Tokyo.

Ausländische Zeitungen

Ausländische Zeitungen (gute Auswahl und nicht zu alt) findet man am Bahnhof Marunouchi, Südausgang (South Exit).

Ausländische Zeitschriften

Ausländische Zeitschriften gibt es in den Hotelbuchhandlungen und manchen westlichen Supermärkten.

Zollbestimmungen

Einreise

Erlaubt sind 400 Zigaretten oder 500 Gramm Tabak oder 100 Zigarren, ferner drei Flaschen Spirituosen à 760 ml, Geschenke für nicht mehr als den Gegenwert von 200000 Yen.
Nicht eingeführt werden dürfen Rauschgift, pornographische Zeitschriften und Bücher.
Bei der Einreise genehmigungspflichtig sind bestimmte Pflanzensorten, Tiere, Sprengstoff, Waffen und Schwerter.
Eine spezielle behördliche Genehmigung ist erforderlich, wenn man Tiere, wie Hunde, Katzen oder andere Haustiere, mit nach Japan bringen möchte.
Bei der Einreise ist eine in englischer Sprache abgefaßte Zollerklärung abzugeben. Entsprechende Formulare werden bereits im Flugzeug verteilt oder liegen im Flughafen aus. Zu deklarieren ist insbesondere mitgeführtes Bargeld und unbegleitetes Gepäck.

Register

Verzeichnis der Karten, Pläne und graphischen Darstellungen im Reiseführer

Bildnachweis

Der größte Teil der Abbildungen wurde freundlicherweise von der Japanischen Fremdenverkehrszentrale (JNTO), Frankfurt am Main, zur Verfügung gestellt.
Aus anderen Quellen stammen folgende Bildvorlagen:

dpa: S. 12 oben rechts und unten Mitte.
Hackenberg: S. 9, 32, 36, 52 unten, 55, 60 unten, 75, 81, 89, 90, 92, 99, 105 oben, 106, 109, 117, 125, 131, 138 unten, 140 oben, 152, 158, 181, 194, 198, 200.
Kirchmann: S. 12 oben links und Mitte, unten rechts.
Messerschmidt: S. 12 (unten links)
Schmid: S. 46, 209, 220
Travelphot/Attinger: S. 54 oben, 102, 146.